U0726484

经济法的发展与实践研究

徐川淇　著

中国商务出版社
CCTP
CHINA COMMERCE AND TRADE PRESS

图书在版编目（CIP）数据

经济法的发展与实践研究 / 徐川淇著. — 北京：

中国商务出版社，2022.9

ISBN 978-7-5103-4429-9

Ⅰ．①经… Ⅱ．①徐… Ⅲ．①经济法－研究 Ⅳ.

① D912.290.4

中国版本图书馆CIP数据核字(2022)第169814号

经济法的发展与实践研究

JINGJIFA DE FAZHAN YU SHIJIAN YANJIU

徐川淇　　著

出　　　版：中国商务出版社

地　　　址：北京市东城区安外东后巷28号　　邮　编：　100710

责任部门：发展事业部（010-64218072）

责任编辑：周青

直销客服：010-64515137

总 发 行：中国商务出版社发行部（010-64208388　64515150　）

网购零售：中国商务出版社淘宝店（010-64286917）

网　　　址：http://www.cctpress.com

网　　　店：https://shop595663922.taobao.com

邮　　　箱：295402859@qq.com

排　　　版：北京宏进时代出版策划有限公司

印　　　刷：廊坊市广阳区九洲印刷厂

开　　　本：787毫米×1092毫米　1/16

印　　　张：11.75　　　　　　　　　字　数：230千字

版　　　次：2023年2月第1版　　　　　印　次：2023年2月第1次印刷

书　　　号：ISBN 978-7-5103-4429-9

定　　　价：63.00元

前　言

经济法是教育部规定的高等教育法学专业核心课程之一，是我国社会主义市场经济法律体系中的一个十分重要的法律部门，其对于确定我国市场经济活动主体的法律地位和行为准则，加快社会主义市场经济的法治建设，保障和促进社会主义市场经济的健康发展，具有十分重要的作用。

众所周知，社会主义市场经济是法治经济。当今社会，经济与法律日益呈现出相互渗透、兼容、关联的互动发展趋势，从事任何层面、任何种类的经济管理活动都需要学习掌握经济法学的基础知识和相关的法律制度，并严格遵守国家制定的相关领域内的经济法律、法规。

经济法的功能是指经济法在国家协调本国经济运行过程中所产生的法律关系时应具备的实现社会经济稳步发展的功能，具体包括节约交易成本功能、系统间整合功能以及维护社会整体利益等。各功能之间既独立存在，又相互关联，层次分明，依次递进，共同服务于经济法价值的实现。为迎合时代发展的潮流，做好我国市场经济转型，我国经济法在时代的发展中不断进行调整与优化，积极迎合时代发展潮流，推动我国社会经济发展。

本书在编写过程中，参考借鉴了我国近年来经济法教学与研究的新成果，在部分内容的安排上有自己的特色。但是，由于作者水平有限，书中难免存在不妥之处，敬请同行与读者批评指正，以便通过进一步的修改，使之不断完善。

目 录

第一章 经济法的概念及其发展历史

第一节 经济法概念的语源

"经济法"是越来越多地被使用的一个概念。对"经济法"这一概念的理解，不同社会制度的国家有不同的认识，我们先来梳理一下这个概念的语源。18世纪法国空想共产主义者摩莱里在1755年出版的《自然法典》一书中首先提出了"经济法"这个概念。另一个空想共产主义者德萨米在1842—1843年出版的《公有法典》一书中也使用了"经济法"的概念，并且发展了摩莱里的经济法思想。德萨米认为，最好的分配方式是按比例地平等。

20世纪以来，德国学者莱特在1906年创刊的《世界经济年鉴》中也使用了"经济法"的概念，并用来说明与世界经济有关的各种法规。这以后，"经济法"在一些国家的法学论著和法律中相继被使用。例如，日本经济法学者金泽良雄的《经济法概论》，德国在1919年颁布的《煤炭经济法》《碳酸钾经济法》，以及捷克斯洛伐克在1964年颁布的《捷克斯洛伐克社会主义共和国经济法典》。

在我国，自1979年以来，在全国人民代表大会的文件和中共中央、国务院的文件中，以及在第九届、第十届全国人民代表大会常委会制定的五年立法规划中，都使用了"经济法"这一概念。与此同时，在我国的法学教材、专著、论文、工具书、资料中，也广泛地使用了"经济法"这一概念。为适应我国经济法治建设和社会主义法治国家建设的需要，我们需要从实际出发，了解、研究经济法的概念，以便正确使用。

第二节 经济法的调整对象

一、经济法具有特定的调整对象

长期以来，经济法的调整对象不仅在经济法、民法、行政法学界之间存在意见分歧，而且在经济法、民法、行政法学界内部也没有统一的认识。马克思说，法律只是表明和记载经济关系的要求而已。我国的经济法，应该表明和记载"中华人民共和国的社会主义经济关系"的要求。因此，根据"坚持四项基本原则"、坚持改革开放的需要，根据社会主义现代化建设的需要，来确定我国经济法的调整对象，是我们研究经济法调整对象问题的基本出发点。

在中国法学界，除了很少一些学者不承认经济法的存在以外，都认为经济法具有特定的调整对象。主张经济法具有特定的调整对象主要基于以下两点考虑：一是经济法的调整对象具有一定的范围，而不是漫无边际、捉摸不定的；二是经济法的调整对象同其他部门法的调整对象是有区别、可以分开的，而不是交叉的、重叠的。经济法、民法等之所以是独立的法的部门，是以它们各自具有特定的调整对象为前提的。

二、经济法的调整对象是特定的经济关系

经济关系是通过物而形成的人与人之间的关系，简称物质关系或物质利益关系。物质关系和思想关系共同构成社会关系。经济法的调整对象是特定的经济关系，而不是一切经济关系，更不是经济关系以外的其他社会关系。例如，财物赠予关系、财产继承关系等虽然是经济关系，但不属于经济法调整的范围。再如，经济法律关系、人身关系等不是经济关系，更不属于经济法调整的范围。

应当注意特定经济关系和经济法律关系的区别。经济法律关系，是指根据经济法的规定发生的权利和义务关系。特定经济关系是通过物而形成的人与人之间的关系，即物质利益关系，属于经济基础的范畴。经济法律关系是通过人们的意识而形成的人与人之间的关系，即思想意志关系，是前者在法律上的反映，属于上层建筑的范畴。另外，法律关系不能成为法的调整对象是法理学的常识。法律关系，是指根据法的规定发生的权利和义务关系。法律关系的发生以法的存在为前提，是先有法后有法律关系。如果认为法是调整法律关系的，这就等于说只有有了法律关系，才有法的调整对象，法才存在。这会得出先有法律关系后有法的结论，是不符合实际的。

三、经济法调整在国家协调本国经济运行过程中发生的经济关系

经济法调整的社会关系是经济关系。这种经济关系是在经济运行过程中发生的，这种经济运行是本国经济运行。这种本国经济运行过程体现了国家协调。所以，经济法的调整对象是，在国家协调本国经济运行过程中发生的经济关系。对于这种特定的经济关系，可以称其为国家经济协调关系，简称国家协调关系。这种经济关系由经济法调整，体现出经济法是国家协调本国经济运行之法，以实现经济法的基本功能，促进资源的优化配置，提高经济效益，推动经济社会协调发展，从根本上划清经济法与民法、行政法、国际经济法等部门法的界限。

（一）经济运行中的国家协调

（1）经济运行，就是生产和再生产的过程。生产，亦称社会生产，是指人们结成一定

的生产关系，运用劳动资料，作用于劳动对象，创造物质资料以满足自己需要的活动。不断重复和更新的生产就是再生产。再生产包括生产（直接生产过程）、分配、交换、消费四个环节。经济运行具有自己的规律，人们不能创造、改变和消灭规律，但是可以发现、认识和利用规律。

（2）国家协调，是指国家运用法律的和非法律的手段，使经济运行符合客观规律的要求，推动国民经济的发展。在这里，协调的主体是国家，协调的对象是经济运行，协调的方式是法律的和非法律的手段。其中，法律手段是主要的。在法律手段中，具有法律形式的经济手段是主要的。协调的目的是使经济运行符合客观规律的要求，推动国民经济的发展。使用"国家协调"这一概念，体现了国家行使经济管理的职能应该符合客观规律的要求，力求避免主观随意性。这既充分肯定了"国家之手"在经济运行中的作用，又反映了对国家权力的必要限制。

（3）国家协调的发展变化。经济运行之所以需要国家协调，其根源在于：生产力决定生产关系，生产关系对于生产力具有反作用；经济基础决定上层建筑，上层建筑对于经济基础具有反作用。所以，国家协调要适应经济发展的需要，经济运行需要国家协调。国家对经济运行的协调，体现了国家管理经济的职能，体现了国家对经济活动的干预，体现了"国家之手"在经济运行中的作用。

历史的发展表明，在实行市场经济的情况下也是如此。虽然市场对资源配置起着基础性作用，但它并不是万能的。市场调节的自发性、滞后性和一定的盲目性，使经济运行中存在着"市场失效"或"市场失灵"的现象，这就决定了国家协调经济运行的必要性。实践证明，只有既强化市场机制的作用，又进行必要的国家协调，才能保证国民经济高效有序运行。

总之，在不同的国家以及同一个国家的不同时期，国家对经济运行进行协调的广度和深度、内容和方式是不同的或不完全相同的。在经济运行过程中，国家协调是必要的、发展变化着的。

（二）经济关系的表现形式

在历史发展的进程中，经济关系的发展日趋多样化和复杂化。作为经济法调整对象的经济关系，即在国家协调本国经济运行过程中发生的经济关系，不同的时代有着不同的表现形式，计划经济时期的经济关系和市场经济时期的经济关系有显著区别。在社会主义市场经济条件下，经济关系的主要表现形式包括市场监管关系和宏观调控关系，这在中国经济法学界已经基本上取得了共识。但对企业组织管理关系、社会保障关系、涉外经济关系等经济关系的法律调整，中国经济法学界还存在着不同的意见，需要进一步探讨。下面逐一进行阐述。

（1）市场监管关系是指在国家进行市场监督管理过程中发生的经济关系。社会主义市场经济，是充分发挥市场机制的作用，促进各种生产要素自由流动的市场体系。同时，国家通过协调，对分割、封锁市场或垄断，以及扰乱市场经济秩序的交易行为进行规范，加强市场监督管理。这有助于完善市场规则，有效反对垄断，制止不正当竞争，保护消费者合法权益，维护市场经济秩序，完善市场功能。

在经济法学界，对市场监管关系由经济法调整的观点已经基本取得共识。但是在具体的提法或者对一些问题的认识上还不完全一致。近年来，"市场监管""监管"和"监督管理"的概念在党的政策性文件和国家的法律法规中经常使用，使"市场监管关系"这一概念在政策和法律上有了依据。

（2）宏观调控关系是指在国家对国民经济总体活动进行调节和控制过程中发生的经济关系，是国家为了实现经济总量的基本平衡，促进经济结构的优化，推动经济社会的协调发展，对国民经济总体活动进行的调节和控制。市场调节是一种自发的、基础层次的调节。但是，经济和社会发展战略目标的选择、经济总量的平衡、收入分配中公平与效率的兼顾和市场经济运行中的资源、环境的保护等问题，需要国家进行宏观调控。建立以间接手段为主的宏观调控体系，是实行社会主义市场经济的客观要求。经济法调整的范围包括宏观调控关系，是经济法学界一致认同的观点。

（3）企业组织管理关系是指在企业的设立、变更、终止过程中发生的经济管理关系和企业内部管理过程中发生的经济关系。在市场主体中，企业是最主要的主体。为了从法律上保证企业成为自主经营、自负盈亏的合格主体，能动地参与市场活动，改善经营管理，提高经济效益，国家对企业的设立、变更和终止，企业内部机构的设置及其职权，企业的财务、会计管理等，都应进行必要的干预。

在经济法学界，对企业组织管理关系的法律调整问题，存在着比较大的意见分歧。有一种意见认为，经济法不调整企业内部管理过程中发生的经济关系，对这种经济关系的调整，经济法不作具体规定，一般应适用民法等部门法的规定。这需要我们联系实际，作进一步的深入研究，逐步取得共识。

（4）社会保障关系是指在社会保障过程中发生的经济关系。市场本身无法解决社会成员遭遇风险后的基本生活保障问题，需要国家进行协调，建立强制实施的、互济互助的、社会化管理的社会保障制度。这有助于充分开发和合理利用劳动力资源，保障社会成员的基本生活权利，维护社会稳定，促进经济发展。因此社会保障关系应该由经济法调整。

在经济法学界，有一种观点认为，社会保障法属于民法的范围，社会保障关系是平等主体之间的经济关系，应由民法调整。还有些学者主张，社会保障关系应由社会法调整，社会法是一个独立的法的部门。总之，在社会保障关系的法律调整问题上，还存在着不同的观点，需要通过深入研究，逐步统一认识。

（5）涉外经济关系是指具有涉外因素的经济关系。涉外经济法是经济法的组成部分，属于国内法体系，其调整对象是特定的涉外经济关系。涉外经济关系与市场监管关系、宏观调控关系不是并列关系，而是交叉关系。因为市场监管关系、宏观调控关系包含了涉外的市场监管关系和宏观调控关系；同样，涉外经济关系也包含了涉外的市场监管关系和宏观调控关系。涉外的市场监管关系和宏观调控关系属于经济法调整的范围，但不宜把涉外的市场监管关系和包含宏观调控关系在内的涉外经济关系同市场监管关系、宏观调控关系并列作为经济法的调整对象。

涉外经济法的调整对象，是在国家协调本国经济运行过程中发生的涉外经济关系，并不调整各种涉外经济关系。例如，涉外买卖关系虽然属于涉外经济关系的范围，但应该由民法调整，而不归经济法调整。

由于涉外经济法并不调整各种涉外经济关系，因此，笼统地说涉外经济法调整涉外经济关系不妥，说国际法调整涉外经济关系更为不妥。因为国际经济法属于国际法体系，它的调整对象是在两个以上国家共同协调国际经济运行过程中发生的经济关系，而涉外经济关系是由国内法调整的。

综上所述，在国家协调本国经济运行过程中发生的经济关系应该由经济法调整。当然，它在不同历史时期的表现形式，特别是在现代市场经济条件下的表现形式，尚需继续研究。

第三节　经济法的定义

经济法是调整在国家协调本国经济运行过程中发生的经济关系的法律规范的总称。经济法概念的定义要与经济法调整对象内容相一致。根据上文的阐述，这个定义有以下几个方面的基本含义。

一、经济法属于法的范畴

经济法的定义明确了经济法是由法律规范组成的。所以，经济法同样具有"由国家制定或认可的""以国家强制力保证实施的"等各种法律规范所共有的属性。同时，法的属性使之与其他部门法有着普遍的联系。

二、经济法由调整特定经济关系的法律规范组成

经济法同其他任何部门法一样，是由法律规范组成的，是有特定调整对象的法律规范的总称。首先，经济法是由许许多多调整特定经济关系的法律规范组成的。其次，经济法有一部分调整特定经济关系的法律规范，是通过国家最高权力机关及其常设机关制定的经济法律表现出来的，其他的则更多是通过其他国家机关制定的规范性文件表现出来的，常常包括一些属于其他部门法的法律规范。经济法是以特定经济关系为调整对象的全部法律规范的总称。

三、经济法属于国内法体系

经济法调整的经济关系是在本国经济运行而不是国际经济运行过程中发生的。对这种经济运行的协调是一个国家的协调即国家协调，而不是两个以上国家的共同协调即国际协调。经济法体现的是一个国家的意志，而不是两个以上国家的协调意志。因此，经济法属于国内法体系，不属于国际法体系，不同于国际经济法。

四、经济法具有特定的调整对象，不同于其他法的部门

作为经济法调整对象的社会关系是经济关系，而不是政治关系、人身关系等非经济关系。这种经济关系是在本国经济运行过程中发生的。同时，这种本国经济运行过程体现了国家协调。因此，经济法又不同于属于国内法体系的民法、行政法等法的部门。

在经济法学界，由于对经济法调整的对象、经济法的起源存在不同的认识，因此对经济法的概念也有不同的理解与定义。

第四节　经济法的产生与发展

一、经济法的产生

经济法的产生与经济法律规范的产生及其历史、经济法律的制定、经济法部门的形成有着密切联系。关于经济法的产生，主要有以下几种观点。

（一）作为一个独立的法的部门的经济法起源于古代社会

经济法是调整特定经济关系的法律规范的总称。它是生产力与生产关系、经济基础与上层建筑矛盾运动的必然产物。经济法的产生和发展是不以人们的意志为转移的。它既不是在人们提出经济法这一概念的时候才产生的，也不是在人们承认了它是一个独立的法律部门的时候才存在的。当适应经济关系发展的需要而制定的、调整特定经济关系的法律规范达到一定数量的时候，也就形成了作为独立法律部门的经济法。因此，不论在奴隶制国家、封建制国家、资本主义国家，还是在社会主义国家，都有各自的经济法。当然，在不同社会制度的国家，经济法的本质、内容和作用是各不相同的。

经济法产生的根据是国家制定、认可的调整经济管理关系的法律规范的形成。法的调整对象，是划分法的部门的标准。判断法律规范的部门法属性，也必须以其调整对象为标准。调整经济管理关系的法律规范，属于经济法律规范。因此，经济法起源于古代社会的根据是古代社会已有了大量的国家制定、认可的调整经济管理关系的法律规范。古代社会

实际存在着大量调整土地管理关系、农业管理关系、商业管理关系、对外贸易管理关系、自然资源管理关系和财政税收关系等经济管理关系的经济法律规范，这是不容忽视的。

（二）经济法是在资本主义进入垄断阶段以后才产生的

近代的经济法虽然是从 19 世纪末发展起来的，但国家对市场的介入，在市民革命前就已经存在了。从古代起，在存在自由市场的场合就产生了垄断的倾向。在古罗马帝国时期，就已制定了被认为明显是垄断禁止的法律。到市民革命前后，英国和法国等国家进一步制定了对垄断的禁止法。经济法作为一个独立的法的部门，是在资本主义从自由竞争走上垄断的时代，即 20 世纪初，特别是第一次世界大战以后才形成的。例如，日本经济法学者金泽良雄提出，经济法是一个新的领域，"经济法"一词在学术上开始使用，是在第一次世界大战后的德国。当时在德国，由于第一次世界大战时期的战时经济政策，经济领域出现了新的立法活动和法律现象。在战后，又开始出现有关经济复兴的法令，以及在《德意志共和国宪法》体制下的社会化法和其他新的法律现象。受到这种法律现象刺激而产生的，就是"经济法"这一概括性的术语和概念。由此得知，经济法的产生是以资本主义高度发展为基础的。在分析经济法产生的主观条件时，他们阐述了"经济法"一词的提出和使用；在分析经济法产生的客观条件时，他们强调了经济集中和垄断是经济法产生的内在原因。

（三）随着国家与法律的产生，经济法也就产生了；到了垄断资本主义阶段，经济法成为一个新的法的部门

从经济法内涵的角度分析，即国家运用法律的强制手段来管理社会经济的角度来看，它是阶级社会中最古老的法律中的一个组成部分。因此当人类进入阶级社会时，随着国家与法律的产生，经济法也就产生了。在奴隶社会与封建社会，经济法律规范有一部分是以调整经济关系的规范性文件为表现形式的，其余是包括在"诸法合体"的法律之中的。到了资本主义社会，在自由资本主义时期，经济法与其他法同时并存，到了垄断资本主义阶段，经济法的地位提高，逐步形成一个新的法律部门。在社会主义社会，又建立了一种新型的社会主义经济法。

二、经济法的发展

（一）前资本主义国家经济法

1.前资本主义国家经济法的内容

奴隶制国家经济法的内容主要涉及土地管理、农业管理、商业管理、质量管理和财政税收等五个方面的法律规定。

封建制国家的经济法内容主要涉及土地管理、农业管理、商业管理、对外贸易、质量管理、自然资源管理和财政税收等方面的法律规定。从掌握的资料来看，中国封建制社会

的经济法与许多国家比较，更具有典型性，内容也更为丰富。

2. 前资本主义国家经济法的特征

关于前资本主义国家经济法的特征，主要表现在以下四个方面：

（1）反映奴隶主和封建主阶级的意志。奴隶社会生产关系的基础是以奴隶主占有全部生产资料，并占有奴隶为特征的私有制。封建社会生产关系的基础是以封建主占有基本生产资料——土地和不完全占有农民（农奴）为特征的私有制。

（2）公开维护等级特权。奴隶制和封建制国家的经济法明确规定不同等级的人有不同的经济地位和法律地位，运用残酷的手段公开维护等级特权。

（3）协调本国经济运行主要运用直接手段。在奴隶社会和封建社会，由于自给自足的自然经济占统治地位，所以，国家行使其管理经济的职能时，主要是运用直接手段来协调本国经济运行的。

（4）经济法律规范以"诸法合体"的法典为主要表现形式。

（二）资本主义国家经济法

1. 资本主义国家经济法的内容

资本主义国家经济法的内容主要有企业组织管理、市场监管、计划、行业管理和产业发展、财政和税收、金融以及价格等几个方面的法律规定。

2. 资本主义国家经济法的特征

主要表现在以下几方面：

（1）反映资产阶级的意志。资本主义生产关系的基础是以资本家占有生产资料，并用以剥削雇佣劳动者为特征的私有制。本质上是资产阶级意志的表现，是反映作为一个整体的资产阶级的意志。

（2）形式上平等，事实上不平等。资本主义国家经济法与奴隶制国家和封建制国家经济法的一个重要区别，就是体现公民在法律上的一律平等。但是，资本主义国家经济法所规定的平等权利，从根本上来说，是维护资本家的利益，和维护资产阶级政府对国民经济的管理权力。它不仅没有消灭或缩小贫富差距，反而导致贫富差距的扩大。

（3）协调本国经济运行以间接手段为主。资本主义的发展经历了自由资本主义和垄断资本主义两个阶段。第一阶段实行的是自由市场经济；第二阶段实行的是现代市场经济。在实行自由市场经济和现代市场经济阶段，国家都具有管理经济的职能，经济运行都需要国家协调。但是第二阶段与第一阶段相比，国家管理的力度更强，国家协调更为广泛、深入，运用直接手段要多于第一阶段。总的来说，这两个阶段都是以间接手段为主。

（4）经济法律规范以单行经济法律、法规为主要表现形式。在不同的资本主义国家和同一个资本主义国家的不同历史时期，经济法律规范的表现形式是有区别或重大区别的。有些国家制定法的地位十分突出，有些国家非制定法的地位非常重要。但总的来说，制定法的地位越来越重要，单行的经济法律、法规是资本主义国家经济法律规范的主要表现形式。

（三）社会主义国家经济法

1. 社会主义国家经济法的内容

在历史上，苏联和东欧社会主义国家的经济法和从新中国成立后至改革开放前的社会主义经济法，属于计划经济时期的经济法，其主要内容包括了企业组织管理、计划、行业管理和产业发展、财税和金融以及价格等五个方面的法律规定。

改革开放以来，中国经济法的发展进入了一个新的阶段。其主要内容包括企业组织管理、市场监管、计划、统计、行业管理和产业发展、财政、税收、金融、价格、会计和审计等方面的法律规定。

2. 社会主义国家经济法的特征

与奴隶制和封建制国家经济法、资本主义国家经济法相比较，社会主义国家经济法有四个主要特征。同时，社会主义国家实行计划经济时期的经济法与从计划经济向市场经济过渡时期的经济法、实行市场经济时期的经济法又有明显的区别。

（1）体现以工人阶级为领导的全国人民的意志。在社会主义初级阶段，所有制结构上必须坚持公有制为主体、多种所有制经济共同发展，分配制度上必须坚持按劳分配为主体、多种分配方式并存。这是由社会主义初级阶段的经济基础决定的，代表以工人阶级为领导的全国人民的意志。

（2）注重事实上的平等，最终达到共同富裕。社会主义国家经济法所规定的平等权利，体现平等权的内容和形式的统一，注重事实上的平等。实现事实上的平等，达到共同富裕，是长期的奋斗目标。

（3）协调本国经济运行从以直接手段为主转变为以间接手段为主。社会主义国家在计划经济时期行使经济管理职能的特征之一，是以直接手段为主协调本国经济运行；在市场经济时期，国家行使经济管理职能的特征之一，是以间接手段为主协调本国经济运行；在从计划经济向社会主义市场经济过渡的时期，国家协调本国经济运行从以直接手段为主向以间接手段为主转变。

（4）经济法律规范以单行经济法律、法规为主要表现形式。

第二章　经济法的基本原则

第一节　经济法基本原则概述

一、经济法基本原则的概念

法律原则是随着独立法律部门的出现而出现的。判断一个法律部门是否独立存在，除了要看该部门有无自己特定的调整对象外，该部门法有无独特的调整原则也是重要的判断标准。经济法作为独立的部门法，也应有自己独特的基本原则。一般认为，法律原则是法律价值与宗旨的具体体现。按《布莱克法律词典》的解释，所谓法律原则，是指"法律的基本真理或准则，一种构成其他规则的基础或根源的总括性原理或准则。"由此可见，从作用上看，法的基本原则是其他规则产生的依据，它本身又是直接的行为规则。因此，经济法基本原则应是渗透和贯穿于经济法中起根本性和统帅性作用的规则、精神与原理。

从上述理论出发，所谓经济法的基本原则，是指反映经济法部门的基本价值和宗旨，寓意于经济法之中，效力贯穿于经济法立法、执法、司法始终，是经济法规则和法律文件所应贯彻的指导思想和基本准则。

二、经济法基本原则的作用

（一）普通经济法规则的功能

经济法律规范是在经济法基本原则的指导下根据社会经济生活的需要制定出来的，具有直接的可操作性，国家经济调节和管理活动中应将经济法律作为自己的行为准则。但是，经济生活复杂多变，常常会发生经济法律规范对某些经济领域的问题缺乏规定或规定不足的情况。这时，经济法主体应自觉以经济法律规范的本源，即经济法的基本原则作为自己的行为准则。同时，经济法主体除可依经济法律规范的具体规定向人民法院提起诉讼外，也可依经济法的基本原则向人民法院提起诉讼，以寻求法律救济。在经济法律规范无明文规定或规定不足的情况下，审判机关可直接将经济法的基本原则作为裁判的依据来判断行为人的违法性或合法性，以克服经济法律规范的滞后性、模糊性等。因此，经济法基本原则也是一种规则，具有经济法普通规则的功能及弥补普通经济法规则不足的功能。

（二）促进经济法体系完善的功能

经济法基本原则是经济法中的超级规则，位于经济法律规范及次级经济法律、法规的基本原则或局部原则之上。因此，经济法基本原则是经济法律规范及次级经济法律、法规立法的准则，次级经济立法的基本原则必须与经济法基本原则或受基本原则制约的局部性原则保持一致，以维持经济法体系的完整与各项制度、规范的内在协调一致。此外，经济法基本原则是解释和理解经济法条文的基础，当人们对经济法条文有不同理解和解释时，应采用符合经济法基本原则的含义与解释，以促进经济法体系的完善。

三、确立经济法基本原则的标准

要确立经济法基本原则必须首先明确经济法基本原则应符合的标准。一般来说，法的基本原则具有行为准则性、普遍性、抽象性和稳定性等特征和确立标准。所谓行为准则性，是指它同一般法律规范一样，也是规范人们行为的一种标准，是所有相关行为人在从事某类行为时应遵守的准则；所谓普遍性，是指它贯穿于法的全体规定和法从制定到实施的全过程；所谓抽象性，是指它是法的各种具体规定的精神实质的概括和抽象；所谓稳定性，是指法的基本原则具有较强的确定性，不易变动。经济法的基本原则除应满足上述特征之外，为科学地界定经济法的基本原则，在经济法基本原则确立时还应遵循和明确以下标准。

（一）高度性标准

经济法基本原则在经济法的体系中具有提纲挈领的作用，应具有一定的高度。具体而言，经济法基本原则既要体现经济法的宗旨和本质，又要高于或统领经济法的具体规则，而经济法具体规则作为经济法基本原则的衍生物，不应与经济法的基本原则相抵触。可见，经济法基本原则的"高度"是有一定范围的，既不能把经济法价值、宗旨等同于经济法基本原则，也不能把经济法某个部门的原则或任务视为经济法的基本原则，如"反垄断原则"。

（二）特有性标准

经济法基本原则是经济法特有的原则，应体现经济法的特色与特殊需要，而不是其他法律部门的基本原则，也不是经济法与其他部门法所共同遵循的一般性法律原则，如等价有偿、责权利相统一原则不应是经济法的基本原则。

（三）普遍适用性标准

经济法基本原则贯穿经济法立法、执法、司法始终，是经济法调整的各个领域的社会关系普遍适用的原则。而经济法某些部门法中适用的原则，如"反垄断原则""税收公平原则"等不应是经济法的基本原则。

第二节　经济法基本原则的内容

法律原则的确立，不是立法者随意决定的，需要有一定的客观依据。一般认为，部门法的基本原则是由该部门法的基本任务和调整对象的种类和性质决定的，反映了该法的基本价值、宗旨与本质特征。经济法是基于弥补市场缺陷、失灵及规范国家调节行为而产生的，调整的是国家在调节社会经济结构与运行过程中所形成的各种社会关系，具有国家调节法、社会本位法、社会法的本质属性。基于此，并结合本章第一节内容，经济法的基本原则可以概括为：①社会整体利益原则；②国家适度干预原则；③市场竞争原则；④实质公平原则；⑤社会总体经济效益原则。下面分别阐述各原则的基本内涵。

一、社会整体利益原则

一个社会的利益体系，大体可以分为个人利益、集团利益、国家利益和社会整体利益。从经济法的本质上看，经济法是社会本位法，强调的是经济法对经济关系的调整，立足于社会整体，在任何情况下都以大多数人的意志和利益为重。可见，经济法既不同于以国家利益为主导的行政法，也不同于以当事人利益为主导的民法，而是以维护社会公共利益为出发点，强调国家、企业和个人的社会责任，确认和保护社会整体利益。

经济法所调整的整体利益，注重整个社会的综合发展和国家的经济安全。这种利益具有整体性、经济性、平衡性、协调性等特点。所谓整体性，是指这种利益涉及的主体、客体和范围非常广泛，是广大人民群众所能享受的利益，它既包括当代人的利益，也包括后代人的利益，既包括地区性的利益，也包括全国性的利益。所谓经济性，是指这种社会利益涉及的内容主要是经济利益。所谓平衡性，是指各主体客体间的经济利益是大体平衡的。所谓协调性，是指各主体之间的利益冲突是可以通过适当的方式进行调整的。因此，当经济利益主体的个人利益、局部利益与社会整体利益发生冲突时，经济法是站在社会整体利益的高度，以追求最大化的社会整体利益的实现为目的，平衡和协调各种利益主体在市场活动中造成的不平衡和不协调的利益关系。当然，整体利益原则并不排斥个人利益与局部利益，而是在承认和尊重个体合法利益的基础上，立足于社会整体来综合衡量问题，促进这些利益的整体增进。

经济法立足于整体利益原则主要表现在：第一，经济法规制市场秩序的目的是维护公平竞争的市场秩序，维护整个社会的安全与效率。第二，经济法通过宏观调控法调整全局性和公共性的社会经济关系，实现社会公共利益目的。

二、国家适度干预原则

从经济法本质上看，经济法是国家调节法，其内涵为经济法既是确认国家干预经济之法，又是规范国家干预经济之法。因此，适度干预原则是经济法作为国家调节法之本质特征的反映。适度干预原则有以下两层内涵。

（一）国家干预是必须的

从历史上看，19世纪放任的自由主义经济引发了一系列的市场缺陷与经济弊害，如可持续发展问题、垄断问题、产品质量问题、消费者利益保护问题以及劳动者权利保护问题等。而这些问题靠市场这只"无形之手"的自发调节是无法解决的，运用国家这只"有形之手"对市场缺陷进行有效的干预与修补是一种客观需要与必然选择。历史已证明，"国家对经济的干预是伴随着国家的存在而存在的。所不同的只是在社会发展的不同时期，国家干预经济的方式、范围、目标和价值不同"。因此，国家对社会经济生活的干预是一种必然选择。

（二）干预应适度

经济法本质所体现的国家干预，并不意味着国家对经济生活的介入要回归到以往计划经济"大而全"的时代，强调国家干预的至上性，即"过多"干预。同时，国家对经济生活的干预也不能"过少"，过少的国家干预可能会导致市场的自由放任发展。因此，国家对经济生活的干预既不能过多也不能过少，而应把握一个"度"。所谓干预适度，是指国家应当在充分尊重经济自主的前提下，对社会经济生活进行一种有效但又合理、谨慎的干预。适度干预有两层基本含义：①国家干预首先应保证干预是正当的。干预正当，是指国家干预是符合法律之规定的，包括干预主体法定、干预手段法定、干预程序法定、干预范围法定。因此，在国家经济调节管理过程中，干预权力拥有者之干预权力的取得必须源于法律的规定，其运用的干预手段，包括行政手段、经济手段、法律手段等是有法律依据的，其适用的程序及干预的范围都有法律明文规定，以摆脱干预的随意。比如税收作为国家干预经济的一项重要经济手段，其征税主体、征税依据、征税种类、征税税率等都必须依法律规定进行。②干预应当是谨慎的。国家对经济生活的干预应当谨慎从事，谨慎干预首先强调干预应当以市场为基础，符合市场机制自身的运行规律，是在充分尊重市场运行规律基础上进行的国家介入。背离市场规律的干预将是国家统治的回归，是注定行不通的。其次，谨慎干预强调国家干预应以保护公平竞争为目的。干预是为了更好地保护竞争、促进公平竞争，不可因国家干预而压制市场经济主体之经济自发性与创造性。总之，国家适度干预强调的是国家在规制市场关系与调控宏观关系的全过程中，应尽可能平衡国家与市场的关系，对市场干预必须以市场为基础，以市场失灵的存在与国家干预的有效性为前提，必须是谨慎、有效的干预而不是随意的干预。所以，应当充分发挥国家与市场各自的功效，实现国家与市场的有机结合与互补。

三、市场竞争原则

经济法所调整的社会关系是市场经济关系，而市场经济的本质属性是市场竞争。因此，经济法的市场竞争原则是经济法反映市场经济之内在要求和理念的一项基础性原则。市场竞争原则的要求不仅直接体现在市场竞争法领域，主要包括反不正当竞争法和反垄断法，在宏观调控法领域诸如计划与产业政策法、国有资产管理法、财政税收法、金融外汇法等法律制度中都有体现。这是因为，宏观调控仍要以市场竞争为依归，宏观调控的目的是更好地促进和维护市场竞争。因此，作为经济法调整对象之一的宏观调控关系与市场规制关系一样，必须贯彻市场竞争原则，如果宏观调控与市场竞争相冲突，限制或阻碍市场竞争，那么就违背了市场经济的本质属性，会阻碍社会经济的发展。市场竞争包含自由竞争、公平竞争、有序竞争的精神内涵，蕴含着自由主义与实质公平的精神实质。自由竞争意味着社会资源应按照优胜劣汰的客观法则配置，只有自由竞争才是真正的市场竞争，而不是依从权力命令的人为制定分配，不是依照命令，言听计从地进行。同时，自由竞争反对一切限制自由竞争的行为，如行政垄断、经济垄断等。公平竞争不仅强调竞争主体是平等的，为此需要打破隶属、抑制强权、扶助弱者，反对歧视、一视同仁，更强调市场竞争应防止弱肉强食、两极分化，防止强势主体对市场优势地位的滥用，如捆绑销售、低价倾销等。有序竞争强调竞争不是盲目的、无序的、漫无边际的，需要必要的调控，以防止各种不正当竞争及过度竞争，从而形成一种有利于长期均衡竞争的格局。

经济法中的市场竞争原则有自己的特点，不同于其他立足市场经济的法律所确认的市场竞争。例如，民商法强调平等原则、意思自治、契约自由原则，其本质也是为了市场竞争。但民商法中强调的市场竞争，更多的是顺其自然、意思自治、放任自如，而经济法中的市场竞争主要是因势利导、国家干预、限制修正。两者各有其侧重点，相互配合，共同促进市场经济的发展。

由此可见，经济法的市场竞争原则的具体内容表现为：保护和促进市场主体的自由、公平竞争、有序竞争，对妨碍公平、有序竞争的垄断行为、限制竞争行为和不正当竞争行为等予以制止和制裁，同时，对竞争进行适度的控制，以防止过度竞争。

四、实质公平原则

公平是法律的最基本价值，是每个法律部门共同追求的价值目标。经济法与民法一样强调公平原则，但民法上的公平是以个人主义为指导，以抽象的人格平等为假设条件，给予每个经济主体相同的待遇，包括机会的公平、起点的公平及适用规则的公平等。民法中的这种公平是一种形式公平。而在市场经济中，市场主体在机会公平、起点公平、规则公平（即形式公平）的前提条件下，把追求效益作为自己的第一选择。但由于市场主体间的个别差异，如社会地位、经济实力等方面的差异，使这种形式公平下的市场竞争引发了许多实质的不公平结果，如贫富差距问题、信息不对称问题、大企业与中小企业平等参与竞争等问题。经济法的任务之一就是如何运用国家这只"看得见的手"去填补市场所带来的实质不公平的缺陷。经济法从社会整体利益出发，在形式公平的基础上，进一步追求社会范围内的实质性公平。因此，经济法构筑了一种与传统法律不同的公平—实质公平，这种公平是在承认经济法主体的资源和个人禀赋等方面差异的前提下而追求的一种结果上的公平。例如，竞争法通过反限制竞争行为来保障实力不同的竞争者享有公平的竞争权；消费者权益保护法偏重保护消费者等方式来平衡市场经济条件下强者与弱者之间形式平等下实质不平等的利益关系；税法通过社会财富的再分配，解决市场经济所带来的收入和消费上的不平等。

可见，经济法作为社会法，在承认形式公平的前提下追求结果上的公平，即实质公平，有别于传统法律，如民法等之形式平等观念。

五、社会总体经济效益原则

经济效益的最大化是人类生存的要求，也是法的基本价值之一。提高经济效益是我国全部经济工作的重点和归属，也是国家经济立法、执法、司法所要追求的最终价值目标，是检验经济法其他原则是否有效的客观尺度。从微观经济学的意义上说，产出大于投入或收入大于成本就意味着有效益。投入越少，产出越多，则效益越大。这是一个企业或个人作为经济活动主体判断自己效益大小的唯一标准，这也就是我们通常所说的个体经济效益或微观经济效益。国家对社会经济生活进行干预、调控或管理，同样也应追求效益。无效益地干预或调控，不但不能产生积极的效益，反而会阻碍社会经济的发展。

但是，国家对社会经济进行调节、干预或管理，从而成为经济法律关系主体之一时，它所追求的效益并不同于市场活动主体所追求的经济效益，即以"收入大于成本"为标准来衡量经济效益的大小。这是因为国家对社会经济进行调节，其根本目的在于促进社会经济协调、稳定地增长，克服市场失灵、失效及市场竞争所带来的实质不公平所产生的种种弊端。这样，国家经济调节所追求的效益必然与私人经济活动所追求的经济效益的标准是有严格区别的。它所追求的效益是社会总体经济效益或称社会效益。所谓社会总体经济效益就是从整个社会的角度来判断得失，从每个投入是否对整个经济的发展有利来判断得失，而不是仅看这个投入的具体产出是多少。可见，社会总体经济效益不是一般而言的经济成果最大化，而是一种注重宏观经济成果，注重长远的、整体的经济利益以及社会福祉，人文与自然环境等诸多因素的优化与发展。因此，社会总体经济效益是一种宏观经济效益，判断社会总体经济效益的标准是评价其能否促进社会整体经济发展。

社会总体经济效益并不排斥个体经济效益或微观经济效益。追求社会总体经济效益是为了保证更多的人取得更多的微观经济效益，而更多的人取得更多的微观经济效益又进一步为追求社会总体经济效益提供了条件和基础。所以，经济法在追求社会总体经济效益的同时要注重微观经济效益，两者相互统一、相互结合。例如，国有资产管理法作为国家宏观调控法的重要内容，它要求国有企业注重微观经济效益的提高，要求企业的经营者对国有资产负有保值增值的义务和责任，以促进社会总体经济效益的增长。

因此，经济法中总体经济效益原则强调经济法立法及具体制度应从促进社会整体经济发展为最终目标，强调社会总体经济效益优于微观经济效益、局部经济效益，同时，注重社会总体经济效益与微观经济效益、局部经济效益的统一。

经济法的五项基本原则体现了经济法从社会整体利益出发，以国家适度干预的形式维护市场经济秩序与自由、公平、有序的市场竞争环境，追求实质公平，并最终达到社会总体经济效益的增长。它们之间相互联系、相辅相成，共同体现了经济法的基本任务与本质要求。

第三章 公司法律制度

第一节 公司法总则

一、公司及其类型

（一）公司的特征

公司是指根据公司法设立的以营利为目的的企业法人。公司具有以下法律特征。

1. 公司是企业

公司的一般属性是企业，即从事生产、流通、服务等经济活动，以营利为目的的独立的经济组织。企业的法律形态可分为独资企业、合伙企业、公司企业等。公司是企业的一种组织形式。

2. 公司是企业法人

按照我国《中华人民共和国民法通则》（以下简称《民法通则》）的规定，法人是具有民事权利能力和民事行为能力，依法独立享有民事权利和承担民事义务的组织。我国的法人可分为企业法人，机关、事业单位法人和社会团体法人三种。我国《公司法》第三条规定，公司是企业法人，有独立的法人财产，享有法人财产权。公司以其全部财产对公司的债务承担责任。股东仅以其出资额或所持有的股份对公司债务承担责任。

3. 公司是依公司法设立的企业法人

公司法对公司设立的条件和程序做出了明确规定，只有符合公司法规定的设立条件，才能进行公司登记，取得营业执照，获取公司企业法人资格，能够以公司名义对外从事法律行为。

（二）公司的种类

（1）无限公司、有限责任公司、两合公司、股份有限公司、股份两合公司。以公司股东责任范围为标准，公司可分为无限公司、有限责任公司、两合公司、股份有限公司、股份两合公司。无限公司是指股东对公司债务负无限连带清偿责任的公司；有限责任公司是指股东对公司债务仅以其出资额为限承担有限责任的公司；两合公司是指由一个以上的无限责任股东和一个以上的有限责任股东组成的公司；股份有限公司是指将公司的全部资本划分为等额股份，股东按其所认购的股份对公司债务承担责任的公司；股份两合公司是指股份有限公司与无限公司的组合，无限责任股东对公司债务负无限连带责任，有限责任部分的资本则划分为股份，可以发行股票，其股东仅以其认购的股份对公司债务承担责任的公司。我国《公司法》采用公司类型法定主义，即只能设立《公司法》规定的公司类型。《公司法》第二条规定："本法所称公司是指依照本法在中国境内设立的有限责任公司和股份有限公司。"

（2）人合公司、资合公司与人合兼资合公司。根据公司的信用基础不同，公司可以分为人合公司、资合公司和人合兼资合公司。人合公司是指主要以股东个人的信用为公司信用基础的公司。股东个人的信用由股东个人的能力、财力、声望和信誉等结合形成。人合公司的典型形态就是无限公司。资合公司是指主要以公司的资本为公司信用基础的公司。其具体形态表现为股份有限公司和有限责任公司，其中，股份有限公司最为典型。人合兼资合公司是指同时以公司资本和股东个人条件为公司信用基础的公司。两合公司和股份两合公司即是人合兼资合公司的典型表现。

（3）母公司与子公司。根据公司之间是否具有控股或从属关系，公司可以分为母公司与子公司。母公司是因出资而实际控制该公司经营活动的公司。母公司对子公司具有控股地位。子公司是相对于母公司而言的，是指其一定比例以上的资本为另一公司的出资，从而其经营活动受该公司所控制的公司。子公司具有独立主体资格，以其财产独立承担责任。

（4）本公司与分公司。根据公司的内部管辖关系，公司可以分为本公司和分公司。本公司是指设立分公司的公司本身，亦称总公司。分公司是指公司在其住所以外设立的从事经营活动的机构。分公司不具有企业法人资格，其民事责任由总公司承担。

（5）本国公司与外国公司。按照公司国籍，可以将公司分为本国公司和外国公司。本国公司是指具有本国国籍的公司。我国所称的"本国公司"，指的是依照中国法律在中国境内设立的公司。外国公司是指具有外国国籍的公司。我国所称的"外国公司"，指的是依照外国法律在中国境外设立的公司。

（6）上市公司与非上市公司。根据股份有限公司的股票是否在证券交易所上市交易，分为上市公司与非上市公司。上市公司是指其股票在证券交易所上市交易的股份有限公司。非上市公司是指公司股票不在证券交易所上市交易的股份有限公司。

二、公司的权利能力和行为能力

（一）公司的权利能力

公司的权利能力是法律赋予公司享有权利、承担义务的资格。公司具有权利能力，意味着公司取得民事主体的资格。公司的权利能力从公司营业执照签发之日起开始，至公司注销登记并公告之日终止。公司的权利能力受到公司固有性质及法律的限制。

1. 公司固有性质的限制

公司虽然具有民事主体的资格，但是公司作为一个组织体，毕竟不同于自然人，因此，公司不能享有以自然性质为前提的、专属于自然人的权利，如生命权、健康权、肖像权、继承权、身体权、婚姻权等。

2. 公司法上的限制

（1）转投资的限制。公司转投资是指公司通过向其他企业投资而成为其他企业的股东或者出资人的法律行为。我国《公司法》第十五条规定，公司可以向其他企业投资；但是，除法律另有规定外，不得成为对所投资企业的债务承担连带责任的出资人。因此，原则上公司可以向其他企业投资，这是公司作为商事主体享有的权利，但是，公司不能因为投资而对所投资企业的债务承担连带责任，即不能因投资行为严重影响公司财产状况，影响债权人利益。不过，如果其他法律允许公司成为对于投资企业的债务承担连带责任的出资人的，则不受此限。我国《合伙企业法》第三条规定："国有独资公司、国有企业、上市公司以及公益性的事业单位、社会团体不得成为普通合伙人。"因此，除国有独资公司和上市公司以外的其他公司可以向合伙企业投资，成为对所投资企业的债务承担连带责任的合伙人。

（2）经营范围的限制。我国《公司法》第十二条规定，公司的经营范围由公司章程规定，并依法登记。公司可以修改公司章程，改变经营范围，但是应当办理变更登记。公司经营范围是公司章程的必要记载事项，又称为公司目的条款。通过公司章程中关于公司经营范围的规定，股东可以预测投资风险、做出投资决策，有利于保护股东利益。公司经营范围还可以对董事、经理进行约束，董事、经理超越公司经营范围从事经营活动造成公司损失的，应该对公司承担损害赔偿责任。

（二）公司的行为能力

公司的行为能力是指公司通过自己的意思表示取得权利、承担义务的能力。对法人本质的不同认识，直接决定着是否承认公司具有行为能力。关于法人本质的理论主要有法人拟制说和法人实在说。法人拟制说认为，法人成为法律上的主体是法律拟制的结果，其实并不存在一个实体，所以法人没有意思能力和行为能力，法人只能通过其代理人实施其行为。法人实在说则认为，法人是客观存在的社会组织体，具有意思能力和行为能力，董事和董事会是公司的机关，其行为就是公司本身的行为。我国《民法通则》第三十六条规定，法人是具有民事权利能力和民事行为能力，依法独立享有民事权利和承担民事义务的组织。可见，我国法律采用的是法人实在说，承认公司法人具有民事权利能力和民事行为能力。公司作为一个社会组织体，其行为能力和权利能力同时产生、同时消灭，不存在无行为能力或者限制行为能力的情况。另外，公司的行为能力必须通过其机关来进行，公司机关以公司名义实施的行为就是公司本身的行为。

三、公司章程

公司章程是公司必备的规定公司组织及活动的基本规则的书面文件。公司章程是公司成立和存续的必要前提和条件。我国《公司法》第十一条规定，设立公司必须依法制定公司章程。公司章程对公司、股东、董事、监事、高级管理人员具有约束力。

依据法律对公司章程记载事项有无明确的规定，公司章程的记载事项可以分为必要记载事项和任意记载事项。法律明确规定公司章程应该记载的事项为必要记载事项。必要记载事项又分为绝对必要记载事项和相对必要记载事项。前者指的是章程必不可少的事项，缺少其中任何一项或者任何一项记载不合法，整个章程归于无效。后者指的是当事人可以自己决定是否记载于章程的事项，如果予以记载，则发生效力，不予记载，也不影响整个章程的效力。任意记载事项是指除绝对必要记载事项和相对必要记载事项外，在不违反法律和公序良俗的前提下，当事人认为有必要记载于章程、作为共同遵守的行为规则的事项。

四、公司人格否认

公司人格否认指的是当公司股东滥用公司法人独立地位和股东有限责任来逃避债务、严重损害公司债权人利益时，债权人可以直接请求滥用公司人格的股东对公司债务承担连带责任的法律制度。

公司人格独立和股东有限责任是公司制度的基石，但是，公司独立人格和股东有限责任又存在被滥用的危险。如果股东借公司形式规避法律、逃避债务、欺诈债权人，法律有必要对股东滥用有限责任的行为进行适当规制。公司人格否认制度的产生，就是为了在特定情况下修正和补充股东有限责任原则。

公司人格否认法理在20世纪上半叶美国的司法实践中产生，并逐渐发展成为许多国家和地区共同认可的法律原则。我国《公司法》第二十条的规定也体现了这一原则。按照该条规定，公司股东应当遵守法律、行政法规和公司章程，依法行使股东权利，不得滥用公司法人独立地位和股东有限责任损害公司债权人的利益。如果公司股东滥用公司法人独立地位和股东有限责任逃避债务、严重损害公司债权人利益的，应当对公司债务承担连带责任。

需要指出的是，公司人格否认并不是对公司法人资格的彻底否定，只是在特定的法律关系中否定股东的有限责任，要求股东直接对公司债权人承担连带清偿责任。我国《公司法》对于公司人格否认的适用情况没有做出具体规定，只是通过概括性的规定确立了适用公司人格否认的标准，即股东通过滥用法人独立地位和股东有限责任来逃避债务，并因此给债权人造成严重损失。具体的适用情况还需要在司法审判实践中以此标准进行判断，或者通过司法解释进行规定。

五、股东权

股东权是基于股东身份而享有的权利。股东身份是享有股东权的前提，而股东身份或者股东资格的产生是基于股东的出资行为而产生的。所以，股东权是因股东持有出资份额或者股份而享有的权利。一般来说，股东权的大小与股东持有的出资额或者股份的多少成正比。

依照不同的标准，股东权可以划分为不同的种类。依照权利行使的目的，可以分为自益权和共益权；依照权利是否为法定，可以分为固有权和非固有权；依照权利行使的方式，可以分为单独股东权和多数股东权。我国《公司法》第四条规定，公司股东依法享有资产收益、参与重大决策和选择管理者等权利。这是对股东权内容的概括性规定，而具体的股东权利内容则散见于《公司法》的具体条文中。

股东应当遵守法律、行政法规和公司章程，依法行使股东权利，不得滥用股东权利损害公司或者其他股东的利益，否则应当依法承担赔偿责任。公司的控股股东可能会利用其控股地位为谋求私利而损害公司利益，因此，我国《公司法》第二十一条规定，公司的控股股东不得利用其关联关系损害公司利益。如果公司的控股股东进行了不正当的关联交易，给公司造成了损失，应当对公司承担损害赔偿责任。

六、公司股东会或者股东大会、董事会决议瑕疵的救济

公司股东会或者股东大会、董事会均是通过决议的形式来行使职权。如果股东会或者股东大会、董事会通过的决议内容或者通过决议的程序违反了法律、行政法规或者公司章程的规定，就是有瑕疵的决议，需要通过诉讼程序来对其进行纠正。

公司股东会或者股东大会、董事会的决议内容若违反法律、行政法规，则是无效决议。无效决议自始无效。股东会或者股东大会、董事会的会议召集程序、表决方式违反法律、行政法规或者公司章程，或者决议内容违反公司章程的，属于可撤销的决议。股东可以自决议做出之日起 60 日内，请求人民法院撤销该决议。为了防止股东滥用诉权，人民法院可以应公司的请求，要求股东提供相应担保。公司根据股东会或者股东大会、董事会决议已办理变更登记的，人民法院宣告该决议无效或者撤销该决议后，公司应当向公司登记机关申请撤销变更登记。

第二节 有限责任公司

一、有限责任公司的设立

有限责任公司也称有限公司，是指依照公司法设立的，股东以其出资额为限对公司承担责任，公司以其全部资产对公司债务承担责任的公司。有限责任公司的设立是指有限责任公司的设立人以公司成立为目的而依照公司法的规定所实施的法律行为。有限责任公司的设立也是设立人满足公司法所规定的设立公司应具备的条件、履行相关手续的过程。其最终目的是成立具备法人资格的有限责任公司。

（一）设立条件

1. 股东符合法定人数

股东的人数必须符合法律规定，这是设立有限责任公司应当具备的重要条件之一。《公司法》只对有限责任公司股东人数的上限做出了规定，即有限责任公司由 50 个以下股东出资设立。这意味着，有限责任公司可以只有 1 名股东，一人有限责任公司的法律地位得到了《公司法》的承认。按照《公司法》的规定，一人有限责任公司是指只有 1 个自然人股东或者 1 个法人股东的有限责任公司。而国有独资公司是特殊的一人有限责任公司，是指国家单独出资、由国务院或者地方人民政府授权本级人民政府国有资产监督管理机构履行出资人职责，设立的有限责任公司。

2. 股东出资达到法定资本最低限额

设立有限责任公司股东的出资必须达到法定资本最低限额。有限责任公司的法定资本就是公司的注册资本，是在公司登记机关登记的全体股东认缴的出资额，所以法定资本最低限额就是注册资本最低限额。《公司法》对公司注册资本最低限额作出规定，实际上是为公司设立设置门槛，是为了防止公司滥设的发生。《公司法》规定，有限责任公司注册资本的最低限额为人民币 3 万元。考虑到有些领域对资本信用、安全的特殊要求，《公司法》同时规定，法律、行政法规对有限责任公司注册资本的最低限额有较高规定的，从其规定。《公司法》允许有限责任公司的股东分期缴付其认缴的出资额，公司全体股东的首次出资额不得低于注册资本的 20%，也不得低于法定的注册资本最低限额，其余部分由股东自公司成立之日起 2 年内缴足；其中，投资公司可以在 5 年内缴足。由于 1 人有限责任公司只有 1 名股东，其滥设的风险更高，为此，《公司法》规定，1 人有限责任公司的注册资本最低限额为人民币 10 万元。但是，1 人有限责任公司的股东不能分期缴纳其认缴的出资，必须一次足额缴纳公司章程规定的出资额。

按照《公司法》的规定，股东的出资方式主要有两种基本形式：一是货币，即金钱，全体股东的货币出资金额不得低于有限责任公司注册资本的 30%；二是非货币财产，包括实物、知识产权、土地使用权以及其他可以用货币估价并可以依法转让的非货币财产作价出资。当然，法律、行政法规规定不得作为出资的财产除外。例如，《公司登记管理条例》规定，股东不得以劳务、信用、自然人姓名、商誉、特许经营权或者设定担保的财产等作价出资。对作为出资的非货币财产应当评估作价，核实财产，不得高估或者低估作价。法律、行政法规对评估作价有规定的，从其规定。

股东应当按期足额缴纳公司章程中规定的各自所认缴的出资额。股东以货币出资的，应当将货币出资足额存入有限责任公司在银行开设的账户；以非货币财产出资的，应当依法办理其财产权的转移手续。股东不按期缴纳出资的，除应当向公司足额缴纳外，还应当向已按期足额缴纳出资的股东承担违约责任。股东对非货币财产出资瑕疵也应承担相应责任。有限责任公司成立后，发现作为设立公司出资的非货币财产的实际价额显著低于公司章程所定价额的，应当由交付该出资的股东补足其差额；公司设立时的其他股东承担连带责任。股东缴纳出资后，必须经依法设立的验资机构验资并出具证明。

3. 股东共同制定公司章程

公司章程是规定公司的组织及行为的基本规则，是具有自治性质的规范。制定章程是公司设立的必要条件和必经程序之一。有限责任公司章程应当载明下列事项：公司名称和住所，公司经营范围，公司注册资本，股东的姓名或者名称，股东的出资方式、出资额和出资时间，公司的机构及其产生办法、职权、议事规则，公司法定代表人，股东会会议认为需要规定的其他事项。有限责任公司章程应当由股东依法共同制定。公司章程应当以书面形式订立，股东应当在公司章程上签名、盖章。

4. 有公司名称，建立符合有限责任公司要求的组织机构

公司名称是公司在经营活动中用以表示自己，区别于其他商事主体的标识。公司只准使用一个名称。有限责任公司是具有法律人格的主体，能够以自己的名义享有权利和承担义务，因此应当与自然人有自己的姓名一样，具有自己的名称。设立有限责任公司，在确定自己的名称时应当遵守相关法律、法规的规定。在公司名称中必须标明有限责任公司或者有限公司字样。经公司登记机关核准登记的名称受法律保护。

按照《公司法》的规定，设立有限责任公司要分情况建立以下组织机构：①股东会。有限责任公司股东会由全体股东组成。股东会是公司的权力机构。除了国有独资公司和一人有限责任公司以外，都应当设立股东会。②董事会。董事会是公司的业务执行和经营决策机构。董事会是有限责任公司的必设机构。但是，股东人数较少或者公司规模较小的有限责任公司，可以设一名执行董事，不设董事会。③监事会。监事会是公司的监督机构。有限责任公司设监事会，其成员不得少于 3 人。但是，股东人数较少或者规模较小的有限责任公司，可以设 1~2 名监事，不设监事会。

5. 有公司住所

公司有住所是设立有限责任公司应具备的条件之一。公司的住所是公司主要办事机构

所在地，是管理和统辖公司全部经营活动的总机关所在地。经公司登记机关登记的公司的住所只能有一个，公司的住所应当在其公司登记机关辖区内。确定的公司住所对于公司具有重要意义。公司住所是公司接受意思表示的受领地，是确定公司登记和诉讼管辖的依据，同时，要求公司有住所也是出于国家有关部门对公司进行必要的行政管理和监督的需要。

（二）设立登记

股东的首次出资经依法设立的验资机构验资后，由全体股东指定的代表或者共同委托的代理人向公司登记机关报送公司登记申请书、公司章程、验资证明等文件，申请设立登记。公司登记机关是国家工商行政管理总局和地方各级工商行政管理局。依照各自行政管理辖区的范围，国家工商行政管理总局和省、自治区、直辖市及市（地区）、县（区）的工商行政管理局分别负责核准辖区内的公司登记管理事项。

有限责任公司的设立登记应当按照《公司登记管理条例》规定的设立登记程序进行。首先，由全体股东指定的代表或者共同委托的代理人向公司登记机关提出申请名称预先核准。

法律、行政法规规定设立有限责任公司必须报经批准，或者公司经营范围中有法律、行政法规必须报经批准的项目的，应当在报送批准前办理公司名称预先核准。预先核准的公司名称保留期为 6 个月。预先核准的公司名称在保留期内，不得用于从事经营活动，不得转让。

设立一般的有限责任公司，由全体股东指定的代表或者共同委托的代理人向公司登记机关申请设立登记；设立国有独资公司，应当由国务院或者地方人民政府的国有资产监督管理机构作为申请人，向公司登记机关申请设立登记。

申请设立有限责任公司，应当向公司登记机关提交下列文件：公司法定代表人签署的设立登记申请书；全体股东指定代表或者共同委托代理人的证明；公司章程；依法设立的验资机构出具的验资证明，法律、行政法规另有规定的除外；股东首次出资是非货币财产的，应当在公司设立登记时提交已办理其财产权转移手续的证明文件；股东的主体资格证明或者自然人身份证明；载明公司董事、监事、经理的姓名、住所的文件以及有关委派、选举或者聘用的证明；公司法定代表人任职文件和身份证明；企业名称预先核准通知书；公司住所证明；国家工商行政管理总局规定要求提交的其他文件。

如果公司的设立符合法律规定的条件和程序，经公司登记机关依法核准后，发给公司营业执照。公司营业执照应当载明公司的名称、住所、注册资本、实物资本、经营范围、法定代表人姓名等事项。公司营业执照签发日期为公司成立日期。有限责任公司凭据公司营业执照，可以刻制公章、开立银行账户、申请纳税登记。公司只有依法成立后，才能取得法人资格，以公司名义开展经营活动，对外从事法律行为。

二、有限责任公司的股东

（一）有限责任公司股东资格的取得和丧失

有限责任公司的股东就是有限责任公司的成员。有限责任公司成员身份，即有限责任公司股东资格的取得有两种方式：一种是原始取得，是因参加公司设立过程或者在公司成立后加入公司而取得股东资格；一种是继受取得，是因受让股权、受赠股权和继承股权而取得股东资格。因以上两种原因取得股东资格，便具有股东身份，能够享有法律和章程规定的股东的权利，并承担相应的义务。

股东资格既会因为公司的消亡而绝对丧失，也会因为股权转让而相对丧失。前者是随着公司终止而该公司所有股东的股东资格均不再存在，后者则是股权转让人相对于继受人，其股东资格因被他人继受而丧失，但是该股权及附着于股权的股东资格仍然是存在的。

（二）有限责任公司股东资格的确认

有限责任公司成立后，应当向股东签发出资证明书。出资证明书是公司向股东签发的证明其出资及相关权利的证书。出资证明书的内容采用法定主义原则。按照《公司法》的规定，出资证明书应当载明下列事项：公司名称、公司成立日期、公司注册资本、股东的姓名或者名称及缴纳的出资额和出资日期、出资证明书的编号和核发日期。出资证明书须由公司盖章。出资证明书一经公司签发就发生效力。一方面，表明该出资证明书所记载的出资人已经履行了出资义务，并因此取得了股东资格；另一方面，证明了股东的出资比例，即股东缴纳的出资在公司注册资本中所占的份额，这通常是股东对公司享有权利和承担责任的依据。

有限责任公司还应当置备股东名册，记载股东及出资有关事项。有限责任公司股东名册记载事项采取法定主义。按照《公司法》的规定，有限责任公司股东名册记载下列事项：股东的姓名或者名称及住所、股东的出资额、出资证明书编号。记载于股东名册的股东，可以依股东名册主张行使股东权利。

出资证明书和股东名册只是公司签发或者置备的证明股东资格的文件。公司还应当将股东的姓名或者名称及其出资额向公司登记机关登记；登记事项发生变更的，应当办理变更登记。未经登记或者变更登记的，不得对抗第三人。

（三）有限责任公司股东的权利

《公司法》对有限责任公司股东的权利进行了具体规定。

1. 参加股东会并行使表决权

股东会由股东组成，是股东对公司重要事项进行表决的场所。因此，参加股东会并行使表决权是股东的一项基本权利。依照《公司法》规定，股东会会议由股东按照出资比例行使表决权；但是，公司章程另有规定的除外。也就是说，股东的表决权会因为不同公司章程的不同规定而具有不同的行使标准，但是章程不能剥夺股东的表决权。

2. 知情权，即股东获得公司有关信息的权利

股东有权查阅、复制公司章程、股东会会议记录、董事会会议决议、监事会会议决议和财务会计报告。股东也可以要求查阅公司会计账簿。股东要求查阅公司会计账簿的，应当向公司提出书面请求，说明目的。公司有合理根据认为股东查阅会计账簿有不正当目的、可能损害公司合法利益的，可以拒绝提供查阅，并应当自股东提出书面请求之日起15日内书面答复股东并说明理由。公司拒绝提供查阅的，股东可以请求人民法院要求公司提供查阅。另外，股东也有权听取董事和监事的报告，并从其报告中获悉公司的有关信息。

3. 利润分配请求权

股东向公司投资的目的即是为了使其投资增值，他可以通过转让股权赚取差价，也可以通过从公司获得红利分配。由于有限责任公司具有人合性的特点，股权转让受到限制，因此有限责任公司股东获得投资收益的主要方式是从公司获得红利。股东按照实缴的出资比例分取红利；公司新增资本时，股东有权优先按照实缴的出资比例认缴出资。但是，全体股东约定不按照出资比例分取红利或者不按照出资比例优先认缴出资的除外。

4. 股权转让权

有限责任公司股东的出资份额可以转让他人，从而退出公司。尽管《公司法》对有限责任公司股权转让有比较严格的限制，但是股东之间仍然可以自由转让股权，依照法定程序，也可以向股东以外的人转让股权。

5. 优先购买其他股东转让的股权

经股东同意向股东外其他人转让股权，在同等条件下，其他股东有优先购买权。所谓同等条件，主要指的是转让股权的份额、价格及缴纳价款的时间，转让给本公司的股东和转让给本公司以外的人是相同的。

6. 有限认缴公司新增的资本

公司新增资本时，股东有权优先按照实缴的出资比例认缴出资。但是，全体股东约定不按照出资比例优先认缴出资的除外。

7. 剩余财产分配请求权

股东是公司的出资人。在公司解散的情况下，公司的剩余财产也仍然要返还给股东。按照《公司法》的规定，有限责任公司的财产在分别支付清算费用、职工工资、社会保险费用和法定补偿金，缴纳所欠税款，清偿公司债务后的剩余财产以后，按照股东的出资比例分配。

（四）有限责任公司的股权转让

有限责任公司的股权转让，因其转让对象的不同而遵循不同的原则。有限责任公司股东之间实行自由转让原则，即有限责任公司的股东之间可以相互转让其全部或者部分股权。有限责任公司股东向股东之外的人转让股权，则实行同意原则，即原则上应当经其他股东过半数同意。之所以对有限责任公司的股权对外转让进行限制，是基于有限责任公司的人合性特征，为了保持有限责任公司内部的稳定关系。

按照《公司法》的规定，有限责任公司的股权转让有以下几种情况：

1. 因股东原因引起的股权转让

有限责任公司的股东转让其股权是股东应享有的权利。只要符合法律规定，有限责任公司的股东可以依照其意愿转让股权。有限责任公司的股东之间可以相互转让其全部或者部分股权。股东向股东以外的人转让股权，应当经其他股东过半数同意。股东应就其股权转让事项书面通知其他股东征求同意，其他股东自接到书面通知之日起满 30 日未答复的，视为同意转让。其他股东半数以上不同意转让的，不同意的股东应当购买其转让的股权；不购买的，视为同意转让。经股东同意转让的股权，在同等条件下，其他股东有优先购买权。两个以上股东主张行使优先购买权的，协商确定各自的购买比例；协商不成的，按照转让时各自的出资比例行使优先购买权。公司章程对股权转让另有规定的，从其规定。

2. 因强制执行程序引起的股权转让

人民法院依照法律规定的强制执行程序转让股东的股权时，应当通知公司及全体股东，其他股东在同等条件下有优先购买权。其他股东自人民法院通知之日起满 20 日不行使优先购买权的，视为放弃优先购买权。

因股东自愿转让、强制执行程序引起转让股权后，公司应当注销原股东的出资证明书，向新股东签发出资证明书，并相应修改公司章程和股东名册中有关股东及其出资额的记载。对公司章程的该项修改不需再由股东会表决。

3. 因股权回购的转让

股权回购指的是公司购买股东的股权，从而使股东退出公司。有限责任公司股东转让股权不如股份有限公司转让股份自由，而一旦股东，特别是小股东在公司受到不利对待时很难退出公司，保全自己的投资利益。因此，《公司法》规定在特定情况下，对股东会决议投反对票的股东可以请求公司按照合理的价格收购其股权，即异议股东股权回购请求权。该特定情况指的是：①公司连续 5 年不向股东分配利润，而公司该 5 年连续盈利，并且符合公司法规定的分配利润条件的；②公司合并、分立、转让主要财产的；③公司章程规定的营业期限届满或者章程规定的其他解散事由出现，股东会会议通过决议修改章程使公司存续的。

自股东会会议决议通过之日起 60 日内，股东与公司不能达成股权收购协议的，股东可以自股东会会议决议通过之日起 90 日内向人民法院提起诉讼。

异议股东的股权回购请求权为小股东提供了退出公司的途径，是一项保护小股东权益的措施。

4. 因继承的转让

自然人股东死亡后，其合法继承人可以继承股东资格；但是，公司章程另有规定的除外。股东权既具有财产权的内容，也具有一定的人身权的特点。股东的资格或者身份是享有股东权的前提。原则上，股东的资格可以被继承，但是如果章程有其他规定，则遵从章程的规定。这表明，自然人股东的合法继承人继承股东资格是一项任意性规范。公司章程如果规定不允许自然人股东的继承人继承股东资格，则应该优先适用公司章程的规定。但是，股权中的财产权部分的继承应该受到保护，不能通过公司章程予以限制或者取消。

三、有限责任公司的组织机构

（一）股东会

1. 股东会的地位与职权

有限责任公司的股东会是由有限责任公司全体股东组成的公司权力机构。股东会作为有限责任公司的权力机关，是公司最高意愿决定机关，决定公司的重大事项。股东会不等同于股东会会议。股东会由全体股东组成，其行使职权的方式是召开股东会会议，但是，股东会会议的举行不以全体股东出席为其必要条件。除了一人有限责任公司和国有独资公司以外，有限责任公司必须设立股东会，也就是说，股东会是有限责任公司的必设机关。

股东会以股东会决议的方式对公司的重大事项进行表决。《公司法》以列举的方式规定了股东会的职权：决定公司的经营方针和投资计划；选举和更换非由职工代表担任的董事、监事，决定有关董事、监事的报酬事项；审议批准董事会的报告；审议批准监事会或者监事的报告；审议批准公司的年度财务预算方案、决算方案；审议批准公司的利润分配方案和弥补亏损方案；对公司增加或者减少注册资本作出决议；对发行公司债券作出决议；对公司合并、分立、变更公司形式、解散和清算等事项作出决议；修改公司章程；公司章程规定的其他职权。

有限责任公司各个机构的职权是明确划分的。公司法规定的股东会的职权专属于股东会，董事会不能擅自行使应由股东会行使的职权，公司章程也不能将法律规定的股东会的职权转给董事会。公司法虽然允许公司章程规定股东会的职权，但是只能就公司法规定的职权之外的职权作出规定，即不能与法律规定相冲突，否则为无效。

2. 股东会会议的召集与主持

《公司法》规定了不同情况下有限责任公司股东会会议的召集人和主持人：①出资最多的股东。首次股东会会议由出资最多的股东召集和主持，依法行使职权。②董事会。通常情况下，股东会会议由董事会召集，董事长主持；董事长不能履行职务或者不履行职务的，由副董事长主持；副董事长不能履行职务或者不履行职务的，由半数以上董事共同推举一名董事主持。③执行董事。股东人数较少、规模较小的有限责任公司不设立董事会，仅设执行董事，所以这一类有限责任公司的股东会由执行董事召集和主持。④监事会或者监事。董事会或者执行董事不能履行或者不履行召集股东会会议职责的，由监事会或者不设监事会的公司的监事召集和主持。⑤少数股东。如果董事会或者执行董事、监事会或者不设监事会的公司的监事不依法履行召集和主持股东会的职责，则代表 1/10 以上表决权的股东可以自行召集和主持。

股东会会议分为定期会议和临时会议。定期会议应当按照公司章程的规定按时召开。

有限责任公司股东会的定期会议一般每年召开一次，通常是在每个会计年度结束之后召开。有限责任公司股东会的临时会议只在必要的时候召开。《公司法》规定，代表 1/10 以上表决权的股东，1/3 以上的董事，监事会或者不设监事会的公司的监事提议召开临时会议的，应当召开临时会议。

召开股东会会议，应当于会议召开 15 日以前通知全体股东。股东会会议的召集程序属于任意性规范，而非强制性规范。公司章程可以对股东会会议的召集程序作出规定，全体股东也可以就股东会会议的召集程序做出约定。如果公司章程另有规定或者全体股东另有约定，则从其规定或者约定。

有限责任公司是通常适用于中小企业的法律形式。应该由股东会会议决议的事项，有时候并不是需要召开股东会会议进行决议。按照《公司法》的规定，对股东会法定职权所列事项股东以书面形式一致表示同意的，可以不召开股东会会议，直接做出决定，并由全体股东在决定文件上签名、盖章。

3. 股东会的决议

原则上，有限责任公司对公司法或者公司章程规定的重大事项以股东会决议的方式做出决定。但是，公司法同时也规定，股东会的议事方式和表决程序，除本法有规定的外，由公司章程规定。

股东会会议的决议程序分为普通决议和特别决议。普通决议以表决权的简单多数通过，特别决议以表决权的绝对多数通过。按照《公司法》的规定，股东会会议做出修改公司章程、增加或者减少注册资本的决议，以及公司合并、分立、解散或者变更公司形式的决议，必须经代表 2/3 以上表决权的股东通过。这表明，上述事项需要通过股东会的特别决议做出决定，上述事项以外的事项则只需要股东会的普通决议做出决定。公司章程可以对普通决议事项的决议程序作出规定。

股东会应当对所议事项的决定做成会议记录，出席会议的股东应当在会议记录上签名。

（二）董事会和经理

1. 董事会

董事会是由董事组成的公司必设机关，是公司的经营决策机关和对外代表机关。董事会对股东会负责，执行股东会决议，对内负责公司管理，对外代表公司，是公司权力的核心。

有限责任公司设董事会，其成员为 3~13 人。股东人数较少或者规模较小的有限责任公司，可以设 1 名执行董事，不设立董事会。两个以上的国有企业或者其他两个以上的国有投资主体投资设立的有限责任公司，其董事会成员中应当有公司职工代表；其他有限责任公司董事会成员中也可以有公司职工代表。董事会中的职工代表由公司职工通过职工代表大会、职工大会或者其他形式民主选举产生。董事会中的职工代表无须再经过股东会选举和确认。董事会设董事长 1 人，可以设副董事长。董事长、副董事长的产生办法由公司章程规定。董事任期由公司章程规定，但每届任期不得超过 3 年。董事任期届满，连选可以连任。董事任期届满未及时改选，或者董事在任期内辞职导致董事会成员低于法定人数的，在改选出的董事就任前，原董事仍应当依照法律、行政法规和公司章程的规定，履行董事职务。这一规定是为了保证董事会能依法运作，不会因为董事任期届满或者辞职而造成董事职位空缺。

有限责任公司董事会的职权是董事会地位的具体表现。按照《公司法》的规定，董事会行使下列职权：召集股东会会议，并向股东会报告工作；执行股东会的决议；决定公司的经营计划和投资方案；制订公司的年度财务预算方案、决算方案；制订公司的利润分配方案和弥补亏损方案；制订公司增加或者减少注册资本以及发行公司债券的方案；制订公司合并、分立、变更公司形式、解散的方案；决定公司内部管理机构的设置；决定聘任或者解聘公司经理及其报酬事项，并根据经理的提名决定聘任或者解聘公司副经理、财务负责人及其报酬事项；制定公司的基本管理制度。除了上述具体的法定职权以外，在不违反强制性法律规范和社会公共利益的条件下，公司章程可以规定董事会的其他职权。在不设立董事会而只设执行董事的有限责任公司，执行董事的职权由公司章程规定。

董事会行使职权的方式是召开董事会会议并形成董事会决议。根据《公司法》的规定，董事长是董事会的召集人和主持人。董事长不能履行职务或者不履行职务的，由副董事长召集和主持；副董事长不能履行职务或者不履行职务的，由半数以上董事共同推举1名董事召集和主持。

董事会的议事方式和表决程序，除《公司法》有规定的外，由公司章程规定。董事会决议的表决，实行1人1票，即在董事会中每个董事处于平等的地位。

董事会应当将所议事项做成会议记录，出席会议的董事应当在会议记录上签名。参与董事会会议的董事要按照1人1票的投票原则对所议事项做出董事会决议。违反法律、行政法规和公司章程的决议是有瑕疵的董事会决议，其法律后果是无效或者被撤销。

董事会的决议内容违反法律、行政法规的无效。人民法院宣告无效的董事会决议自始无效。董事会的会议召集程序、表决方式违反法律、行政法规或者公司章程，或者决议内容违反公司章程的，股东可以自决议做出之日起60日内，请求人民法院撤销。股东提起董事会决议撤销之诉的，人民法院可以应公司的请求，要求股东提供相应担保。被人民法院宣告撤销的董事会决议，自撤销之日起不再发生效力。公司根据董事会决议已经办理变更登记的，人民法院宣告该决议无效或者撤销该决议之后，公司应当向公司登记机关申请撤销变更登记。

2. 经理

经理是董事会聘任的负责公司日常管理事务的业务执行人，属于公司的高级管理人员，在公司运营中处于重要地位。按照《公司法》的规定，有限责任公司可以设经理。这说明，经理是有限责任公司的任意机关。有限责任公司可以设经理，也可以不设经理。经理对公司日常经营管理负有总责任。依公司章程规定，经理也可以担任公司的法定代表人。

有限责任公司的经理由董事会决定聘任或者解聘。经理对董事会负责，行使下列职权：

主持公司的生产经营管理工作，组织实施董事会决议；组织实施公司年度经营计划和投资方案；拟订公司内部管理机构设置方案；拟订公司的基本管理制度；制定公司的具体规章；申请聘任或者解聘公司副经理、财务负责人；决定聘任或者解聘除应由董事会决定聘任或者解聘以外的负责管理人员；董事会授予的其他职权。公司章程对经理职权另有规定的，从其规定。执行董事可以兼任公司经理。经理列席董事会会议。

（三）监事会

监事会是有限责任公司的监督机关，负责对董事会及其成员和高级管理人员执行职务的行为进行监督。有限责任公司设立监事会，其成员不得少于 3 人。股东人数较少或者规模较小的有限责任公司，可以设 1~2 名监事，不设立监事会。

1. 监事会的人员构成

监事会应当包括股东代表和适当比例的公司职工代表，其中职工代表的比例不得低于 1/3，具体比例由公司章程规定。监事会中的职工代表由公司职工通过职工代表大会、职工大会或者其他形式民主选举产生。董事、高级管理人员不得兼任监事。监事会设主席 1 人，由全体监事过半数选举产生。监事会主席召集和主持监事会会议；监事会主席不能履行职务或者不履行职务的，由半数以上监事共同推举一名监事召集和主持监事会会议。

2. 监事的任期

监事的任期每届为 3 年。监事任期届满，连选可以连任。监事任期届满未及时改选，或者监事在任期内辞职，导致监事会成员低于法定人数的，在改选出的监事就任前，原监事仍应当依照法律、行政法规和公司章程的规定，履行监事职务。

3. 监事会的职权

监事会、不设监事会的公司的监事行使下列职权：检查公司财务；对董事、高级管理人员执行公司职务的行为进行监督，对违反法律、行政法规、公司章程或者股东会决议的董事、高级管理人员提出罢免的建议；当董事、高级管理人员的行为损害公司的利益时，要求董事、高级管理人员予以纠正；提议召开临时股东会会议，在董事会不履行本法规定的召集和主持股东会会议职责时，召集和主持股东会会议；向股东会会议提出提案；依法对董事、高级管理人员提起诉讼；公司章程规定的其他职权。此外，为了便于对董事监督，监事有权列席董事会会议，当然，监事不能参与董事会会议的表决，但是，监事可以对董事会决议事项提出质询或者建议。监事会、不设监事会的公司的监事发现公司经营情况异常，可以进行调查；必要时，可以聘请会计师事务所等协助其工作，费用由公司承担。为了保证监事会能够及时掌握公司情况，以更好地行使其监督权，公司法规定，董事、高级管理人员应当如实向监事会或者不设监事会的有限责任公司的监事提供有关情况和资料，不得妨碍监事会或者监事行使职权。另外，监事会、不设监事会的公司的监事行使职权所必需的费用，由公司承担。

4.监事会的议事规则

监事会每年度至少召开一次会议，监事可以提议召开临时监事会会议。监事会的议事方式和表决程序，除《公司法》有规定的外，由公司章程规定。监事会决议应当经半数以上监事通过。监事会应当将所议事项的决定做成会议记录，出席会议的监事应当在会议记录上签名。

四、一人有限责任公司的特别规定

一人有限责任公司是指只有 1 个自然人股东或者 1 个法人股东的有限责任公司。股东的唯一性是一人有限责任公司的典型特征，包括公司设立时仅有 1 个自然人股东或者 1 个法人股东，也包括公司设立时虽然有多个股东，但是公司成立后由于股权转让等原因公司只剩下 1 个自然人股东或者 1 个法人股东。《公司法》以专节规定了一人有限责任公司，以示其与一般有限责任公司的区别。

（一）设立条件上的特别规定

一人有限责任公司的注册资本最低限额为人民币 10 万元。股东应当一次足额缴纳公司章程规定的出资额。

1 个自然人只能投资设立 1 个一人有限责任公司。该一人有限责任公司不能投资设立新的一人有限责任公司。该规定旨在维护交易安全，避免自然人滥用公司人格和有限责任来损害债权人的利益。

（二）登记中的特别规定

一人有限责任公司应当在公司登记中注明自然人独资或者法人独资，并在公司营业执照中载明。

（三）公司运营的特别规定

一人有限责任公司章程由股东制定。一人有限责任公司不设股东会。股东做出本法有限责任公司股东会法定职权所列决定时，应当采用书面形式，并由股东签字后置备于公司。一人有限责任公司应当在每一会计年度终了时编制财务会计报告，并经会计师事务所审计。这一规定是为了使公司提供的会计信息真实，避免债权人因会计信息虚假在商事交易中受到损害。

（四）主体资格的维持

一人有限责任公司的股东不能证明公司财产独立于股东自己财产的，应当对公司债务承担连带责任。这一规定是公司人格否认在一人有限责任公司中的特殊化规定。其特殊之处在于，加重了一人有限责任公司股东的举证责任，即由一人股东举证证明其个人财产独立于公司财产，否则就要对公司债务承担连带责任。

五、国有独资公司的特别规定

国有独资公司是国家单独出资，由国务院或者地方人民政府授权本级人民政府国有资产监督管理机构履行出资人职责的有限责任公司。国有独资公司本质上是一人有限责任公司的特殊形式，其特殊性在于其唯一的股东是国家，并由一个国有资产监督管理机构履行出资人职责。

（一）公司章程

国有独资公司章程由国有资产监督管理机构制定，或者由董事会制定并报国有资产监督管理机构批准。

（二）权力机关

国有独资公司不设股东会，由国有资产监督管理机构行使股东会职权。国有资产监督管理机构可以授权公司董事会行使股东会的部分职权，决定公司的重大事项，但公司的合并、分立、解散、增减注册资本和发行公司债券，必须由国有资产监督管理机构决定；其中，重要的国有独资公司合并、分立、解散、申请破产的，应当由国有资产监督管理机构审核后，报本级人民政府批准。

（三）董事会

国有独资公司设立董事会，依照《公司法》关于有限责任公司董事会的法定职权、国有资产监督管理机构授予的职权来行使。董事每届任期不得超过 3 年。董事会成员中应当有公司职工代表。董事会成员由国有资产监督管理机构委派；但是，董事会成员中的职工代表由公司职工代表大会选举产生。董事会设董事长 1 人，可以设副董事长。董事长、副董事长由国有资产监督管理机构从董事会成员中指定。国有独资公司的董事长、副董事长、董事未经国有资产监督管理机构同意，不得在其他有限责任公司、股份有限公司或者其他经济组织兼职。

（四）经理

国有独资公司设经理，由董事会聘任或者解聘。经国有资产监督管理机构同意，董事会成员可以兼任经理。国有独资公司的高级管理人员未经国有资产监督管理机构同意，不得在其他有限责任公司、股份有限公司或者其他经济组织兼职。

（五）监事会

国有独资公司监事会成员不得少于 5 人，其中职工代表的比例不得低于 1/3，具体比例由公司章程规定。监事会成员由国有资产监督管理机构委派；但是，监事会中的职工代表由公司职工代表大会选举产生。监事会主席由国有资产监督管理机构从监事会成员中指定。监事会行使的职权包括：检查公司财务；对董事、高级管理人员执行公司职务的行为进行监督，对违反法律、行政法规、公司章程或者股东会决议的董事、高级管理人员提出罢免的建议；当董事、高级管理人员的行为损害公司的利益时，要求董事、高级管理人员予以纠正；国务院规定的其他职权。

第三节　股份有限公司

一、股份有限公司的设立

股份有限公司是指全部资本划分为等额股份，股东以其所持有的股份为限对公司承担责任，公司以其全部资产对公司的债务承担责任的公司。股份有限公司的设立，指的是股份有限公司的发起人以股份有限公司成立为目的，而依照《公司法》的规定实施的行为。

（一）设立条件

1. 发起人符合法定人数

股份有限公司发起人承担公司筹办事务，并对公司设立承担责任。发起人应当签订发起人协议，明确各自在公司设立过程中的权利和义务。设立股份有限公司，应当有 2 人以上 200 人以下为发起人，其中须有半数以上的发起人在中国境内有住所。发起人的姓名或者名称必须记载于公司章程，这是发起人与其他参与公司设立的人的重要区别。自然人作为发起人必须具有完全的行为能力，法人作为发起人通常应为企业法人。

2. 发起人认购和募集的股本达到法定资本最低限额

股份有限公司注册资本的最低限额为人民币 500 万元。法律、行政法规对股份有限公司注册资本的最低限额有较高规定的，从其规定。为了防止公司欺诈设立，采取募集方式设立的股份有限公司的发起人认购的股份不得少于公司股份总数的 35%，但是，法律、行政法规另有规定的，从其规定。

3. 股份发行、筹办事项符合法律规定

由于通过设立股份有限公司发行股份来筹集资本涉及众多投资人的利益，我国《公司法》和《证券法》对于股份的发行、筹办等事项均做出了非常严格的程序上和实体上的规定。股份有限公司发起人筹办公司设立及股份发行等事项，必须满足法律规定的条件，履行法律规定的程序，否则，股份有限公司不能有效成立。

4. 发起人制定公司章程，采用募集方式设立的，经创立大会通过

股份有限公司的章程由发起人制定，公司章程应采用书面形式。依照《公司法》的规定，股份有限公司章程应当载明下列事项：公司名称和住所；公司经营范围；公司设立方式；公司股份总数、每股金额和注册资本；发起人的姓名或者名称、认购的股份数、出资方式和出资时间；董事会的组成、职权、任期和议事规则；公司法定代表人；监事会的组成、职权、任期和议事规则；公司利润分配办法；公司的解散事由与清算办法；公司的通知和

公告办法；股东大会会议认为需要规定的其他事项。采取募集方式设立股份有限公司，必须在法定期间内召开创立大会。创立大会是股份有限公司募集设立过程中的决议机构，其职权之一就是通过公司章程。

5. 有公司名称，建立符合股份有限公司要求的组织机构

公司名称是一股份公司区别于其他市场交易主体的标识。股份有限公司的名称必须符合相关法律和行政法规的规定。在公司名称中，必须表明股份有限公司或者股份公司字样，以表明公司的类型。股份有限公司的组织机构是保证公司能够有效运作的前提条件。《公司法》对于股份有限公司的组织机构做出了严格规定。在股份有限公司设立过程中，必须按照《公司法》的规定设立董事会和监事会。

6. 有公司住所

每个公司必须要有住所。公司住所是公司的主要办事机构所在地。公司的住所不同于公司的生产经营场所。公司可以有数个生产经营场所，但是公司只能有一个住所。公司住所是公司接受意思表示的受领地，是确定公司登记和诉讼管辖的依据，也便于国家有关部门对公司进行必要的行政管理和监督。

（二）设立程序

股份有限公司的设立可以采取发起设立或者募集设立的方式。发起设立，是指由发起人认购公司应发行的全部股份而设立公司；募集设立是指由发起人认购公司应发行股份的一部分，其余股份向社会公开募集或者向特定对象募集而设立公司。因设立方式的不同，设立程序有所不同。

1. 发起设立

（1）发起人签订发起人协议。

（2）公司名称预先核准。

（3）发起人制定公司章程。

（4）发起人认足股份。发起人以书面形式认足公司章程规定其认购的股份，在公司登记机关登记的全体发起人认购的股本总额为公司的注册资本。

（5）发起人缴纳股款。《公司法》允许以发起设立方式设立股份有限公司的，可以分期缴付出资，是否分期缴付出资，由发起人决定。公司全体发起人的首次出资额不得低于注册资本的20%，其余部分由发起人自公司成立之日起两年内缴足；其中，投资公司可以在5年内缴足。在缴足前，不得向他人募集股份。

以发起设立方式设立股份有限公司的，发起人应当书面认足公司章程规定其认购的股份；一次缴纳的，应缴纳全部出资；分期缴纳的，应缴纳首期出资。以非货币财产出资的，应当依法办理其财产权的转移手续。发起人不按照规定缴纳出资的，应当按照发起人协议的约定承担违约责任。

（6）聘请会计师事务所对发起人出资进行验资，并出具验资证明。

（7）发起人组建公司机构。发起人缴足股款以后，应当选举公司董事会及监事会。

（8）申请公司设立登记。由董事会向公司登记机关报送公司章程、由依法设定的验资机构出具的验资证明以及法律、行政法规规定的其他文件，申请设立登记。

2.募集设立股份有限公司的设立程序

（1）发起人签订发起人协议。

（2）公司名称预先核准。

（3）发起人制定公司章程。

（4）发起人认购股份。在募集设立中，发起人应该一次性足额认缴其股份，发起人认购的股份不得少于公司股份总数的 35%；但是，法律、行政法规另有规定的，从其规定。发起人对于公司能否成立以及公司成立初期的运行起着至关重要的作用。为了保证公司的顺利成立和正常运营，防止发起人利用设立公司来损害其他投资者的利益，保护其他社会公众的合法权益，就应当加重发起人的责任。

（5）募集股份。如属公开募集股份，应当向中国证监会申请发行核准，经核准后方能公开募集股份。向特定对象募集的，应该要求该特定人认股并缴纳股款。

发起人向社会公开募集股份，必须公告招股说明书，并制作认股书。认股书应当载明《公司法》法定事项，由认股人填写认购股数、金额、住所，并签名、盖章。认股人按照所认购股数缴纳股款。发起人向社会公开募集股份，应当由依法设立的证券公司承销，签订承销协议；并应当同银行签订代收股款协议。代收股款的银行应当按照协议代收和保存股款，向缴纳股款的认股人出具收款单据，并负有向有关部门出具收款证明的义务。

（6）聘请会计师事务所验资并出具验资证明。

（7）召开创立大会，选举董事和监事。创立大会是在股份有限公司募集设立过程中，由认股人（包括发起人）所组成的决议机构或决策机构。发起人应当在验资机构验资并出具证明，30 日内主持召开公司创立大会。发行的股份超过招股说明书规定的截止期限尚未募足的，或者发行股份的股款缴足后，发起人在 30 日内未召开创立大会的，认股人可以按照所缴股款并加算银行同期存款利息，要求发起人返还。

发起人应当在创立大会召开 15 日前将会议日期通知各认股人或者予以公告。创立大会应有代表股份总数过半数的认股人出席，方可举行。创立大会行使下列职权：审议发起人关于公司筹办情况的报告；通过公司章程；选举董事会成员；选举监事会成员；对公司的设立费用进行审核；对发起人用于抵作股款的财产的作价进行审核；发生不可抗力或者经营条件发生重大变化，直接影响公司设立的，可以作出不设立公司的决议。创立大会对上述所列事项作出决议，必须经出席会议的认股人所持表决权过半数通过。

（8）申请设立登记。董事会应于创立大会结束后 30 日内，向公司登记机关报送有关文件，申请设立登记。以募集方式设立股份有限公司公开发行股票的，还应当向公司登记机关报送国务院证券监督管理机构的核准文件。

（三）股份有限公司发起人的法律责任

1. 公司成立后的资本补足责任

股份有限公司成立后，发起人未按照公司章程的规定缴足出资的，应当补缴；其他发起人承担连带责任。

股份有限公司成立后，发现作为设立公司出资的非货币财产的实际价额显著低于公司章程所定价额的，应当由缴付该出资的发起人补足其差额；其他发起人承担连带责任。

2. 公司成立后的行政责任和刑事责任

发起人虚假出资或者公司成立后抽逃出资的，由公司登记机关责令改正，处以虚假出资金额或所抽逃出资金额 5% 以上 15% 以下的罚款。数额巨大、后果严重或者有其他严重情节的，处 5 年以下有期徒刑或者拘役，并处或单处虚假出资金额或所抽逃出资金额 2% 以上 10% 以下罚金。

3. 公司成立后的损害赔偿责任

在公司设立过程中，由于发起人的过失致使公司利益受到损害的，应当对公司承担赔偿责任。

4. 公司不能成立时的责任

公司不能成立时，发起人对设立行为所产生的债务和费用负连带责任；公司不能成立时，对认股人已缴纳的股款，发起人负返还股款并加算银行同期存款利息的连带责任。

二、股份有限公司的组织机构

（一）股东大会

1. 法律地位和种类

股份有限公司股东大会由全体股东组成，是公司的权力机构，依法对公司增加和减少注册资本、修改公司章程等重大事项进行表决。

股东大会分为股东年会和临时股东大会。股东年会每年召开一次，由公司章程规定具体的召开时间。临时股东大会是在股东年会之间临时召开的，研究决定公司重大事项的股东大会。有下列情形之一的，应当在两个月内召开临时股东大会：①董事人数不足《公司法》规定人数或者公司章程所定人数的 2/3 时；②公司未弥补的亏损达实收股本总额 1/3 时；③单独或者合计持有公司 10% 以上股份的股东请求时；④董事会认为必要时；⑤监事会提议召开时；⑥公司章程规定的其他情形。

2. 股东大会的职权

股东大会以决议的方式对公司的重大事项进行表决。股份有限公司股东大会的职权与有限责任公司股东会的职权相同，主要有决定公司的经营方针和投资计划；选举和更换非由职工代表担任的董事、监事，决定有关董事、监事的报酬事项；审议批准董事会的报告；审议批准监事会或者监事的报告；审议批准公司的年度财务预算方案、决算方案；审议批准公司的利润分配方案和弥补亏损方案；对公司增加或者减少注册资本作出决议；对发行公司债券作出决议；对公司合并、分立、变更公司形式、解散和清算等事项作出决议；修改公司章程；公司章程规定的其他职权。

3. 股东大会的召集与主持

股东大会会议由董事会召集，董事长主持；董事长不能履行职务或者不履行职务的，由副董事长主持；副董事长不能履行职务或者不履行职务的，由半数以上董事共同推举一名董事主持。董事会不能履行或者不履行召集股东大会会议职责的，监事会应当及时召集和主持；监事会不召集和主持的，连续 90 日以上单独或者合计持有公司 10% 以上股份的股东可以自行召集和主持。

召开股东大会会议，应当将会议召开的时间、地点和审议的事项于会议召开 20 日前通知各股东；临时股东大会应当于会议召开 15 日前通知各股东；发行无记名股票的，应当于会议召开 30 日前公告会议召开的时间、地点和审议事项。股东大会的审议事项包括由公司董事会提出的审议事项和股东提出的临时提案两个方面，其中临时提案的情形是指单独或者合计持有公司 3% 以上股份的股东，可以在股东大会召开 10 日前提出临时提案并书面提交董事会；董事会应当在收到提案后 2 日内通知其他股东，并将该临时提案提交股东大会审议。临时提案的内容应当属于股东大会职权范围，并有明确议题和具体决议事项。股东大会不得对通知中未列明的事项作出决议。无记名股票持有人出席股东大会会议的，应当于会议召开 5 日前至股东大会闭会时，将股票交存于公司。

4. 股东大会的表决

股东出席股东大会会议，所持每一股份有一表决权。股东可以委托代理人出席股东大会会议，代理人应当向公司提交股东授权委托书，并在授权范围内行使表决权。但是，公司持有的本公司股份没有表决权。股东大会作出决议，必须经出席会议的股东所持表决权过半数通过。但是，股东大会作出修改公司章程、增加或者减少注册资本的决议，以及公司合并、分立、解散或者变更公司形式的决议，必须经出席会议的股东所持表决权的 2/3 以上通过。此外，上市公司在一年内购买、出售重大资产或者担保金额超过公司资产总额 30% 的，应当由股东大会作出决议，并经出席会议的股东所持表决权的 2/3 以上通过。

除了《公司法》列举的股东大会的一般职权外，股东大会依法或者依章程还就一些特别事项进行表决。《公司法》和公司章程规定公司转让、受让重大资产或者对外提供担保等事项必须经股东大会作出决议的，董事会应当及时召集股东大会会议，由股东大会就上述事项进行表决。

股东大会的表决通常采用直接投票制，即一股一票表决权。但是，为了保护中小股东的合法权益，《公司法》规定，股东大会选举董事、监事，可以根据公司章程的规定或者股东大会的决议，实行累积投票制。累积投票制是指股东大会选举董事或者监事时，每一股份拥有与应选董事或者监事人数相同的表决权，股东拥有的表决权可以集中使用。

股东大会应当将所议事项的决定做成会议记录，主持人、出席会议的董事应当在会议记录上签名。会议记录应当与出席股东的签名册及代理出席的委托书一并保存。

5. 股东大会决议的无效和撤销

股东大会决议内容违反法律、行政法规的无效。如果人民法院在判决中认定决议无效，则该决议自始无效，不发生拘束力。股东大会的会议召集程序、表决方式违反法律、行政法规或者公司章程，或者决议的内容违反公司章程的，股东可以自决议做出之日起 60 日内请求人民法院撤销。在人民法院做出股东大会决议撤销的判决后，该股东大会决议丧失效力。股东依照《公司法》规定提起撤销股东大会决议诉讼的，人民法院可以应公司的请求，要求股东提供相应担保。

公司根据股东大会决议已办理变更登记的，人民法院宣告该决议无效或者撤销该决议后，公司应当向公司登记机关申请撤销变更登记。

（二）董事会

1. 董事会的法律地位

股份有限公司的董事会是公司的业务执行和经营意思决定机关。由于股份有限公司人数众多，股东大会每年仅召开一次会议，不可能对公司经营中的重大问题——做出决定，所以，董事会是公司经营管理中的重要机构。董事会由一定人数的董事组成，他们主要是专业的经营管理方面的专家，适于承担公司经营决策方面的任务。除了法律、行政法规或者公司章程规定由股东大会决议的事项外，董事会对公司重大业务和行政事项均有权做出决定。董事会的组成人员由股东大会选举产生。董事会必须向股东大会负责。

2. 董事会的构成

股份有限公司董事会的成员为 5~19 人。董事会成员中可以有公司职工代表。董事会中的职工代表由公司职工通过职工代表大会、职工大会或者其他形式民主选举产生。董事的任期、董事会的职权与有限责任公司的相关规定相同。董事会设董事长 1 人，可以设副董事长。董事长和副董事长由董事会以全体董事的过半数选举产生。董事长召集和主持董事会会议，检查董事会决议的实施情况。副董事长协助董事长工作，董事长不能履行职务或者不履行职务的，由副董事长履行职务；副董事长不能履行职务或者不履行职务的，由半数以上董事共同推举 1 名董事履行职务。上市公司设立独立董事及董事会秘书，其中，董事会秘书负责公司股东大会和董事会会议的筹备、文件保管以及公司股权管理、信息披露事务等事宜。

3. 董事会的会议

董事会行使职权采取董事会会议的方式。董事会每年度至少召开两次会议，每次会议应当于会议召开十日前通知全体董事和监事。代表 1/10 以上表决权的股东、1/3 以上董事或者监事会可以提议召开董事会临时会议。董事长应当自接到提议后 10 日内召集和主持董事会会议。董事会召开临时会议，可以另定召集董事会的通知方式和通知时限。董事会会议应由董事本人出席；董事因故不能出席，可以书面委托其他董事代为出席，委托书中应载明授权范围。

4. 董事会的表决

董事会会议应有过半数的董事出席方可举行。董事会作出决议必须经全体董事的过半数通过。董事会决议的表决实行 1 人 1 票。

董事会应当将会议所议事项的决定做成会议记录，出席会议的董事应当在会议记录上签名。董事应当对董事会的决议承担责任。董事会的决议违反法律、行政法规或者公司章程、股东大会决议，致使公司遭受严重损失的，参与决议的董事对公司负赔偿责任。但经证明在表决时曾表明异议并记载于会议记录的，该董事可以免除责任。

上市公司董事与董事会会议决议事项所涉及的企业有关联关系的，不得对该项决议行使表决权，也不得代理其他董事行使表决权。该董事会会议由过半数的无关联关系董事出席即可举行，董事会会议所作决议须经无关联关系董事过半数通过。出席董事会的无关联关系董事人数不足 3 人的，应将该事项提交上市公司股东大会审议。

5. 董事会决议的无效和撤销

董事会的决议内容违反法律、行政法规的无效。经人民法院判决宣告无效的董事会决议自始无效。董事会的会议召集程序、表决方式违反法律、行政法规或者公司章程，或者决议内容违反公司章程的，股东可以自决议做出之日起 60 日内，请求人民法院撤销。自人民法院判决宣告撤销决议之日起，决议丧失效力。人民法院可以应公司的请求，要求股东提供相应担保。公司根据董事会决议已经办理变更登记的，人民法院宣告该决议无效或者撤销该决议后，公司应当向公司登记机关申请撤销变更登记。

（三）经理

股份有限公司依法必须设经理。经理由董事会决定聘任或者解聘，对董事会负责。关于有限责任公司经理职权的规定，适用于股份有限公司经理。公司章程也可以对经理的职权另外作出规定。公司董事会可以决定由董事会成员兼任经理。经理负责实施董事会的决策和公司的日常管理。经理行使职权不得擅自超越其职权范围。为了更好地行使职权，《公司法》规定经理列席董事会会议。

（四）监事会

监事会是股份有限公司法定必设机关，是对董事会及高级管理人员行使职权的行为进行监督的机关。监事会的成员不得少于 3 人，应当包括股东代表和适当比例的公司职工代表。其中，职工代表的比例不得低于 1/3，具体比例由公司章程规定。监事会中的股东代表由股东大会选举产生；监事会中的职工代表由公司职工通过职工代表大会、职工大会或者其他形式民主选举产生。

监事会由监事组成。监事的任职期限为每届 3 年，任期届满，连选可以连任。监事会设主席 1 人，可以设副主席。监事会主席和副主席由全体监事过半数选举产生。监事会主席召集和主持监事会会议；监事会主席不能履行职务或者不履行职务的，由监事会副主席召集和主持监事会会议；监事会副主席不能履行职务或者不履行职务的，由半数以上监事共同推举 1 名监事召集和主持监事会会议。董事、高级管理人员不得兼任监事。

监事会为履行监督职责，行使以下职权：检查公司财务；对董事、高级管理人员执行公司职务的行为进行监督，对违反法律、行政法规、公司章程或者股东会决议的董事、高级管理人员提出罢免的建议；当董事、高级管理人员的行为损害公司的利益时，要求董事、高级管理人员予以纠正；提议召开临时股东会会议，在董事会不能履行《公司法》规定的召集和主持股东会会议职责时，召集和主持股东会会议；向股东会会议提出提案；依照《公司法》第一百五十二条规定，对董事、高级管理人员提起诉讼；公司章程规定的其他职权。为了便于对董事会的监督，监事有权列席董事会会议，并对董事会决议事项提出质询或者建议。监事会发现公司经营情况异常，可以进行调查。监事会在调查公司经营状况时，可以聘请会计师事务所协助工作，费用由公司承担。监事会行使职权所必需的费用，由公司承担。为了保障监事会行使职权获得充分的信息，《公司法》规定，董事、高级管理人员应当如实向监事会提供有关情况和资料，不得妨碍监事会或者监事行使职权。

监事会每 6 个月至少召开一次会议。监事可以提议召开临时监事会会议。监事会的议事方式和表决程序，除公司法有规定的外，由公司章程规定。监事会应当将所议事项的决定做成会议记录，出席会议的监事应当在会议记录上签名。

（五）股东在监督公司组织机构运行中的特殊权利

股东是公司的出资人，公司经营状况直接影响股东的权益。为了使股东能够获得关于公司经营状况的真实信息以便做出正确的投资决定并对公司的管理者进行监督，《公司法》赋予了股东特别的获取信息的权利。

1. 股东的查阅、建议或质询权

股份有限公司应当将公司章程、股东名册、公司债券存根、股东大会会议记录、董事会会议记录、监事会会议记录、财务会计报告预备于本公司。股东有权查阅公司章程、股东名册、公司债券存根、股东大会会议记录、董事会会议决议、监事会会议决议、财务会计报告，对公司的经营提出建议或者质询。

股东大会要求董事、监事、高级管理人员列席会议的，董事、监事、高级管理人员应当列席并接受股东的质询。

2. 股东的知情权

公司应当定期向股东披露董事、监事、高级管理人员从公司获得报酬的情况。公司的董事、监事、高级管理人员基于其对公司的贡献，当然应当从公司获得与其付出相当的报酬。但是，如果报酬过高，则相当于减少股东的应得利益。定期获悉董事、监事、高级管理人员从公司获得报酬的情况，也是股东监督管理者的重要措施。

三、股份有限公司的股份发行与转让

（一）股份有限公司的股份发行

股份有限公司的资本通常是通过向社会公开发行股份而筹集的。股份有限公司的资本划分为股份，每一股的金额相等，因此股份是公司资本的最小单位。公司的股份采用股票形式给予，股票是公司签发的证明股东所持股份的凭证。股票采用纸面形式或者国务院证券监督管理机构规定的其他形式。股票应当载明下列主要事项：公司名称，公司成立日期，股票种类、票面金额及代表的股份数，股票的编号。股票由法定代表人签名，公司盖章。股份有限公司成立后，即向股东正式交付股票。公司成立前不得向股东交付股票。

股份有限公司的股份发行，实行公平、公正的原则。股份有限公司股份发行按照发行阶段划分，可以分为设立发行和新股发行。设立发行是指股份有限公司在设立过程中发行股份。采用发起设立方式的股份有限公司，由发起人认购公司应发行的全部股份；采用募集设立方式的股份有限公司，由发起人认购公司应发行股份的一部分，其余的股份则向社会募集或者向特定对象募集。新股发行指的是股份有限公司成立之后再次发行股份。股份有限公司发行新股，必须具备下列条件：具备健全且良好的组织机构；具有持续盈利能力，财务状况良好；公司在最近 3 年内财务会计文件无虚假记载，无其他重大违法行为；经国务院批准的国务院证券监督管理机构规定的其他条件。股份有限公司发行新股，依照公司章程的规定，由股东大会或者董事会对下列事项作出决议：新股种类及数额；新股发行价格；新股发行的起止日期；向原有股东发行新股的种类及数额。公司经国务院证券监督管理机构核准公开发行新股时，必须公告新股招股说明书和财务会计报告，并制作认股书，依法与证券公司签订股票承销协议、与银行签订代收股款协议。公司发行新股，可以根据公司经营情况和财务状况，确定其作价方案。公司发行新股募足股款后，必须向公司登记机关办理变更登记并公告。

股份发行按照发行对象的不同划分，可以分为记名股票与无记名股票。公司向发起人、法人发行的股票，应当为记名股票，并应当记载该发起人、法人的名称或者姓名，不得另立户名或者以代表人姓名记名。公司发行记名股票的，应当置备股东名册，记载下列事项：股东的姓名或者名称及住所、各股东所持股份数、各股东所持股票的编号、各股东取得股份的日期。发行无记名股票的，公司应当记载其股票数量、编号及发行日期。

（二）股份转让

1.股份转让的一般规定

股东持有的股份可以依法转让。股份有限公司是以公司资本信用为基础的公司，股份的转让不影响公司的存续和运营，因此股份转让原则上是自由的。股东通过股权转让其股份，应当在依法设立的证券交易场所进行或者按照国务院规定的其他方式进行。

股份有限公司的股份转让是通过股票转让的方式进行的。记名股票和无记名股票的转让方式不同。记名股票，由股东以背书方式或者法律、行政法规规定的其他方式转让；转让后，由公司将受让人的姓名或者名称及住所记载于股东名册。股东大会召开前 20 日内或者公司决定分配股利的基准日前 5 日内，不得进行股东名册的变更登记。但是，法律对上市公司股东名册变更登记另有规定的，从其规定。无记名股票的转让，由股东将该股票交付给受让人后即发生转让的效力。

尽管股份转让原则上是自由的，但是为了防止过度投机，保护公司和投资者的利益，对于一些特定人员持有的股份，《公司法》进行了必要的限制性规定。发起人持有的本公司股份，自公司成立之日起 1 年内不得转让。公司公开发行股份前已发行的股份，自公司股票在证券交易所上市交易之日起一年内不得转让。公司董事、监事、高级管理人员应当向公司申报所持有的本公司的股份及其变动情况，在任职期间，每年转让的股份不得超过其所持有本公司股份总数的 25%；所持本公司股份自公司股票上市交易之日起 1 年内不得转让。上述人员离职后半年内，不得转让其所持有的本公司股份。公司章程可以对公司董事、监事、高级管理人员转让其所持有的本公司股份做出其他限制性规定。

2. 公司股份的自行收购

股份公司收购其发行在外的股份，在我国原则上是禁止的，即公司不得收购本公司股份。但是，按照《公司法》的规定，有下列情形之一的除外：①减少公司注册资本；②与持有本公司股份的其他公司合并；③将股份奖励给本公司职工；④股东因对股东大会做出的公司合并、分立决议持异议，要求公司收购其股份的。公司因前款第①项至第③项的原因收购本公司股份的，应当经股东大会决议。公司收购本公司股份后，属于第①项情形的，应当自收购之日起 10 日内注销；属于第②项、第④项情形的，应当在 6 个月内转让或者注销。公司依照第③项规定收购的本公司股份，不得超过本公司已发行股份总额的 5%；用于收购的资金应当从公司的税后利润中支出；所收购的股份应当在 1 年内转让给职工。

3. 股票的质押

股票可以作为质押权的标的。股票质押是权利质押的一种。债务人不履行债务时，债权人有权依照《担保法》的规定，以该股票折价或者以拍卖、变卖该股票的价款优先受偿。但是，按照公司法的规定，公司不得接受本公司的股票作为质押的标的，其理由应与原则禁止公司回购本公司股份的理由大体相同。

4. 股票的被盗、遗失或者灭失

记名股票被盗、遗失或者灭失，股东可以依照《民事诉讼法》规定的公示催告程序，请求人民法院宣告该股票失效。人民法院宣告该股票失效后，股东可以向公司申请补发股票。

第四节　公司董事、监事、高级管理人员的资格与义务

一、公司董事、监事、高级管理人员的资格

公司法并没有对公司董事、监事、高级管理人员的积极任职资格，即担任董事、监事、高级管理人员应具备的条件作出规定，而是规定了公司董事、监事、高级管理人员的消极任职资格，即法律规定不得担任董事、监事、高级管理人员的情形。按照《公司法》的规定，有下列情形之一的，不得担任公司的董事、监事、高级管理人员：①无民事行为能力或者限制民事行为能力。②因贪污、贿赂、侵占财产、挪用财产或者破坏社会主义市场经济秩序，被判处刑罚，执行期满未逾 5 年;或者因犯罪被剥夺政治权利，执行期满未逾 5 年。③担任破产清算公司、企业的董事或者厂长、经理，对该公司、企业的破产负有个人责任的，自该公司、企业破产清算完结之日起未逾 3 年。④担任因违法被吊销营业执照、责令关闭的公司、企业的法定代表人，并负有个人责任的，自该公司、企业被吊销营业执照之日起未逾 3 年。⑤个人所负数额较大的债务到期未清偿。

公司违反规定选举、委派董事、监事或者聘任高级管理人员的，该选举、委派或者聘任无效。董事、监事、高级管理人员在任职期间出现上述所列情形的,公司应当解除其职务。

二、公司董事、监事、高级管理人员的义务

（一）忠实义务与勤勉义务

《公司法》规定，董事、监事、高级管理人员应当遵守法律、行政法规和公司章程，对公司负有忠实义务和勤勉义务。

忠实义务指的是董事、监事、高级管理人员忠诚于公司利益，不得将其个人利益置于公司利益之上，不得利用职权谋取私利。《公司法》规定的董事、监事、高级管理人员都需要履行的忠实义务只有一项，即董事、监事、高级管理人员不得利用职权收受贿赂或者其他非法收入，不得侵占公司的财产。而《公司法》规定的其他的忠实义务主要是针对从事经营决策、业务执行、经营管理工作的董事、高级管理人员。

董事、高级管理人员的忠实义务表现为不得有下列行为：①挪用公司资金；②将公司资金以其个人名义或者以其他个人名义开立账户存储；③违反公司章程的规定，未经股东会、股东大会或者董事会同意，将公司资金借贷给他人或者以公司财产为他人提供担保；④违反公司章程的规定或者未经股东会、股东大会同意，与本公司订立合同或者进行交易；⑤未经股东会或者股东大会同意，利用职务便利为自己或者他人谋取属于公司的商业机会，自营或者为他人经营与所任职公司同类的业务；⑥将他人与公司交易的佣金归为己有；（7）

擅自披露公司秘密；（8）违反对公司忠实义务的其他行为。

勤勉义务是指董事、监事、高级管理人员在执行职务时应勤勉、尽责，尽到一个认真的管理人或监督人应有的义务。勤勉义务的核心是善意、尽责。《公司法》并没有列举勤勉义务的表现形式，只是提出了总体性的要求，因为董事、监事、高级管理人员是否履行了勤勉义务，要结合具体的情况进行判断。

（二）董事、监事、高级管理人员违反义务的法律后果

公司的董事、高级管理人员负责公司的经营管理。其执行职务必须是为了公司和全体股东的利益，不能使其个人利益高于公司和股东利益。如果董事、高级管理人员因违反法律或者章程规定的行为而从中获取个人好处，则要将所得收入归公司所有。

董事、监事、高级管理人员执行公司职务时违反法律、行政法规或者公司章程的规定，给公司造成损失的，应当承担赔偿责任。

（三）公司董事、监事、高级管理人员责任的追究

1. 公司自己主张损害赔偿请求权

公司是具有独立法人资格的企业，能够以其名义独立行使权利。如果董事、监事、高级管理人员执行公司职务时违反法律、行政法规或者公司章程的规定，给公司造成损失的，公司应当向其主张损害赔偿。公司的董事会是公司的代表机构，因此应该由董事会代表公司主张权利。如果是向董事主张损害赔偿，是否应该由监事会代表公司主张权利呢？《公司法》没有明确规定监事会在公司与董事之间发生纠纷时代表公司的权利。按照《公司法》第一百五十二条和第五十四条的规定，只有在符合法定条件的股东欲提起股东派生诉讼而先行请求公司对董事、高级管理人员起诉时，由监事会代表公司起诉。

2. 股东的派生诉权

董事、高级管理人员执行公司职务时违反法律、行政法规或者公司章程的规定，给公司造成损失，应当承担赔偿责任的，有限责任公司的股东、股份有限公司连续 180 日以上单独或者合计持有公司 1% 以上股份的股东，可以书面请求监事会或者不设监事会的有限责任公司的监事向人民法院提起诉讼；监事有该种违法情形的，前述股东可以书面请求董事会或者不设董事会的有限责任公司的执行董事向人民法院提起诉讼。监事会、不设监事会的有限责任公司的监事或者董事会、执行董事收到股东书面请求后拒绝提起诉讼，或者自收到请求之日起 30 日内未提起诉讼，或者情况紧急、不立即提起诉讼将会使公司利益受到难以弥补的损害的，股东有权为了公司的利益以自己的名义直接向人民法院提起诉讼。他人侵犯公司合法权益，给公司造成损失的，上述股东可以依照该规定向人民法院提起诉讼。

3. 股东的直接诉权

董事、高级管理人员违反法律、行政法规或者公司章程的规定，损害股东利益的，股东可以向人民法院提起诉讼。股东的直接诉权是股东的利益受到损害的情况下而赋予股东

的权利，其目的是维护股东的自身利益，行使诉权的主体只需具有股东资格即可。

股东派生诉讼是公司利益受到损害的情况下赋予股东代表公司追究责任的权利，其目的是维护公司的利益，间接维护股东的自身利益，行使诉权的主体必须符合法律规定的条件。

第五节　公司债券与公司财务、会计

一、公司债券

（一）公司债券的概念

公司债券是指公司依照法定程序发行，约定在一定期限还本付息的有价证券。公司以实物券方式发行公司债券的，必须在债券上载明公司名称、债券票面金额、利率、偿还期限等事项，并由法定代表人签名，公司盖章。

债券与股票都是有价证券，二者的主要区别是：第一，性质不同。股票表示的是股东权，是股权凭证；债券表示的是债权，是债权凭证。第二，收益不同。股票持有人是从公司利润中分取股息、红利；债券持有人则不论公司是否盈利都有权依事先约定的利率计取利息。第三，承担的风险不同。债券持有人承担的风险相对于股票持有人要小。第四，对公司经营管理享有的权利不同。股票持有人可通过在股东大会上行使表决权参与公司的经营管理，而债券持有人则无权参与公司的经营管理。

（二）公司债券的发行

公司发行公司债券应当符合《证券法》规定的发行条件。发行公司债券要经过以下程序：①董事会制订方案，股东会或股东大会作出决议；②发行公司债券的申请须经国务院授权的部门核准；③公告公司债券募集办法；④募集债款；⑤募集登记。公司发行公司债券应当置备公司债券存根簿。发行记名公司债券的，应当在公司债券存根簿上载明下列事项：债券持有人的姓名或者名称及住所；债券持有人取得债券的日期及债券的编号；债券总额，债券的票面金额、利率、还本付息的期限和方式；债券的发行日期。发行无记名公司债券的，应当在公司债券存根簿上载明债券总额、利率、偿还期限和方式、发行日期及债券的编号。

（三）公司债券的转让

公司债券可以转让，转让价格由转让人与受让人约定。公司债券在证券交易所上市交易的，按照证券交易所的交易规则转让。

记名公司债券，由债券持有人以背书方式或者法律、行政法规规定的其他方式转让；

转让后由公司将受让人的姓名或者名称及住所记载于公司债券存根簿。无记名公司债券的转让，由债券持有人将该债券交付给受让人后即发生转让的效力。

（四）可转换公司债券的具体规定

上市公司经股东大会决议可以发行可转换为股票的公司债券，并在公司债券募集办法中规定具体的转换办法。上市公司发行可转换为股票的公司债券，应当报国务院证券监督管理机构核准。发行可转换为股票的公司债券，应当在债券上标明可转换公司债券字样，并在公司债券存根簿上载明可转换公司债券的数额。

发行可转换为股票的公司债券的，公司应当按照其转换办法向债券持有人换发股票，但债券持有人对转换股票或者不转换股票有选择权。

二、公司财务会计

（一）财务会计制度

公司应当依照法律、行政法规和国务院财政部门的规定建立本公司的财务会计制度。公司应当在每一会计年度终了时编制财务会计报告，并依法经会计师事务所审计。财务会计报告应当依照法律、行政法规和国务院财政部门的规定制作。

有限责任公司应当按照公司章程规定的期限将财务会计报告送交各股东。股份有限公司的财务会计报告应当在召开股东大会年会的 20 日前置备于本公司，供股东查阅；公开发行股票的股份有限公司必须公告其财务会计报告。

（二）利润分配

1. 利润分配的原则

利润是公司在一定时期内生产经营的财务成果。公司年度利润应按下列顺序分配：①弥补以前年度亏损，但不得超过税法规定的弥补年限。②缴纳所得税。③法定公积金不足以弥补以前年度公司亏损的，弥补亏损。④依法提取法定公积金。公司应提取税后利润的 10% 列入公司的法定公积金，公司法定公积金累计额为公司注册资本的 50% 以上的，可不再提取。公司从税后利润中提取法定公积金后，经股东会或者股东大会决议，还可以从税后利润中提取任意公积金。⑤向股东分配利润。股东按照实缴的出资比例分取红利；但是，全体股东约定不按照出资比例分取红利的除外。股份有限公司按照股东持有的股份比例分配，但股份有限公司章程规定不按持股比例分配的除外。

2. 公积金的具体规定

公积金分为法定公积金、任意公积金和资本公积金。股份有限公司以超过股票票面金额的发行价格发行股份所得的溢价款以及国务院财政部门规定列入资本公积金的其他收入，应当列为公司资本公积金。公司的公积金用于弥补公司的亏损、扩大公司生产经营或者转为增加公司资本，但是资本公积金不得用于弥补公司的亏损。法定公积金转为资本时，所留存的该项公积金不得少于转增前公司注册资本的 25%。

3.公司聘用会计师事务所的法律规定

公司聘用、解聘承办公司审计业务的会计师事务所，依照公司章程的规定，由股东会、股东大会或者董事会决定。公司股东会、股东大会或者董事会就解聘会计师事务所进行表决时，应当允许会计师事务所陈述意见。公司应当向聘用的会计师事务所提供真实、完整的会计凭证、会计账簿、财务会计报告及其他会计资料，不得拒绝、隐匿、谎报。

第六节　公司的变更、解散和清算

一、公司的合并与分立

（一）概述

公司的合并是指两个以上的公司依照法定程序变为一个公司的行为。其形式有两种：一是吸收合并；二是新设合并。一个公司吸收其他公司为吸收合并，被吸收的公司解散。两个以上公司合并设立一个新的公司为新设合并，合并各方解散。公司合并时，合并各方的债权、债务应当由合并后存续的公司或者新设的公司承继。

公司的分立是指一个公司依法分为两个以上的公司。公司分立前的债务由分立后的公司承担连带责任。但是，公司在分立前与债权人就债务清偿达成的书面协议另有约定的除外。

（二）公司合并与分立的程序

公司合并，应当由合并各方签订合并协议，并编制资产负债表及财产清单。公司应当自做出合并决议之日起 10 日内通知债权人，并于 30 日内在报纸上公告。债权人自接到通知书之日起 30 日内，未接到通知书的自公告之日起 45 日内，可以要求公司清偿债务或者提供相应的担保。

公司分立，其财产作相应的分割。公司分立，应当编制资产负债表及财产清单。公司应当自做出分立决议之日起 10 日内通知债权人，并于 30 日内在报纸上公告。

公司合并或者分立，登记事项发生变更的，应当依法向公司登记机关办理变更登记；公司解散的，应当依法办理公司注销登记；设立新公司的，应当依法办理公司设立登记。

二、注册资本的增加或减少

有限责任公司增加注册资本时，股东认缴新增资本的出资，按照《公司法》关于设立有限责任公司缴纳出资的有关规定执行。股份有限公司为增加注册资本发行新股时，股东认购新股应当按照《公司法》关于设立股份有限公司缴纳股款的有关规定执行。

公司需要减少注册资本时，必须编制资产负债表及财产清单。公司应当自做出减少注册资本决议之日起 10 日内通知债权人，并于 30 日内在报纸上公告。债权人自接到通知书之日起 30 日内，未接到通知书的自公告之日起 45 日内，有权要求公司清偿债务或者提供相应的担保。公司减资后的注册资本不得低于法定的最低限额。

公司增加或者减少注册资本，应当依法向公司登记机关办理变更登记。

三、公司解散和清算

（一）公司解散

公司解散指的是基于一定事由公司法人人格消灭，是一种丧失法人资格的行为。这种行为的结果是公司丧失了进行业务活动的能力，也就是说，不能再以公司的名义对外实施行为，公司作为一个法律主体不复存在。按照《公司法》的规定，公司有以下情形之一的，依法解散：①公司章程规定的营业期限届满或者公司章程规定的其他解散事由出现；②股东会或者股东大会决议解散；③因公司合并或者分立需要解散；④依法被吊销营业执照、责令关闭或者被撤销；⑤人民法院依股东请求对公司予以解散。《公司法》规定，公司经营管理发生严重困难，继续存续会使股东利益受到重大损失，通过其他途径不能解决的，持有公司全部股东表决权 10% 以上的股东可以请求人民法院解散公司。

（二）公司的清算

1. 清算组的成立

公司除因合并或者分立需要解散的之外，应当在解散事由出现之日起 15 日内成立清算组，开始清算。有限责任公司的清算组由股东组成，股份有限公司的清算组由董事或者股东大会确定的人员组成。逾期不成立清算组进行清算的，债权人可以申请人民法院指定有关人员组成清算组进行清算。人民法院应当受理该申请，并及时组织清算组进行清算。

2. 清算组的职责

清算组在清算期间行使下列职权：①清理公司财产，分别编制资产负债表和财产清单；②通知、公告债权人；③处理与清算有关的公司未了结的业务；④清缴所欠税款以及清算过程中产生的税款；⑤清理债权、债务；⑥处理公司清偿债务后的剩余财产；⑦代表公司参与民事诉讼活动。

3. 清算中债权人利益的保护

清算组应当自成立之日起 10 日内通知债权人，并于 60 日内在报纸上公告。债权人应当自接到通知书之日起 30 日内，未接到通知书的自公告之日起 45 日内，向清算组申报其债权。债权人申报债权，应当说明债权的有关事项，并提供证明材料。清算组应当对债权进行登记。在申报债权期间，清算组不得对债权人进行清偿。

4. 清算的分配

清算组在清理公司财产、编制资产负债表和财产清单后，应当制订清算方案，并报股东会、股东大会或者人民法院确认。公司财产在分别支付清算费用、职工的工资、社会保险费用和法定补偿金，缴纳所欠税款，清偿公司债务后的剩余财产，有限责任公司按照股东的出资比例分配，股份有限公司按照股东持有的股份比例分配。清算期间，公司存续，但不得开展与清算无关的经营活动。公司财产在未按前款规定清偿前，不得分配给股东。

5.清算组的义务

清算组在清理公司财产、编制资产负债表和财产清单后，发现公司财产不足清偿债务的，应当依法向人民法院申请宣告破产。公司经人民法院裁定宣告破产后，清算组应当将清算事务移交给人民法院。

公司清算结束后，清算组应当制作清算报告，报股东会、股东大会或者人民法院确认，并报送公司登记机关，申请注销公司登记，公告公司终止。

清算组成员应当忠于职守，依法履行清算义务。清算组成员不得利用职权收受贿赂或者其他非法收入，不得侵占公司财产。清算组成员因故意或者重大过失给公司或者债权人造成损失的，应当承担赔偿责任。

第七节　外国公司的分支机构

一、外国公司分支机构概述

外国公司是指依照外国法律在中国境外设立的公司。外国公司的分支机构是外国公司依照中国公司法的规定在中国境内设立的分支机构。外国公司在中国境内设立的分支机构不具有中国法人资格。因此，外国公司对其分支机构在中国境内进行经营活动承担民事责任。

外国公司在中国设立分支机构必须向中国主管机关提出申请。中国主管机关对外国公司设立分支机构的申请一经受理即应进行审查。经审查符合条件者，应予以批准。经批准设立的外国公司分支机构在中国境内从事业务活动，必须遵守中国的法律，不得损害中国的社会公共利益，其合法权益受中国法律保护。

二、关于外国公司分支机构的具体规定

（一）关于设立的规定

外国公司在中国境内设立分支机构，必须在中国境内指定负责该分支机构的代表人或者代理人，并向该分支机构拨付与其所从事的经营活动相适应的资金。对外国公司分支机构的经营资金需要规定最低限额的，由国务院另行规定。

外国公司的分支机构应当在其名称中标明该外国公司的国籍及责任形式。外国公司的分支机构应当在本机构中置备该外国公司章程。

外国公司在中国境内设立分支机构，必须向中国主管机关提出申请，并提交其公司章程、所属国的公司登记证书等有关文件，经批准后，向公司登记机关依法办理登记，领取营业执照。公司登记机关签发营业执照之日就是外国公司分支机构成立之日。

（二）关于撤销的规定

外国公司撤销其在中国境内的分支机构时，必须依法清偿债务，依照《公司法》有关公司清算程序的规定进行清算。未清偿债务之前，不得将其分支机构的财产移至中国境外。

第四章　非公司主体法律制度

第一节　个人独资企业法

一、个人独资企业的设立

个人独资企业是指在中国境内设立，由一个自然人投资，财产为投资人个人所有，投资人以其个人财产对企业债务承担无限责任的经营实体。个人独资企业不具有法人资格，这是个人独资企业与公司企业的重大区别。个人独资企业只有一个投资主体，即企业主。企业主与个人独资企业的人格不能完全分离。个人独资企业的全部财产，包括企业经营中以企业名义所获得的利润归企业主所有，同时，企业主对企业债务承担无限责任。

（一）个人独资企业的设立条件

按照《中华人民共和国个人独资企业法》以下简称《个人独资企业法》的规定，设立个人独资企业应当具备下列条件：

1. 投资人为一个自然人

个人独资企业的投资者必须只能是一个自然人。从投资主体的数量上看，个人独资企业的投资人不能是两个以上投资主体的联合，而只能是一个投资主体单独投资；从投资主体的性质上看，个人独资企业的投资人只能是自然人，任何非自然人的法人组织或者不具有法人资格的企业均不能成为个人独资企业的投资人。另外，投资个人独资企业的自然人必须具有完全的民事行为能力，法律和行政法规禁止从事营利性活动的个人也不得作为投资人设立个人独资企业。

2. 有合法的企业名称

个人独资企业的名称应当与其责任形式及从事的营业相符合。由于公司法只确立了有限责任公司和股份有限公司两种公司类型，所以，"公司"在我国特指上述两种公司类型。即使是尚未改制的国有企业和集体所有制企业，其名称中使用"公司"一词的，也指企业具有法人资格，投资人承担有限责任。因此，在个人独资企业的名称中不能出现"公司"字样。另外，个人独资企业的名称中还应该体现企业所从事的营业，如"旅店""饭店""茶楼"等。

3.有投资人申报的出资

个人独资企业的投资人必须申报其必要的与其申办企业规模相当的经营资金。不同于公司企业，法律并没有对个人独资企业规定最低的投资数额标准。因为个人独资企业主要对企业债务承担无限责任，所以个人企业的投资不具有对债权人担保的效力。

4.有固定的生产经营场所和必要的生产经营条件

为了确保个人独资企业能够开展正常的生产经营活动，维护正常的交易秩序，在某种程度上为债权人的权益实现提供必要保障，个人独资企业必须有固定的生产经营场所和开展生产经营活动必要的生产经营条件。

5.有必要的从业人员

为了使个人独资企业能够有效运营，还需要必要的从业人员，这也是个人独资企业的构成要素之一。

（二）个人独资企业的设立登记

设立个人独资企业，必须要进行商业登记。申请设立个人独资企业，应当由投资人或者其委托的代理人向个人独资企业所在地的登记机关提交下列文件：①个人独资企业设立申请书。设立申请书应当载明：企业的名称和住所；投资人的姓名和居所；投资人的出资额和出资方式；经营范围。②投资人身份证明。③生产经营场所使用证明。个人独资企业的投资人可以以自己拥有所有权的房屋作为生产经营场所，也可以租用生产经营场所。前者需要提供所有权证明，后者则需要提供租赁证明。

委托代理人申请设立登记时，应当出具投资人的委托书和代理人的合法证明。个人独资企业不得从事法律、行政法规禁止经营的业务；从事法律、行政法规规定须报经有关部门的批准文件。

登记机关应当在收到设立申请文件之日起15日内，对符合法律规定条件的，予以登记，发给营业执照；对不符合法律规定条件的，不予登记，并应当给予书面答复，说明理由。个人独资企业的营业执照的签发日期，为个人独资企业成立日期。在领取个人独资企业营业执照前，投资人不得以个人独资企业名义从事经营活动。

个人独资企业设立分支机构，应当由投资人或者其委托的代理人向分支机构所在地的登记机关申请登记，领取营业执照。分支机构经核准登记后，应将登记情况报该分支机构隶属的个人独资企业的登记机关备案。

二、个人独资企业的投资人及事务管理

（一）个人独资企业的投资人

由于个人独资企业的人格与其投资人的人格没有完全分开，投资人要对个人独资企业的债务承担无限责任，所以，个人独资企业的投资人必须是完全民事行为能力人。无民事行为能力人或者限制民事行为能力人均不能成为个人独资企业的投资人。另外，法律、行

政法规禁止从事营利性活动的人，不得作为投资人申请设立个人独资企业。因此，政府公务人员及负有社会公共事务管理的人员不能成为个人独资企业的投资人，这是为了防止他们利用职权谋取不正当的商业利益，并给政府的正常工作和威信带来损害。

个人独资企业是个人独资企业的所有人对本企业的财产依法享有所有权，其有关权利可以依法进行转让或继承。总之，个人独资企业的投资人对企业的财产拥有独立的处分权，对企业的生产经营活动有完全的决策权、指挥权、管理权。个人独资企业的投资人可以企业名义申请贷款、取得土地使用权，并维护个人独资企业依法享有的其他权利。

个人独资企业的投资人对个人独资企业的债务承担无限责任。也就是说，如果个人独资企业的财产不足以清偿其债务，则要以投资人的其他个人财产予以清偿。个人独资企业投资人在申请企业设立登记时明确以其家庭共有财产作为个人出资的，应当依法以家庭共有财产对企业债务承担无限责任。

（二）个人独资企业的事务管理

个人独资企业投资人可以自行管理企业事务，也可以委托或者聘用其他具有民事行为能力的人负责企业的事务管理。投资人委托或者聘用他人管理个人独资企业事务，应当与受托人或者被聘用的人签订书面合同，明确委托的具体内容和授予的权利范围。但是，投资人对受托人或者被聘用的人员职权的限制，不得对抗善意第三人，因为这一限制属于投资人与受托人或者被聘用的人员之间的合同行为，是个人独资企业的内部事务。

受托人或者被聘用的人员应当履行诚信、勤勉义务，按照与投资人签订的合同负责个人独资企业的事务管理。投资人委托或者聘用的管理个人独资企业事务的人员不得有下列行为：①利用职务上的便利，索取或者收受贿赂；②利用职务或者工作上的便利侵占企业财产；③挪用企业的资金归个人使用或者借贷给他人；④擅自将企业资金以个人名义或者以他人名义开立账户存储；⑤擅自以企业财产提供担保；⑥未经投资人同意，从事与本企业相竞争的业务；⑦未经投资人同意，擅自将企业商标或者其他知识产权转让给他人使用；⑧泄漏本企业的商业秘密；⑨法律、行政法规禁止的其他行为。投资人委托或者聘用的人员管理个人独资企业事务时违反双方订立的合同，给投资人造成损害的，承担民事赔偿责任。投资人委托或者聘用的人员违反个人独资企业法的有关规定，侵犯个人独资企业财产权益的，责令退还侵占的财产；给企业造成损失的，依法承担赔偿责任；有违法所得的，没收违法所得；构成犯罪的，依法追究刑事责任。

三、个人独资企业的解散和清算

（一）个人独资企业的解散

个人独资企业的解散指的是，基于一定事由的出现，并经由法定程序，个人独资企业归于消灭。按照《个人独资企业法》的规定，个人独资企业有下列情形之一时，应当解散：①投资人决定解散；②投资人死亡或者被宣告死亡，无继承人或者继承人决定放弃继承；

③被依法吊销营业执照；④法律、行政法规规定的其他情形。

（二）个人独资企业的清算

出现个人独资企业的解散事由，并不能直接导致个人独资企业的消灭。按照《个人独资企业法》的规定，当出现法律规定的个人独资企业解散事由之后，还要经过清算，即清理企业的债权、债务，然后才能到登记机关申请注销登记。

个人独资企业解散，由投资人自行清算或者由债权人申请人民法院指定清算人进行清算。投资人自行清算的，应当在清算前 15 日书面通知债权人，无法通知的，应当予以公告。债权人应当在接到通知之日起 30 日内，未接到通知的应当在公告之日起 60 日内，向投资人申报债权。

个人独资企业解散的，其财产应当按照下列顺序清偿：①所欠职工工资和社会保险费用；②所欠税款；③其他债务。这一清偿顺序说明，职工利益和国家利益优先于普通债权人的利益。

清算期间，个人独资企业不得开展与清算目的无关的经营活动。清算是为了清查企业的财产状况，其目的是使企业顺利消灭。因此，处在清算程序中的个人独资企业，不能再开展正常的经营活动。

个人独资企业财产不足以清偿债务的，投资人应当以其个人的其他财产予以清偿。因此，在按照法律规定的清偿顺序清偿债务前，投资人不得转移、隐匿财产。个人独资企业及其投资人在清算前或清算期间隐匿或转移财产，逃避债务的，依法追回其财产，并按照有关规定予以处罚；构成犯罪的，依法追究刑事责任。

个人独资企业解散后，原投资人对个人独资企业存续期间的债务仍应承担偿还责任，但债权人在 5 年内未向债务人提出偿债请求的，该责任消灭。

个人独资企业清算结束后，投资人或者人民法院指定的清算人应当编制清算报告，并于 15 日内到登记机关办理注销登记。

第二节　合伙企业法

一、合伙企业法的概念和适用范围

合伙企业法是指调整合伙企业在设立、经营、变更、终止过程中形成的各种社会关系的法律规范的总称。狭义的合伙企业法是指 1997 年 2 月 23 日由第八届全国人大常委会第二十四次会议通过的，自 1997 年 8 月 1 日起施行的《中华人民共和国合伙企业法》（以下简称《合伙企业法》）。该法于 2006 年 8 月 27 日经第十届全国人民代表大会常务委员会第二十三次会议修订。广义的合伙企业法是指国家立法机关及其他有权机关依法制定的，调整合伙企业合伙关系的各种法律规范的总称。

《合伙企业法》是一部规范我国市场主体的必不可少的法律，对规范合伙企业的设立和运作，保护合伙企业及其合伙人的合法权益，维护社会经济秩序，完善企业法治建设，具有重要作用和现实意义。修改后的《合伙企业法》不仅增加了有限合伙企业和特殊的普通合伙企业的规定，而且在普通合伙企业的制度安排上进行了重大的内容调整，如允许法人成为普通合伙人、允许合伙企业的债权人对不能清偿到期债务的合伙企业提起破产诉讼程序等。

二、普通合伙企业

（一）普通合伙企业的概念

普通合伙企业，是两个以上的自然人、法人或其他组织通过订立合伙协议在中国境内组建的、各合伙人对合伙企业债务承担无限连带责任的、以营利为目的的经济组织。普通合伙企业不具备法人资格，合伙人依据合伙协议，共同出资、合伙经营、共享收益、共担风险。普通合伙企业是最古老的企业形态之一。

合伙是一种古老的共同经营方式，反映了由个体经营向联合经营发展的必然。从企业形态的发展史来看，它是处于独资型企业与公司型企业之间的一种企业形态，历经数世纪的发展，仍然是一种极富现实需要的企业形态。而普通合伙企业是合伙企业中最广泛的一种。

合伙企业有自己的名称，能够以其名义取得营业执照进行经营活动。合伙企业有相对独立的财产，能够以自己的名义参与诉讼。因此，合伙企业具有一定的独立性。但是，合伙企业不能独立承担民事责任，在其财产不足以清偿企业所欠债务时，合伙人要以其个人财产承担无限连带责任。因此，合伙企业并不具备法人资格。

普通合伙企业是相对有限合伙企业而言的，其合伙人全部为对合伙企业债务承担无限连带责任的普通合伙人。《合伙企业法》还规定了一种特殊的普通合伙企业，即采用合伙制的以专业知识和专门技能为客户提供有偿服务的专业服务机构，如律师事务所、审计师事务所、诊所等。特殊的普通合伙企业的特殊之处不仅在于其经营活动的特殊性，而且在于其合伙人责任承担方面的特殊性。

（二）普通合伙企业的设立

设立合伙企业，应当满足法律所规定的条件。《合伙企业法》规定了以下条件：

1. 有两个以上合伙人

按照《合伙企业法》第二条的规定，合伙人可以是自然人、法人或其他组织。但是，国有独资公司、国有企业、上市公司以及公益型的事业单位、社会团体不得成为普通合伙人。合伙人为自然人的，应当具有完全民事行为能力人。法律、行政法规禁止从事营利性活动的人，不得成为合伙企业的合伙人，如国家公务员、人民警察、法官、检察官等。合伙人的最低人数限制是 2 人。这是合伙企业与个人独资企业的重要区别，是由合伙关系的自然条件所决定的。《合伙企业法》对合伙人数的上限并没有做出限制。

2. 有书面合伙协议

合伙协议既是合伙企业成立的基础，也是合伙企业得以成立的必要条件。口头的合伙协议也许会形成其他的民事合伙，但是不可能注册成立一家合伙企业。

3. 有合伙人认缴或者实际缴付的出资

合伙人可以分期缴纳其出资。分期缴纳出资的合伙人以书面形式确认其认缴的出资额及缴付期限。合伙企业虽然不需要具有最低注册资本，但是为了使合伙企业的经营活动能够正常展开，合伙人仍然需要缴纳一定出资。合伙协议中确定的各合伙人的出资数额可以分期缴纳。合伙人可以用货币、实物、知识产权、土地使用权或者其他财产权利出资，也可以用劳务出资。对货币、劳务以外的其他各种财产出资，需要评估作价的，可以由全体合伙人协商确定，也可以由全体合伙人委托法定评估机构评估。合伙人以劳务出资的，其评估办法由全体合伙人协商确定，并在合伙协议中载明。合伙人应当按照合伙协议约定的出资方式、数额和缴纳期限，履行出资义务。以非货币财产出资的，依照法律、行政法规的规定需要办理财产权转移手续的，应当依法办理。

4. 有合伙企业的名称和生产经营场所

企业名称是企业区别于其他商事主体的标识。合伙企业的名称当然要符合法律、行政法规关于企业名称的一般要求。由于普通合伙企业的合伙人对企业债务承担无限连带责任，所以，在企业名称中不能出现"有限""有限责任""股份"等字样。按照《合伙企业法》的规定，合伙企业名称中应当标明"普通合伙"字样。为了保证合伙企业能够正常开展生产经营活动，合伙企业要有其生产经营场所。

5. 法律、行政法规规定的其他条件

除了上述法定要件，法律、行政法规也许会为特定行业或者从事特定经营活动的合伙企业规定特别的条件。《合伙企业法》规定：合伙企业的经营范围中有属于法律、行政法规规定在登记前须经批准的项目的，该项经营业务应当依法经过批准，并在登记时提交批准文件。

（三）合伙协议

合伙协议是合伙企业成立的依据，也是确定合伙人权利义务的依据。合伙协议应当依法由全体合伙人协商一致，以书面形式订立，并经全体合伙人签名、盖章后方能生效。合伙协议应载明以下事项：①合伙企业的名称和主要经营场所的地点；②合伙目的和合伙企业的经营范围；③合伙人的姓名或者名称、住所；④合伙人的出资方式、数额和缴付期限；⑤利润分配、亏损分担方式；⑥合伙事务的执行；⑦入伙与退伙；⑧争议解决办法；⑨合伙企业的解散和清算；⑩违约责任。

订立合伙企业、设立合伙企业，应当遵循自愿、平等、公平、诚实信用原则。合伙人按照合伙协议享有权利，履行义务。合伙协议未约定或者约定不明确的事项，由合伙人协商决定；协商不成的，依照本法和其他有关法律、行政法规的规定处理。

修改或者补充合伙协议，应当经全体合伙人一致同意；但是，合伙协议另有约定的除外。

（四）普通合伙企业的注册登记

普通合伙企业在登记机关注册登记后成立。申请登记时，应由全体合伙人共同签署设立登记申请书，具体申请事宜可由全体合伙人共同办理或由他们书面委托某一合伙人或某几个合伙人或某专业服务机构代理办理。申请设立普通合伙企业，应当向企业登记机关提交登记申请书、合伙协议书、合伙人身份证明等文件。合伙企业的经营范围中有属于法律、行政法规规定在登记前须经批准的项目的，该项经营业务应当依法经过批准，并在登记时提交批准文件。

申请人提交的登记申请材料齐全、符合法定形式，企业登记机关能够当场登记的，应予当场登记，发给营业执照。否则，企业登记机关应当自受理申请之日起30日内，做出核准登记或者不予登记的决定。予以登记的，发给营业执照；不予登记的，应当给予书面答复，并说明理由。

合伙企业的营业执照签发日期为合伙企业的成立日期。合伙企业领取营业执照前，合伙人不得以合伙企业名义从事合伙业务。

（五）合伙企业的财产

《合伙企业法》第二十条规定："合伙人的出资、以合伙企业名义取得的收益和依法取得的其他财产，均为合伙企业的财产。"可见，合伙企业的财产由以下两部分组成：

1. 合伙人的出资

根据《合伙企业法》的规定，合伙人可以用货币、实物、知识产权、土地使用权或者其他财产权利出资，也可以用劳务出资。当合伙人的出资转入合伙企业时，就构成合伙企业的财产。合伙人的出资是合伙企业成立之初从事经营活动的物质基础。合伙人按照合伙协议的约定或者经全体合伙人决定，可以增加或者减少对合伙企业的出资。

2. 合伙企业的收益

在合伙企业存续期间，所有以合伙企业名义取得的收益和依法取得的其他财产，均为合伙企业的财产。以合伙企业名义取得的收益，主要体现为合伙企业的营业利润、投资净收益及营业外收支净额。合伙企业成立以后，便取得了相对独立的主体资格，能够以合伙企业名义对外从事法律行为，其获得的收益和其他财产当然属于合伙企业的财产。尽管合伙企业并不具备法人资格，但是合伙企业的财产具有一定的独立性。在合伙企业存续期间，除非有合伙人退伙等法定事由，合伙人不得请求分割企业的财产。在合伙企业成立之后，任何合伙人不能就其投入的特定财产主张足以对抗其他合伙人的所有权。该财产已经成为合伙企业的财产，由全体合伙人共同所有，并受全体合伙人的共同意志支配。对合伙财产的占有、使用、收益和处分，均应当依据全体合伙人的共同意志进行。正因为合伙企业财产具有一定的独立性，合伙企业的债务也首先应以合伙企业的财产进行清偿，不足部分才以合伙人的个人财产予以清偿。

由于普通合伙企业是由各合伙人共同出资、合伙经营、共享收益、共担风险，并对合伙企业债务承担无限连带责任的营利性组织，合伙人财产份额的转让，将会影响到合伙企业以及其他合伙人的切身利益。因此，《合伙企业法》对合伙人财产份额的转让作了以下限制性规定：①合伙人之间转让。合伙人之间转让在合伙企业中的全部或者部分财产份额时，应当通知其他合伙人。②合伙人向合伙人以外的人转让。除合伙协议另有约定外，合伙人向合伙人以外的人转让其在合伙企业中的全部或者部分财产份额时，须经其他合伙人一致同意。在同等条件下，其他合伙人有优先购买权；但是，合伙协议另有约定的除外。依法受让合伙人在合伙企业中财产份额的人，经修改合伙协议即成为合伙企业的合伙人，依照《合伙企业法》和修改后的合伙协议享有权利，履行义务。③因法院强制执行的转让。人民法院强制执行合伙人的财产份额时，应当通知全体合伙人，其他合伙人有优先购买权；其他合伙人未购买，又不同意将该财产份额转让给他人的，依法为该合伙人办理退伙结算，或者办理削减该合伙人相应财产份额的结算。

合伙人以其在合伙企业中的财产份额出资的，须经其他合伙人一致同意；未经其他合伙人一致同意，其行为无效，由此给善意第三人造成损失的，由行为人依法承担赔偿责任。

（六）合伙企业事务的执行

合伙人对执行合伙事务享有同等的权利。可以采取下列两种方式执行合伙事务：其一，由全体合伙人共同执行；其二，由合伙协议约定或者全体合伙人决定，委托一个或者数个对外代表合伙企业，执行合伙事务。作为合伙人的法人、其他组织执行合伙事务的，由其委派的代表执行。

委托一个或者数个合伙人执行合伙事务的，其他合伙人不再执行合伙事务。不执行合伙事务的合伙人有权监督执行事务合伙人执行合伙事务的情况。执行事务合伙人应当定期向其他合伙人报告事务执行情况以及合伙企业的经营和财务状况，其执行合伙事务所产生的收益归合伙企业，所产生的费用和亏损由合伙企业承担。受委托执行合伙事务的合伙人应该以善良管理人的诚信谨慎处理合伙企业事务，不得为损害合伙企业与全体合伙人利益的行为。执行合伙人不按照合伙协议或者全体合伙人的决定执行事务的，其他合伙人可以决定撤销该委托。如果执行合伙人的不轨行为给合伙企业造成损害，其他合伙人有权要求其赔偿。

合伙企业对合伙人执行合伙事务以及对外代表合伙企业权利的限制，不得对抗善意第三人。这一限制属于内部限制，只有在第三人对此知情的情况下，才能对其生效。例如，合伙企业不得以合伙执行人超越授权范围与不知内情的第三人签订合同为由，主张该合同无效。

经全体合伙人一致同意，也可以聘任合伙人以外的人担任合伙企业的经营管理人员。被聘任的合伙企业的经营管理人员应当在合伙企业授权范围内履行职务。被聘任的合伙企业的经营管理人员，超越合伙企业授权范围履行职务，或者在履行职务过程中因故意或者重大过失给合伙企业造成损失的，依法承担赔偿责任。

合伙人对合伙企业有关事项做出决议，按照合伙协议约定的表决办法办理。合伙协议未约定或者约定不明确的，实行一人一票并经全体合伙人过半数通过的表决办法。除合伙协议另有约定外，合伙企业的下列事项应当经全体合伙人一致同意：①改变合伙企业的名称；②改变合伙企业的经营范围、主要经营场所的地点；③处分合伙企业的不动产；④转让或者处分合伙企业的知识产权和其他财产权利；⑤以合伙企业名义为他人提供担保；⑥聘任合伙人以外的人担任合伙企业的经营管理人员。

合伙协议约定或者经全体合伙人决定，合伙人分别执行合伙企业事务时，合伙人可以对其他合伙人执行的事务提出异议。提出异议时，应暂停该项事务的执行。如果发生争议，可由全体合伙人做出决议。合伙协议未约定或者约定不明确的，实行合伙人一人一票并经全体合伙人过半数通过的表决办法。

合伙企业的利润分配、亏损分担，按照合伙协议的约定办理；合伙协议未约定或者约定不明确的，由合伙人协商决定；协商不成的，由合伙人按照实缴出资比例分配、分担；或者由合伙人依照合伙协议约定的比例分配和分担；无法确定出资比例的，由合伙人平均分配、分担。

由于普通合伙企业的合伙人均有参与企业经营管理活动的权利，其行为对企业造成一定的影响。因此，合伙人不得自营或者同他人合作经营与本合伙企业相竞争的业务。除合伙协议另有约定或者经全体合伙人一致同意外，合伙人不得同本合伙企业进行交易。合伙人不得从事损害本合伙企业利益的活动。

（七）合伙企业的债务清偿

合伙企业债务，应先以其全部财产进行清偿。合伙企业财产不足清偿到期债务的，各合伙人应当承担无限连带责任。以合伙企业财产清偿合伙企业债务时，其不足的部分，由各合伙人按照合伙协议约定分担亏损的比例，用其在合伙企业出资以外的财产承担清偿责任，如果合伙协议没有约定分担比例，则由各合伙人平均分担。

合伙人之间的分担比例对债权人没有约束力。债权人可以根据自己的利益，请求全体合伙人中的一人或数人承担全部清偿责任，也可以按照自己确定的比例向各合伙人分别追索。如果合伙人实际支付的清偿数额超过了其依照既定比例所应承担的数额，该合伙人有权就该超过部分，向其他未支付或者未足额支付应承担数额的合伙人追偿。

合伙人发生与合伙企业无关的债务，相关债权人不得以其债权抵销其对合伙企业的债务；也不得代位行使合伙人在合伙企业中的权利。合伙人个人财产不足清偿其与合伙企业无关的债务的，该合伙人可以以其从合伙企业中分取的收益用于清偿；债权人也可以依法请求人民法院强制执行该合伙人在合伙企业中的财产份额用于清偿。

（八）入伙与退伙

入伙，是指在合伙企业存续期间，合伙人以外的第三人加入合伙，从而取得合伙人资格。新合伙人入伙，除合伙协议另有约定外，应当经全体合伙人一致同意，并依法订立书面入伙协议。订立入伙协议时，原合伙人应当向新合伙人如实告知原合伙企业经营状况和财务状况。入伙的新合伙人与原合伙人享有同等权利，承担同等责任，但入伙协议另有约定的，从其约定。新合伙人对入伙前合伙企业的债务承担无限连带责任。

退伙是指合伙人退出合伙企业，从而丧失合伙人资格。合伙人退伙，一般有两种原因：一是自愿退伙，二是法定退伙。

自愿退伙，是指合伙人基于自愿的意思表示而退伙。自愿退伙可分为协议退伙和通知退伙两种情况：

一是协议退伙。合伙协议约定合伙企业的经营期限的，有下列情形之一时，合伙人可以退伙：①合伙协议约定的退伙事由出现；②经全体合伙人同意退伙；③发生合伙人难以继续参加合伙企业的事由；④其他合伙人严重违反合伙协议约定的义务。二是通知退伙。合伙协议未约定合伙企业的经营期限的，合伙人在不给合伙企业事务执行造成不利影响的情况下，可以退伙，但应当提前30日通知其他合伙人。

法定退伙，是指合伙人因出现法律规定的事由而退伙。法定退伙分为两种情况：一是当然退伙，二是除名。合伙人当然退伙的情形有：①作为合伙人的自然人死亡或者被依法宣告死亡；②个人丧失偿债能力；③作为合伙人的法人或者其他组织依法被吊销营业执照、责令关闭、撤销，或者被宣告破产；④法律规定或者合伙协议约定合伙人必须具有相关资格而丧失该资格；⑤合伙人在合伙企业中的全部财产份额被人民法院强制执行。合伙人被依法认定为无民事行为能力人或者限制行为能力人的，经其他合伙人一致同意，可以依法转为有限合伙人，普通合伙企业依法转为有限合伙企业。其他合伙人未能一致同意的，该无民事行为能力人或者限制民事行为能力的合伙人退伙。合伙人当然退伙的情形以实际发生之日为退伙生效日。合伙人有下列情形之一的，经其他合伙人一致同意，可以决议将其除名：①未履行出资义务；②因故意或者重大过失给合伙企业造成损失；③执行合伙企业事务时有不正当行为；④发生合伙协议约定的事由。对合伙人的除名决议应当书面通知被除名人。被除名人接到除名通知之日，除名生效，被除名人退伙。被除名人对除名决议有异议的，可以自接到除名通知之日起30日内，向人民法院起诉。

合伙人退伙的，其他合伙人应当与该退伙人按照退伙时的合伙企业的财产状况进行结算，退还退伙人的财产份额。退伙人对合伙企业造成的损失负有赔偿责任的，相应扣减其应当赔偿的数额。退伙时有未了结的合伙企业事务的，待该事务了结后进行结算。退伙人在合伙企业中财产份额的退还办法，由合伙协议约定或者由全体合伙人决定，可退还货币，也可以退还实物。

退伙人对基于其退伙前的原因发生的合伙企业债务，承担无限连带责任。合伙人退伙时，合伙企业财产少于合伙企业债务的，退伙人应当依法分担亏损。

（九）合伙人财产份额的继承

合伙人死亡或者被依法宣告死亡的，对该合伙人在合伙企业中的财产份额享有合法继承权的继承人，依照合伙协议的约定或者经全体合伙人同意，从继承开始之日起，即取得该合伙企业的合伙人资格。有下列情形之一的，合伙企业应当向合伙人的继承人退还被继承人合伙人的财产份额：①继承人不愿意合伙人；②法律规定或者合伙协议约定合伙人必须具有相关资格，而该继承人未取得该资格；③合伙协议约定不能成为合伙人的其他情形。

合伙人的继承人为无民事行为能力人或者限制民事行为能力人的，经全体合伙人一致同意，可以依法成为有限合伙人，普通合伙企业依法转为有限合伙企业。全体合伙人未能一致同意的，合伙企业应当将被继承合伙人的财产份额退还该继承人。

三、特殊的普通合伙企业

（一）特殊的普通合伙企业的定义

特殊的普通合伙企业是自 20 世纪 80 年代以来在英美国家发展起来的，指的是采用合伙制的以专业知识和专门技能为客户提供有偿服务的专业服务机构，如律师事务所、会计师事务所、审计师事务所、医生的诊所等。这些服务机构不同于从事一般经营活动的企业，因为其获利的方式不是参与一般的民事流转活动，而是提供服务，而该服务的提供需要合伙人具备一定的专业知识和专门技能，并且该服务的提供也具有一定的风险性。为了标明企业性质，以区别于一般的普通合伙，特殊的普通合伙企业名称中应当注明"特殊普通合伙"字样。

（二）合伙企业的债务承担

一个合伙人或者数个合伙人在执业活动中因故意或者重大过失造成合伙企业债务的，应当承担无限责任或者无限连带责任，其他合伙人以其在合伙企业中的财产份额为限承担责任。

合伙人在执业活动中非因故意或者重大过失造成的合伙企业债务以及合伙企业的其他债务，由全体合伙人承担无限连带责任。

合伙人执业活动中因故意或者重大过失造成的合伙企业债务，以合伙企业财产对外承担责任后，该合伙人应当按照合伙协议的约定对给合伙企业造成的损失承担赔偿责任。

（三）执业风险基金

由于特殊的普通合伙企业的执业活动具有一定的风险性，为了保证债权人的利益，合伙企业法要求该类合伙企业应当建立执业风险基金，办理执业保险，增强其抗风险能力。执业风险基金用于偿付合伙人执业活动造成的债务，应当单独立户管理。

四、有限合伙企业

（一）有限合伙企业概述

有限合伙企业是首先由英美国家法律规定产生的一种合伙企业形式。我国于 2006 年修订的《合伙企业法》也规定了有限合伙企业。按照《合伙企业法》的规定，有限合伙企业指的是由 1 个或者 1 个以上的普通合伙人和 1 个或者 1 个以上的有限合伙人共同组建的合伙企业，全体合伙人的总人数为 2 人以上 50 人以下，普通合伙人对有限合伙企业债务承担无限连带责任，有限合伙人以其认缴的出资额为限对有限合伙企业债务承担责任的合伙企业。

有限合伙企业在企业类型中仍然属于合伙企业，其中的普通合伙人的地位及所受的约束与普通合伙企业中的合伙人的地位及所受的约束基本相同。有限合伙企业的合伙人分为普通合伙人和有限合伙人两种，其中至少应该有一个普通合伙人。由于《合伙企业法》将有限合伙企业合伙人的上限规定为 50 人，所以最多应该有 49 名有限合伙人。与普通合伙企业一样，有限合伙企业成立的法律基础仍然是合伙协议，合伙协议必须由全体普通合伙人和有限合伙人一致同意签署。普通合伙人对企业债务承担无限连带责任，因此控制企业的经营管理活动。有限合伙人对企业债务只以其认缴的投资额为限承担责任，因此对企业的经营活动丧失了管理权。

为了与普通合伙企业相区别，使与合伙企业进行交易的对方当事人能了解企业的性质，《合伙企业法》规定有限合伙企业名称中应当标明"有限合伙"字样。

（二）合伙协议

合伙协议是合伙企业成立的基础。有限合伙企业的合伙协议除了要符合《合伙企业法》关于普通合伙企业合伙协议的有关规定，还应当载明下列事项：①普通合伙人和有限合伙人的姓名或者名称、住所；②执行事务合伙人应具备的条件和选择程序；③执行事务合伙人权限与违约处理办法；④执行事务合伙人的除名条件和更换程序；⑤有限合伙人入伙、退伙的条件、程序以及相关责任；⑥有限合伙人和普通合伙人相互转变程序。合伙协议依法由全体合伙人协商一致，以书面形式订立。在向登记机关提交有限合伙企业设立申请书时，要同时提交由全体合伙人签署的合伙协议。

（三）有限合伙人的出资

有限合伙人可以用货币、实物、知识产权、土地使用权或者其他财产权利作价出资。有限合伙人不得以劳务出资。有限合伙人与普通合伙人在出资方式的区别即在于，普通合伙人可以用劳务出资，但是有限合伙人却不可以劳务出资。之所以有这样的区别，就是因为普通合伙人对合伙企业债务承担的无限连带责任，而有限合伙人只以其认缴的出资为限为合伙企业债务承担责任。

有限合伙人应当按照合伙协议的约定按期足额缴纳出资；未按期足额缴纳的，应当承担补缴义务，并对其他合伙人承担违约责任。有限合伙企业登记事项中应当载明有限合伙人的姓名或者名称及认缴的出资数额。

（四）合伙事务执行

有限合伙企业由普通合伙人执行合伙事务。由于普通合伙人对合伙企业债务承担无限连带责任，因此应当自行管理企业运营，以控制企业的经营风险。普通合伙人为一人时，由该普通合伙人独任合伙事务执行人；普通合伙人为数人时，由全体普通合伙人集体或者分别管理合伙企业事务，或者依据合伙企业的约定由普通合伙人选任执行合伙人执行合伙企业事务。执行事务合伙人可以要求在合伙协议中确定执行事务的报酬及报酬提取方式。由于有限合伙人只以其出资额为限对合伙企业债务承担责任，因此，有限合伙人不执行合伙事务，不得对外代表有限合伙企业。但是，有限合伙人的下列行为，不视为执行合伙事务：①参与决定普通合伙人入伙、退伙；②对企业的经营管理提出建议；③参与选择承办合伙企业审计业务的会计师事务所；④获取经审计的有限合伙企业财务会计报告；⑤对涉及自身利益的情况，查阅有限合伙企业财务会计账簿等财务资料；⑥在有限合伙企业中的利益受到侵害时，向有责任的合伙人主张权利或者提起诉讼；⑦执行事务合伙人怠于行使权利时，督促其行使权利或者为了本企业的利益以自己的名义提起诉讼；⑧依法为本企业提供担保。

如果第三人有理由相信有限合伙人为普通合伙人并与其交易的，该有限合伙人对该笔交易承担与普通合伙人同样的责任。有限合伙人未经授权以有限合伙企业名义与他人进行交易，给有限合伙企业或者其他合伙人造成损失的，该有限合伙人应当承担赔偿责任。

（五）有限合伙人的权利

普通合伙人通常受到自我交易禁止和竞业禁止的限制。而有限合伙人不论投资多少都不能控制有限合伙企业，不能凭借其投资关系而影响合伙企业的决策，因此，有限合伙人可以同本有限合伙企业进行交易，也可以自营或者同他人合作经营与本有限合伙企业相竞争的业务。当然，这只是法律确定的基本原则，如果合伙协议另有约定的话，则遵从合伙协议的规定。

有限合伙人虽然不能参与合伙企业的经营管理活动，但是对企业的经营管理活动有正常的监督权利。有限合伙人能够参与决定普通合伙人的入伙和退伙；有限合伙人有权对企业的经营管理提出建议；有限合伙人有权参与选择承办有限合伙企业审计事务的会计师事务所；有限合伙人有权获取经过审计的有限合伙企业的财务报告；有限合伙人有权查阅有限合伙企业财务会计账簿等财务资料；执行事务的合伙人怠于履行职责时，有限合伙人有权督促其行使权利或者为了本企业的利益以自己的名义提起诉讼。

有限合伙人可以将其在有限合伙企业中的财产份额出质，但是，合伙协议另有约定的除外。有限合伙人也可以按照合伙协议的约定向合伙人以外的人转让其在有限合伙企业中的财产份额，但应当提前 30 日通知其他合伙人。

（六）有限合伙人的义务

有限合伙人要履行其出资义务。有限合伙人不得以法律禁止的方式出资。如果有限合伙人的出资有瑕疵，在合伙企业对外清偿债务时，有限合伙人仍然负有补足出资的责任，并对其他合伙人承担违约责任。有限合伙人不得参与合伙企业的事务执行。如果第三人有理由相信有限合伙人为普通合伙人并与其交易，该有限合伙人对该交易承担与普通合伙人同样的责任。有限合伙人退伙后，对基于其退伙前的原因发生的有限合伙企业债务，以其退伙时从有限合伙企业中取回的财产承担责任。

（七）有限合伙人的个人债务承担

有限合伙人的自有财产不足清偿其与合伙企业无关的债务的，该合伙人可以以其从有限合伙企业中分取的收益用于清偿；债权人也可以依法请求人民法院强制执行该合伙人在有限合伙企业中的财产份额用于清偿。人民法院强制执行有限合伙人的财产份额时，应当通知全体合伙人。在同等条件下，其他合伙人有优先购买权。

（八）有限合伙人的入伙、退伙与资格继承

在有限合伙企业成立后，合伙人以外的人可以作为有限合伙人加入合伙企业，成为合伙企业的成员。新入伙的有限合伙人对入伙前有限合伙企业的债务，以其认缴的出资额为限承担责任。

有限合伙人有下列情形之一的，当然退伙：①作为有限合伙人的自然人死亡或者被依法宣告死亡；②作为有限合伙人的法人或者其他组织依法被吊销营业执照、责令关闭、撤销，或者被宣告破产；③法律规定或者合伙协议约定有限合伙人必须具有相关资格而丧失该资格；④有限合伙人在合伙企业中的全部财产份额被人民法院强制执行。作为有限合伙人的自然人在有限合伙企业存续期间丧失民事行为能力的，其他合伙人不得因此要求其退伙。

有限合伙人退伙后，对基于其退伙前的原因发生的有限合伙企业债务，以其退伙时从有限合伙企业中取回的财产承担责任。

作为有限合伙人的自然人死亡、被依法宣告死亡或者作为有限合伙人的法人及其他组织终止时，其继承人或者权利承受人可以依法取得该有限合伙人在有限合伙企业中的资格。

（九）有限合伙人与普通合伙人的相互转变

除合伙协议另有约定外，普通合伙人转变为有限合伙人，或者有限合伙人转变为普通合伙人，应当经全体合伙人一致同意。

有限合伙人转变为普通合伙人的，对其作为有限合伙人期间有限合伙企业发生的债务承担无限连带责任；普通合伙人转变为有限合伙人的，对其作为普通合伙人期间合伙企业发生的债务承担无限连带责任。

有限合伙企业仅剩普通合伙人时，转为普通合伙企业；仅剩一位普通合伙人时也可以转为个人独资企业。有限合伙企业仅剩有限合伙人时，合伙企业的属性就会发生彻底改变，因为将没有合伙人对合伙企业的债务承担无限连带责任。为了保护债权人的利益，合理的解决办法就是立即解散合伙企业，进行清算。

五、合伙企业的解散与清算

（一）合伙企业的解散

合伙企业有下列情形之一时，应当解散：①合伙期限届满，合伙人决定不再经营；②合伙协议约定的解散事由出现；③全体合伙人决定解散；④合伙人已不具备法定人数满30天；⑤合伙协议约定的合伙目的已经实现或者无法实现；⑥依法被吊销营业执照、责令关闭或者被撤销；⑦法律、行政法规规定的其他原因。

（二）合伙企业的清算

合伙企业解散后应当进行清算，并通知和公告债权人。清算期间，合伙企业存续，但不得开展与清算无关的经营活动。

合伙企业解散，清算人由全体合伙人担任；经全体合伙人的过半数同意，可以自合伙企业解散事由出现后15日内指定1个或者数个合伙人，或者委托第三人担任清算人。自合伙企业解散事由出现之日起15日内未确定清算人的，合伙人或其他利害关系人可以申请人民法院指定清算人。

清算人在清算期间执行下列事务：①清理合伙企业财产，分别编制资产负债表和财产清单；②处理与清算有关的合伙企业未了结的事务；③清缴所欠税款；④清理债权、债务；⑤处理合伙企业清偿债务后的剩余财产；⑥代表合伙企业参加诉讼活动或者仲裁活动。清算人自被确定之日起10日内将合伙企业解散事项通知债权人，并于60日内在报纸上公告。债权人应当自接到通知书之日起30日内，未接到通知书的自公告之日起45日内，向清算人申报债权。债权人申报债权，应当说明债权的有关事项，并提供证明材料。清算人应当对债权进行登记。

合伙企业清算结束，清算人应当编制清算报告，经全体合伙人签名、盖章后，在15日内向企业登记机关报送清算报告，申请办理合伙企业注销登记。

合伙企业注销后，原普通合伙人对合伙企业存续期间的债务仍应承担无限连带责任。合伙企业不能清偿到期债务的，债权人可以依法向人民法院提出破产清算申请，也可以要求普通合伙人清偿。

合伙企业依法被宣告破产的，普通合伙人对合伙企业债务仍应承担连带责任。

第五章　产品质量法律制度

第一节　产品质量法概述

一、产品质量法的概念

国际标准化组织对质量的定义为："产品和服务规定或者潜在需要的特征和特征的总和。"它包括产品的使用性能、安全性、可用性、可靠性、可维修性和环境等基本要求，这些要求分别反映产品使用性能和外观性能可靠、安全、灵活和及时的程序，以及与之相应的代价。在我国，产品质量是指国家有关的法律、法规、质量标准以及合同约定的对产品适用、安全和其他特性的要求。

产品质量法是调整产品生产、流通、交换、消费领域中因产品质量而产生的社会关系的法律规范的总称。为了提高产品质量，保护消费者和用户的利益，许多国家非常重视运用法律手段来规范产品质量关系。不过，各国现有的产品质量立法，大多是产品质量责任立法，它所调整的主要是产品质量责任关系。我国的产品质量法，在借鉴国外立法经验的基础上，根据本国实际情况和维护社会主义市场经济秩序的需要，确定产品质量法的调整对象包括两方面的社会关系：①产品质量监督管理过程中产生的监督与被监督及企业内部产品质量管理关系。②产品质量责任关系。

改革开放以来，我国大力加强产品质量立法工作，制定了一些有关产品质量方面的法律、法规。主要有国务院先后发布和批准发布的《工业产品生产许可证试行条例》《工业产品质量监督试行办法》《工业产品质量责任条例》《产品质量认证管理条例》等。在国家颁布的《计量法》《标准化法》《商标法》《药品管理法》《食品卫生法》《进出口商品检验法》《反不正当竞争法》《消费者权益保护法》《全民所有制工业企业法》及《民法通则》等法律中，都有关于产品质量的规定。

1993 年 2 月 22 日第七届全国人大常委会第三十次会议通过了我国第一部全面、系统地规定产品质量的《中华人民共和国产品质量法》(以下简称《产品质量法》)。该法经 2000 年 7 月 8 日第九届全国人大常委会第十六次会议决定修改。这次修改，主要针对产品质量问题突出以及生产、销售伪劣产品行为严重的状况，明确了人民政府在产品质量工作中的责任；要求企业建立、健全并严格实施产品质量监督管理制度；补充、完善行政执法机关实施产品质量监督管理的执法手段；对产品质量违法行为，特别是生产销售伪劣产品的行为，加大处罚力度。

《产品质量法》所称的产品，是指经过加工、制作用于销售的产品。它不包括建设工程（但建设工程使用的建筑材料、建筑构配件和设备仍适用《产品质量法》）和虽经加工、制作，但不用于销售的产品以及未经加工的天然产品和初级农产品。此外，有关军工产品质量监督管理办法，由国务院、中央军事委员会另行制定；因核设施、核产品造成损害的赔偿责任，法律、行政法规另有规定的，依照其规定。

二、《产品质量法》的宗旨

（一）加强对产品质量的监督管理

"加强对产品质量的监督管理"是指国家对产品质量采取必要的宏观管理和激励引导的措施，促进企业保证产品质量，并且通过加强对生产和流通领域的产品质量的监督检查，建立运用市场公平竞争、优胜劣汰制约假冒伪劣产品的机制，以维护社会经济秩序。

由于我国正处于向市场经济转轨时期，产品质量问题很多，如地方质量问题严重、企业内部质量管理滑坡、假冒伪劣屡禁不止等，为此，有必要加强政府对产品质量的干预，加大对产品质量的行政监管和行政处罚力度。市场经济发达的国家也对产品质量实施国家干预。因此，尽管有些专家提出靠强化行政监管和加大行政处罚力度不一定能够解决产品质量问题，在修改《产品质量法》时，还是经反复研究，确定了加强对产品质量的监督管理的立法宗旨。

（二）提高产品质量水平

这一项是这次修改《产品质量法》新增加的内容。提高产品质量水平是一个不断的、长期的目标和责任，也可以说是一个永无止境的要求。随着社会进步、科技的发展以及人们生活水平和需求的提高，对产品质量的要求和标准也会不断地提高。因此，这项内容实际上是一个长期要求，标明了一种导向，是立法所追求的目的。《产品质量法》为了不断地提高产品质量，在法律中规定了"两鼓励、一奖励"的鼓励性条款，即总则第 6 条"国家鼓励推行科学的质量管理方法，采用先进的科学技术，鼓励企业产品质量达到并且超过行业标准、国家标准和国际标准。对产品质量管理先进和产品质量达到国际先进水平、成绩显著的单位和个人，给予奖励"。

3.明确产品质量责任

产品质量责任是指产品的生产者、销售者不履行法律规定的产品质量义务应当承担的法律后果。产品质量的责任包括行政责任、民事责任和刑事责任。产品质量的责任一般具有确定性、强制性、赔偿性和惩罚性。《产品质量法》在第三章专门规定了"生产者、销售者的产品质量责任和义务"，并在第四章和第五章规定了"损害赔偿"和"罚则"，使产品质量责任明确，并对应承担的后果做了清楚的规定。

4. 保护消费者的合法权益

目前，我国消费者权益的保护仍然处于一种较低的保护水平，假冒伪劣产品到处可见；而另一方面，当消费者的权益受到侵害时保护不力，有关部门相互推诿、扯皮，无人承担责任，合法的权益得不到保障。此外，由于长期形成的消费者弱势局面，使许多人缺乏消费者权益保护意识，当自由正当的、合法的权益受到侵犯时，往往放弃应有的权利，使得伪劣产品的生产者、销售者在经济利益的驱动下，越发有恃无恐。面对这种状况，《产品质量法》必须将消费者权益的保护作为立法宗旨，并且将之贯穿整部法律之中，真正使消费者的合法权益得到保护。

5. 维护社会经济秩序

维护社会经济秩序，是我国许多法律都具有的作用。《产品质量法》在维护社会经济秩序中的作用，主要体现在它确立了市场经济主体在产品质量活动中的行为准则，规定了哪些质量行为合法，哪些质量行为违法，以及哪些质量行为国家给予奖励的问题。特别是产品质量法中有关伪劣产品的禁止性规范，是市场秩序正常化的重要保证。

同时，针对一些地方、部门出现的地方保护、部门保护严重，阻挠、排斥其他地区、企业的质量合格的产品进入本地区的行为，《产品质量法》在这次修改中特别增加了关于不得排斥非本地区、非本系统生产的质量合格的产品的规定，即该法的第十一条规定"任何单位和个人不得排斥非本地区或者非本系统企业生产的质量合格产品进入本地区、本系统"。这为在一定程度上清除地方及部门保护主义、发挥市场经济规律的应有作用、维护社会主义市场经济秩序提供了法律保障。

第二节　产品质量的监督管理

一、产品质量监督管理体制

产品质量监督管理体制，是有关产品质量监督管理的主体、职责、权限、方式、方法等问题的规则的总和。关于我国产品质量监督管理体制，修改后的《产品质量法》做了明确的分工；对产品质量的管理，主要由企业通过建立、健全内部产品质量监督管理制度进行。该法第三条规定："生产者、销售者应当建立、健全内部产品质量管理制度，严格实行岗位质量规范、质量责任及相应的考核办法。"而对产品质量的监督，主要实行产品质量的外部监督体制，该法第八条做了如下规定：

（1）国务院产品质量监督部门主管全国产品质量监督工作。其主要职责是：对产品质量进行宏观管理和指导；制定有关产品质量管理的方针和政策；拟定或发布有关质量的法规或规章；处理有关产品质量纠纷等。

（2）县级以上地方产品质量监督部门主管本行政区域内的产品质量监督工作。其主要职责是具体贯彻执行产品质量的法律、法规及政策，代表同级政府对产品质量进行管理，并对质量工作进行行政执法监督。

（3）国务院有关部门和县级以上地方人民政府的有关部门在各自的职责范围内负责产品质量监督管理工作。如各级卫生行政主管部门主管药品监督管理工作和食品卫生监督工作，各级劳动行政部门负责锅炉压力容器的安全监督工作，国家和地方进出口商品检验局负责进出口商品的有关检验工作等。

（4）法律对产品质量的监督部门另有规定的，依照有关法律的规定执行。

二、产品质量管理制度

（一）建立、健全内部产品质量监督管理制度

建立、健全企业产品约束机制是这次修改《产品质量法》的一项重要内容。为有效地监督企业加强内部产品质量监督管理，该法新增了第3条。法律增加这项内容，是基于多年来产品质量管理的实践及经验总结。1996年12月14日，国务院发布的《质量振兴纲要（1996—2010年）》中的"七、加强企业基础工作，严格内部质量管理""二十四、企业要树立符合市场经济规律的质量观""二十五、坚持企业经营管理者抓质量""二十六、企业质量工作要与深化改革和加强管理相结合""三十、企业要建立和完善鼓励质量改进的激励机制"等内容都对企业产品质量管理做出了规定和要求。

《产品质量法》第三条规定的产品质量义务主体是产品的生产者和销售者。内部产品质量管理制度的内容是：每个单位和部门都要根据各个工序、生产流程、销售程序等，制定严格的岗位质量规范并且要将规范中的每项要求具体实施；将产品责任落实到人，根据岗位规范和质量责任对每个员工进行定期考核，并根据考核情况决定质量责任人的升降、职务、工资及奖金等。

（二）标准化管理制度

标准是对重复性事物和概念所做的统一规定。它以科学、技术和实践经验综合成果为基础，经有关方面协商一致，由主管机关批准，作为共同遵守的准则和依据。标准化是指从制定标准到全面实施标准的活动。标准化是组织现代化生产的重要手段，没有标准化，就没有专业化，也就没有高质量、高速度。推行标准化是国家的一项重要的技术经济政策。

我国《产品质量法》第十三条规定：可能危及人体健康和人身、财产安全的工业产品，必须符合保障人体健康和人身、财产安全的国家标准、行业标准；未制定国家标准、行业标准的，必须符合保障人体健康和人身、财产安全的要求。禁止生产、销售不符合保障人体健康和人身、财产安全的标准和要求的产品。上述工业产品主要指食品、药品、易燃易爆品、劳动保护产品等。另外，国家鼓励积极采用国际标准。

（三）产品质量认证制度

产品质量认证是指由公正的第三方依据产品标准和技术要求，对产品质量进行检验、测试、确认并通过颁发认证证书和许可使用认证标志的方式，证明产品符合相应标准和技术要求的活动。《产品质量法》第十四条第二款规定：国家参照国际先进的产品标准和技术要求，推行产品质量认证制度。企业根据自愿原则可以向国务院产品质量监督部门认可的或国务院产品质量监督部门授权的部门认可的认证机构申请产品质量认证。经认证合格的，由认证机构颁发产品质量认证证书，准许企业在产品或者其包装上使用质量产品认证标志。

认证证书是证明产品质量符合认证要求和许可产品使用认证标志的法定证明文件。认证标志是由认证机构设计，并按法定程序批准、发布的一种专用标志，用以证明某项产品符合规定标准和技术规范，允许企业在获准认证的产品上使用。我国现在批准使用的认证标志主要有方圆标准、长城标志、PRC 标志等。方圆标志是一般产品的认证标志，分合格认证标志和安全认证标志。长城标志是电工产品专用认证标志。PRC 标志是电子元器件专用的认证标志。

获准使用认证标志的企业有以下义务：

（1）在认证证书规定的范围内使用认证标志，即只能在认证证书所载明的已经认证合格的产品上使用。

（2）按照规定的使用方法和要求使用认证标志。

（3）保证使用认证标志的产品符合认证时的质量水平等。

（四）企业质量体系认证制度

质量体系是指为实施质量管理的组织机构、职责、程序、过程和资源。质量体系所包含的内容仅需要满足实现质量目标的要求。企业质量体系认证，是指依照国际通用的《质量管理和质量保证》系列标准，经过国家认可的认证机构对企业质量体系进行审核与评价，确认符合标准时，由认证机构向企业颁发认证证书，以证明企业的质量体系和质量保证能力符合相应要求的活动。《产品质量法》第十四条第一款规定：国家根据国际通用的质量管理标准，推行企业质量体系认证制度。企业根据自愿原则可以向国务院产品质量监督部门认可的部门或国务院产品质量监督部门授权的部门认可的认证机构申请企业质量体系认证。经认证合格的，向认证机构颁发企业质量体系认证证书。

企业质量体系认证的标准是国际通用的质量管理标准，即国际标准化组织（ISO）发布的 ISO9000 系列国际标志。我国已将此标准等同采用转化为国家标准。

企业质量体系认证是对企业整体素质的评价。产品质量是企业的生命，而质量又是企业多种活动的综合反映。影响质量的因素很多，如机器设备、生产环节、科学技术、组织管理、人员素质等，这些因素就构成企业质量体系，因此，企业质量体系认证就是对企业质量体系进行全面评价。

应当指出，企业质量体系认证的对象是企业，因而企业质量体系认证的效力仅限于企业，而不是企业的产品。也就是说，获得企业质量体系认证证书的企业，无权在其产品上使用产品质量认证标志。企业要在其产品上使用产品质量认证标志，需要申请产品质量认证并获得批准。

三、产品质量监督检查

（一）国家监督

国家对产品质量实行以抽查为主要方式的监督检查制度。抽查的重点产品有三类：

（1）可能危及人体健康和人身、财产安全的产品，如食品、药品、电器、医疗器械等。

（2）影响国计民生的重要工业产品，如锅炉、发电机、汽车、农药、化肥、水泥、钢材等。

（3）消费者、有关组织反映有质量问题的产品。

国务院产品质量监督部门，对全国的产品质量监督抽查工作进行规划和组织，县级以上地方人民政府产品质量监督部门在本行政区域内也可以组织监督抽查。法律对产品质量的监督检查另有规定的，依照有关法律的规定执行。如《计量法》《药品管理法》等法律，对某些特殊产品进行监督检查另有规定。为避免重复抽查的问题，《产品质量法》规定：国家监督抽查的产品，地方不得另行重复抽查；上级监督抽查的产品，下级不得另行重复抽查。同时，为切实发挥产品质量监督检查的应有作用，《产品质量法》规定：国务院和省、自治区、直辖市人民政府的产品质量监督部门应当定期发布其监督抽查的产品的质量状况公告。

根据监督抽查的需要，可以对产品进行检验。产品质量检验机构必须具备相应的检测条件和能力，经省级以上人民政府产品质量监督部门或其授权的部门考核合格后，方可承担产品质量检验工作。法律、行政法规对产品质量检验机构另有规定的，依照有关的法律、法规的规定执行。如进出口商品检验局负责组织管理进出口商品的检验工作和国内、国外委托的检验业务；船舶检验局负责船舶的质量监督检验；锅炉压力容器安全监督局主管锅炉压力容器的安全监督工作；药品检验局负责药品的监督检验工作；食品卫生监督局负责食品卫生的监督检验工作。从事产品质量检验、认证的中介机构必须依法设立，不得与行政机关和其他国家机关存在隶属关系或者其他利益关系。

进行产品检验不得向企业收取检验费用，监督抽查所需检验费用按照国务院规定列支。根据规定，各级产品质量监督部门组织的监督检查所需经费由各级财政拨款；其他有关主管部门组织的抽查，所需经费从部门自有资金中开支。此外，检验抽取样品的数量不得超过检验的合理需要。

（二）社会监督

产品质量的社会监督，是消费者和保护消费者利益的社会组织、新闻舆论等对产品质量进行的监督。这是提高产品质量、促进生产经营者改善管理、保护用户和消费者利益的有效措施。发动和依靠群众来监督产品质量是我国产品质量立法的重要特征。根据《产品质量法》规定，消费者有权就产品质量问题，向产品的生产者、销售者查询，向产品质量监督部门、工商行政管理部门及有关部门申诉，有关部门应当负责处理。

保护消费者权益的社会组织可以就消费者反映的产品质量问题建议有关部门负责处理，支持消费者对因产品质量造成的损害向人民法院起诉。

为更好地发挥社会监督的应有作用，《产品质量法》第十条明确规定：任何单位和个人有权对违反本法规定的行为，向产品质量监督部门或者其他有关部门检举。产品质量监督部门和其他有关部门应当为检举人保密，并按照省、自治区、直辖市人民政府的规定给予奖励。

第三节 生产者、销售者的产品质量责任和义务

一、生产者的产品质量责任和义务

产品质量责任主体包括产品生产者和销售者，各国立法通常把重点放在生产者，这是因为产品的设计、制造是导致产品质量责任产生的重要环节之一。实践证明，许多质量责任的发生都是源自产品设计、制造缺陷或指示缺陷。因此，我国产品立法加重了生产者的质量责任和义务。根据《产品质量法》规定，生产者必须履行下列义务：

（一）保证产品的内在质量

生产者应当对其生产的产品质量负责，保证产品质量是生产者的首要义务。《产品质量法》对生产者保证产品质量规定了三项要求：

（1）产品不得存在危及人身、财产安全的不合理的危险。

（2）产品应当具备应有的使用性能，但对产品存在使用性能的瑕疵做出说明的除外。

（3）产品质量应当符合明示的质量状况。

产品质量符合上述要求，即为合格产品。这是对产品内在质量的要求。

判定产品质量是否符合规定要求的依据是：

（1）符合保障人体健康及人身、财产安全的国家标准、行业标准。

（2）符合明示采用的产品标准中规定的使用性能；未制定相应标准的产品，其使用性能应当符合公众普遍认为应当具备的使用性能。

（3）符合在产品或者包装上注明采用的产品标准，或者符合以产品说明、实物样品等方式表明的质量状况。

（二）产品标志、包装的规定

（1）产品标志的规定。产品标志是指用于识别产品或其特征、特性所做的各种表示的

统称。产品标志可以用文字、符号、数字、图案等表示。根据不同产品的特点和使用要求，产品标志可以标注在产品上，也可以标注在产品包装上。

产品标志应当符合下列要求：①有产品质量检验合格证明，即生产者出具的用于证明产品质量符合相应要求的证件。包括合格证、合格印章等。②有中文标明的产品名称、生产厂厂名和厂址。用中文标明，一般是指用汉字标明。根据需要也可以附以中国少数民族文字。③根据产品的特点和使用要求，需要标明产品规格、等级、所含主要成分的名称和含量的，用中文相应予以标明；需要事先让消费者知晓的，应当在产品外包装上注明，或者预先向消费者提供有关资料。④限期使用的产品，应当在显著位置清晰地标明生产日期和安全使用期或者失效日期。安全使用期包括保质期、保鲜期、保存期等。⑤使用不当，容易造成产品本身损坏或者可能危及人身、财产安全的产品，应当有警示标志或者中文警示说明。裸装的食品和其他根据产品的特点难以附加标志的裸装产品，可以不附加产品标志。

（2）产品包装的规定。生产者的产品包装义务，主要由生产者和其他相关当事人在合同中加以规定，法律不过多地加以干涉。但是，《产品质量法》对一些特殊产品的生产者的包装义务作了规定，即该法第二十八条规定：易碎、易燃、易爆、有毒、有腐蚀性、有放射性等危险品以及储运中不能倒置和有其他特殊要求的产品，其包装质量必须符合相应要求，依照国家有关规定做出警示标志或者中文警示说明，标明储运注意事项。其目的是要保证人身、财产安全，并防止产品损坏。

（三）产品生产的禁止性规定

产品生产者必须遵守《产品质量法》的有关禁止性规定：

（1）不得生产国家明令淘汰的产品。

（2）不得伪造产地，不得伪造或者冒用他人的厂名、厂址。

（3）不得伪造或者冒用认证标志等质量标志。

（4）生产的产品，不得掺杂、掺假，不得以假充真、以次充好，不得以不合格产品冒充合格产品。

二、销售者的产品质量责任和义务

在我国的商业习惯中，销售者也称经销者，包括批发者和零售者。他们是实现产品使用价值的中介，是产品责任的直接承担者之一。

《产品质量法》对销售者的产品质量责任和义务，做了下列规定：

（一）建立并执行进货检查验收制度，验明产品合格证明和其他标志

执行进货检查验收制度，是确保销售者进货的质量、区分销售者与生产者责任的重要手段。销售者查验产品的标准是合同当事人双方商定的标准，如该产品涉及国家强制性标准，必须执行强制标准。销售者如果在查明产品不合格时，应拒绝接收货物，防止不合格

产品、伪劣产品在市场上流通；如果销售者不执行进货查验制度或者明知产品不合格仍然接受货物并进行销售的，应依法承担相应的法律责任。

（二）采取措施保持销售产品的质量

销售者在进货后至向顾客出售产品之前的一段时间内，应采取一系列保管措施，使销售产品的质量保持着生产者、供货交付给销售者时的质量状况。销售者应当根据产品的特点，采取必要的防雨、防晒、防霉变措施，对某些特殊产品采取控制温度、湿度等措施，保持产品进货时的质量。

（三）销售产品的标志应当符合规定

销售者销售的产品应当有标志，如产品名称、合格证明、规格、等级、主要成分、生产日期、安全使用期、失效日期、警示说明、生产厂厂名、厂址等。不得销售无标志或标志不符合规定的产品，且其有关标志的要求应当符合上述在生产者产品质量责任和义务中所介绍的要求，即符合《产品质量法》第二十七条的规定。

（四）不得销售假冒伪劣产品

《产品质量法》规定，销售者不得销售失效、变质的产品；不得伪造产地；不得伪造或者冒用他人的厂名、厂址；不得伪造或者冒用认证标志等质量标志；不得掺杂、掺假，不得以假充真、以次充好；不得以不合格产品冒充合格产品。

第四节　各级政府的产品质量责任

这项内容是这次修改《产品质量法》新增加的。为了明确各级政府对产品质量工作中的责任，建立产品质量约束机制，根据各方面意见，《产品质量法》修正案中把各级政府的产品质量责任规定在第七条中："各级人民政府应当把提高产品质量纳入国民经济和社会发展规划，加强对产品质量工作的统筹规划和组织领导，引导、督促生产者、销售者加强产品质量管理，提高产品质量，组织各有关部门依法采取措施，制止产品生产、销售中违反本法规定的行为，保障本法的施行。"

关于这一条规定，国务院1996年印发的《质量振兴纲要（1996—2010年）》中就曾有相应的规定。并指出："各级人民政府和国务院有关部门要切实履行管理职责，做到依法行政，加强对质量工作的领导和管理，增强质量管理的科学性和有效性，在引导、协调、监督、服务等方面为质量振兴创造良好的外部环境。"1999年国务院发布的《关于进一步加强产品质量工作若干问题的决定》指出："地方各级人民政府要把提高产品质量纳入本行政区域的国民经济计划和社会发展规划，将质量工作和打假工作列入议事日程，加强对质量技术监督工作的领导，切实保证质量标准建设、计量检测体系和质量监督抽查所必需的投资和经费，定期研究和及时解决提高产品质量和打假工作中存在的问题。对质量工作领导或者监督不力，致使制假售假问题严重，出现重大事故的，要依法追究有关负责人及责任人的责任。""国务院有关部门要把提高产品质量作为一项重要工作任务，通过制定相关政策和具体措施，认真加以落实；要严格履行职责，做好行政执法和有关国家法定产品监管工作"。这些规范性文件，都不同程度地在不同角度和范围内，对各级人民政府在产品质量责任方面做出了规定。各级人民政府的产品质量责任主要包括以下几个方面。

一、把提高产品质量工作纳入国民经济和社会发展规划，加强对产品质量工作的统筹规划和组织领导

依照法律的规定，每年制定国民经济和社会发展规划，是各级人民政府的最重要的职责之一。能够纳入国民经济和社会发展规划的，一般都是决定本行政区域内政治、经济、社会发展的具有重大意义以及带有普遍性、全局性的、足以影响本行政区域内的生产、生活的大的方面的事项。因此，法律规定每年都要将产品质量工作纳入国民经济和社会发展规划，说明对产品质量工作的重视程度。这样规定，就将抓产品质量工作作为各级人民政府的一项法定的硬任务，每年不仅要列入规划中，还要汇报和检查落实的情况，使这项工作真正成为各级人民政府的职责而落到实处。此处所指的各级人民政府，不仅包括国务院，也包括地方各级人民政府。

统筹规划和组织领导是一项比较扎实的法定责任，落实这项职责，首先要对整个行政区域内的生产单位、各种产品和产品质量状况，以及各类产品的产品质量标准有清楚的了解。在此基础上，针对产品质量状况制定相关的政策、计划和目标，决定为这项工作所应进行的投入，并且要有专门的领导和部门对产品质量工作进行组织、领导和协调，并且负责实施、检查和监督。

二、引导、督促生产者、消费者加强产品质量管理，提高产品质量

产品质量问题从根本上说要靠市场竞争的优胜劣汰机制，依靠建立促使企业内部提高质量的机制来解决。但这并不是说，政府在提高产品质量方面可以不承担任何职责。尤其是在现阶段，我国产品质量问题仍然比较突出，在一定程度上产品质量问题关系到民族素质问题，是政治问题，在关系社会、国家形象的情况下，各级政府应当引导、督促生产者、销售者加强产品质量管理，提高产品质量。"引导、督促"一般是使用政策、文件等形式号召、提醒、促使生产者、销售者强化对产品质量的管理，以达到提高产品质量的目的。例如，在罚劣的同时，加大奖优的力度等。但应指出，"引导、督促"不是"代替"。

三、组织各有关部门依法采取措施，制止产品生产、销售中的违法行为

为保障《产品质量法》的实施，各级人民政府应组织各有关部门依法采取措施，制止产品生产、销售中的违法行为。该项职责的侧重点是：首先，针对现实生活中产品质量问题突出，各级政府应督促有关主管部门加大行政执法力度，依法对生产者、销售者等主体的质量违法行为进行查处。其次，针对在产品质量的监督管理过程中涉及技术监督、工商、进出口商品检验、卫生防疫等多个行政执法部门，且他们之间的职责存在交叉重复的现状，各级政府应协调好各方面关系，使其在各自职责范围内各司其职，以提高行政执法效率。最后，针对政府（尤其是地方政府）及其职能部门本身违反《产品质量法》的行为（例如在产品质量方面的地方保护和行业保护等），上级政府或其职能部门应当依法采取措施加以制止，而不是放任甚至纵容该类违法行为的继续和蔓延。

第五节　违反产品质量法的法律责任

一、民事责任

（一）因产品质量问题引起的违约责任

根据《产品质量法》第四十条的规定，售出的产品有下列情形之一的，销售者应当负责修理、更换、退货；给购买产品的消费者造成损失的，销售者应当赔偿损失：不具备产品应当具备的使用性能而事先未做说明的；不符合在产品或者包装上注明采用的产品标准的；不符合以产品说明、实物样品等方式表明的质量状况的。销售者依照上述规定负责修理、更换、退货、赔偿损失后，属于生产者的责任或者属于向销售者提供产品的其他销售者（以下简称供货者）的责任的，销售者有权向生产者、供货者追偿。销售者未按照规定给予修理、更换、退货或者赔偿损失的，由产品质量监督部门或者工商行政管理部门责令改正。生产者之间、销售者之间、生产者与销售者之间订立的产品买卖合同、承揽合同有不同约定的，合同当事人按照合同约定执行。上述规定，即是《产品质量法》关于销售者对售出产品的质量问题所应承担的民事责任（违约责任）的规定。

此外，为保护用户、消费者的合法权益，解决人们在日常生活中经常发生的质量问题，维护正常的经济秩序，国务院有关部门根据《产品质量法》《消费者权益保护法》的规定，对自行车、电视机、空调、洗衣机等18类家用产品制定了《部分商品修理、更换、退货责任规定》，对内燃机、农用运输机械、种植机械、农副产品加工机械等12个大类、75

种产品制定了《农业机械产品修理、更换、退货责任规定》。这些是国家对一些特定产品的合同责任（瑕疵担保责任）的具体要求。

（二）因产品缺陷引起的侵权责任

《产品质量法》中所涉及的产品质量责任主要是因产品缺陷造成损害的侵权责任，这也是《产品质量法》的特点之一。

1. 产品缺陷的含义

根据《产品质量法》第 46 条的规定，所谓产品缺陷，是指产品存在危及人身、他人财产安全的不合理的危险；产品有保障人体健康、人身、财产安全的国家标准、行业标准的，是指不符合该标准。这一规定包含如下两个方面的内容：

首先，产品存在危及人身、他人财产安全的不合理的危险。这里所讲的"不合理危险"是指显而易见、隐蔽（潜在）或者为社会公众所认可的不应当存在的并具有危及人身、他人财产安全的情形，具体包括：①设计上的不合理危险（设计缺陷）。②制造上的不合理危险（制造缺陷）。③告知上的不合理危险（告知缺陷、指示缺陷、说明缺陷）。

其次，若产品有保障人体健康、人身、财产安全的国家标准、行业标准的，是指不符合该标准的产品。这一规定，是根据我国的实际情况，从方便对缺陷产品的认定角度做出的规定。产品不符合"保障人体健康、人身、财产安全的国家标准、行业标准"属于产品不符合强制性标准，即为违法产品。这种违法产品一旦进入市场，就有可能给消费者造成人身、财产上的损失，因此将其规定为缺陷产品。

应当指出，即使产品的各项性能都能符合该产品的现行的强制性标准，也不能据此判定该产品不存在缺陷，因为某一产品的强制性标准可能并未规定该产品的所有安全性能标准（尤其是某些新产品），此时只要该产品存在危及人身、他人财产安全的不合理危险，就可能要承担产品缺陷引起的侵权责任。

2. 生产者承担的产品侵权责任

《产品质量法》第四十一条第一款规定：因产品存在缺陷造成人身、缺陷产品以外的其他财产（简称他人财产）损害的，生产者应当承担赔偿责任。由此可以看出，生产者承担的产品缺陷责任的原则是无过错责任原则，即严格责任原则。生产者承担产品缺陷责任的构成要件是：①产品存在缺陷。②有损害事实。即造成人身伤害或财产损失。只有产品给他人造成了损害，才承担产品质量责任，才会有赔偿问题。如果产品存在缺陷，但没有造成损害，则不承担产品责任。③产品缺陷与损害事实间存在因果关系。

这三个要件是缺一不可的。根据《产品质量法》第四十一条第二款的规定，生产者也不是绝对对产品缺陷承担责任的。生产者能够证明有下列情形之一的，不承担赔偿责任：①未将产品投入流通的。②产品投入流通时，引起损害的缺陷尚不存在的。③将产品投入流通时的科学技术水平尚不能发现缺陷的存在的。

除此之外，在司法实践中有下列情况的，也不承担赔偿责任：①损害是由于消费者擅自改变产品性能、用途或使用不当造成的。②损害是由于受害人的故意造成的。③损害是由于使用者自身特殊敏感所致的。④产品已过有效期限。⑤超过赔偿请求诉讼时效等。

3. 销售者承担的产品侵权责任

根据《产品质量法》第四十二条的规定，销售者承担产品侵权责任的条件为：①由于销售者的过错使产品存在缺陷，造成人身、他人财产损害的，销售者应当承担赔偿责任。②销售者不能指明缺陷产品的生产者，也不能指明缺陷产品的供货者的，销售者应当承担赔偿责任。由此可见，销售者承担产品侵权责任的原则是过错责任原则，而不是严格责任原则。应当指出，对消费者来说，因销售者的原因造成产品存在缺陷并致使消费者人身、财产损害而引起的责任，既有损害赔偿责任又有合同责任，即两个责任存在竞合。此时消费者完全可以从有利于保护自己合法权益的角度来选择是提起合同之诉还是提起侵权行为之诉。

4. 产品侵权责任的赔偿途径

这一问题主要涉及因产品缺陷造成损害后，受害人要求谁进行赔偿及先行赔偿人的追偿权的行使。

根据《产品质量法》第四十三条的规定，因产品存在缺陷造成人身、他人财产损害的，受害人可以向产品的生产者要求赔偿，也可以向产品的销售者要求赔偿。属于产品生产者的责任而由产品的销售者赔偿的，产品的销售者有权向产品的生产者追偿。属于产品销售者的责任而由产品的生产者赔偿的，产品的生产者有权向产品的销售者追偿。

5. 产品侵权责任的赔偿范围

因产品缺陷造成的侵权损害后果主要有人身伤害和财产损失，而人身伤害又可分为一般伤害、致人残疾伤害和致人死亡伤害等情形。对不同类型的伤害，其赔偿范围有所不同。

根据《产品质量法》第四十四条的规定，因产品存在缺陷造成受害人人身伤害的，侵害人应当赔偿医疗费、治疗期间的护理费、因误工减少的收入等费用；造成残疾的，还应当支付残疾者生活自助费、生活补助费、残疾赔偿金以及由其抚养的人所必需的生活费等费用；造成受害人死亡的，并应当支付丧葬费、死亡赔偿金以及由死者生前抚养的人所必需的生活费等费用。因产品存在缺陷造成受害人财产损失的，侵害人应当恢复原状或者折价赔偿。受害人因此遭受其他重大损失的，侵害人应当赔偿损失。

6. 产品侵权责任的诉讼时效和最长保护期

因产品存在缺陷造成损害要求赔偿的诉讼时效期间为 2 年，自当事人知道或者应当知道其权益受到损害时起计算。

因产品存在缺陷造成损害要求赔偿的请求权，在造成损害的缺陷产品交付最初消费者满 10 年丧失；但是，尚未超过明示的安全使用期的除外。

（三）其他相关主体所承担的产品质量民事责任

1. 产品质量检验机构、认证机构的民事责任

针对现实中产品质量检验机构和产品质量认证机构与有关行政机关和其他国家机关存在隶属关系或其他利益关系，影响其检验或认证工作的独立性和公正性，修改后的《产品质量法》规定，"从事产品质量检验、认证的社会中介机构必须依法设立，不得与行政机关和其他国家机关存在隶属关系或者其他利益关系"（第二十条），"产品质量检验机构、认证机构必须依法按照有关标准，客观、公正地出具检验结果或者认证证明。产品质量认证机构应当按照国家规定对准许使用认证标志的产品进行认证后的跟踪检查；对不符合认证标准而使用认证标志的，要求其改正；情节严重的，取消其使用认证标志的资格"（第二十一条）。因此，如果产品质量检验机构、认证机构未依法履行其义务而造成损失的，应承担相应的民事责任。

根据《产品质量法》第五十七条的有关规定，产品质量检验机构、认证机构承担民事责任的情形是：①产品质量检验机构、认证机构出具的检验结果或者证明不实，造成损失的，应当承担相应的赔偿责任。②产品质量认证机构违反本法第二十一条第二款的规定，对不符合认证标准而使用认证标志的产品，未依法要求其改正或者取消其使用认证标志资格的，对因产品不符合认证标准给消费者造成的损失，与产品的生产者、销售者承担连带责任。

2. 社会团体、社会中介机构因产品质量而承担的民事责任

社会现实生活中存在部分认证机构、检验机构、行业协会、消费者协会、报社等社会团体及社会中介组织为了自身的利益，不负责任地向社会推荐产品的行为，致使消费者基于对该类团体或机构的信赖选择其推荐的产品而造成了损害。为规范该类行为，保护消费者合法权益，《产品质量法》第58条规定："社会团体、社会中介机构对产品质量做出承诺、保证，而该产品又不符合其承诺、保证的质量要求，给消费者造成损失的，与产品的生产者、销售者承担连带责任。"

3. 广告中因产品质量问题而承担的民事责任

《产品质量法》第五十九条规定："在广告中对产品质量做出虚假宣传，欺骗和误导消费者的，依照《中华人民共和国广告法》的规定追究法律责任。"这一规定从《产品质量法》的角度对《广告法》的相应规定做出呼应，为打击在广告中对产品质量做出虚假宣传、欺骗和误导消费者的行为提供了更有力的法律武器。

（四）民事赔偿责任优先原则

在实际生活中，行为人实施一种违法行为可能同时违反两种或两种以上的法律规定，产生不同的法律后果，因而需要承担几种不同的法律责任。在以前的司法实践中，当行为人违反《产品质量法》的规定需承担民事赔偿责任、缴纳罚款、罚金且其财产不足以同时支付时，往往是罚款、罚金优先，而民事赔偿责任的受害者得不到赔偿。修改后的《产品

质量法》对此做出明确规定，"违反本法规定，应当承担民事赔偿责任和缴纳罚款、罚金，其财产不足以同时支付时，先承担民事赔偿责任"（第64条）。这就在此领域确立了民事赔偿责任优先原则，维护了民事违法行为受害者的合法权益。

二、行政责任

行政责任包括行政处罚和行政处分。在产品质量行政责任中，有些同时又是经济责任的内容，具体形式包括责令停止生产和销售、责令改正、责令退还、责令停业整顿、没收违法产品和违法所得、罚款、吊销营业执照、撤销检验资格或认证资格、依治安管理处罚条例处罚等。

加大对产品质量违法行为的行政处罚力度，是解决对生产、销售假冒伪劣产品"打不痛、打不死"问题的重要措施，为此，在修改《产品质量法》时，这方面的内容也是修改的重点之一。违反《产品质量法》而承担行政责任的主体不仅包括产品的生产者、销售者，也包括服务业的经营者、产品质量检验机构、认证机构及其工作人员和各级人民政府及有关国家机关工作人员等。

尤其需要指出的是，修改后的《产品质量法》对于处以罚款的计算方法，不是按照其违法所得的一定倍数进行计算，而是按照违法生产、销售产品（包括已售出和未售出的产品）货值金额的一定倍数进行计算。该货值金额以违法生产、销售产品的标价计算，没有标价的，按照同类产品的市场价格计算。这就在很大程度上提高了对违反《产品质量法》行为的处罚力度。

违反《产品质量法》需承担行政责任的主要行为有：

（1）生产、销售不符合保障人身健康和人身、财产安全的国家标准、行业标准的产品的。

（2）生产者、销售者在产品中掺杂、掺假，以假充真，以次充好，或者以不合格产品冒充合格产品的。

（3）生产、销售国家明令淘汰的产品的。

（4）销售失效、变质产品的。

（5）伪造产品产地，伪造或者冒用他人的厂名、厂址，伪造或者冒用认证标志等质量标志的。

（6）产品标志不符合有关规定的。

（7）拒绝接受依法进行的产品质量监督检查的。

（8）产品质量检验机构、认证机构伪造检验结果或者出具虚假证明的；产品质量检验机构、认证机构出具的检验结果或者证明不实，造成重大损失的；产品质量认证机构对不符合认证标准而使用认证标志的产品未依法要求其改正或者取消其使用认证标志资格，情节严重的。

（9）知道或者应当知道属于本法规定禁止生产、销售的产品而为其提供运输、保管、仓储等便利条件的，或者为以假充真的产品提供制假生产技术的。

（10）服务业的经营者将禁止使用的产品用于经营性服务的。

（11）隐匿、转移、变卖、损毁被产品质量监督部门或者工商行政管理部门查封、扣押的物品的。

（12）各级人民政府工作人员和其他国家机关工作人员有下列情形之一的：包庇、放纵产品生产、销售中违反本法规定的行为；向从事违反本法规定的生产、销售活动当事人通风报信，帮助其逃避查处的；阻挠、干预产品质量监督部门或者工商行政管理部门依法对产品生产、销售中违反本法规定的行为进行查处的。

（13）产品质量监督部门在产品质量监督抽查中超过规定的数量索取样品或者向被检查人收取检验费用的。

（14）产品质量监督部门或者其他国家机关以及产品检验机构向社会推荐生产者的产品或者以监制、监销等方式参与产品经营活动的。

（15）产品质量监督部门或者工商行政管理部门的工作人员滥用职权、玩忽职守、徇私舞弊，尚未构成犯罪的。

（16）拒绝、阻碍从事产品质量监督部门或者工商行政管理部门的工作人员依法执行职务未使用暴力、威胁方法的。

（17）进行监督抽查的产品质量不合格的，责令其改正；逾期不改的由省级以上人民政府产品质量监督部门予以公告；公告后经复检仍不合格的，责令停业，限期整顿；整顿期满后经复查产品质量仍不合格的，吊销营业执照。

吊销营业执照的行政处罚由工商行政管理部门决定，其他产品质量行政处罚由产品质量监督部门或者工商行政管理部门按照国务院规定的职权范围决定。法律、行政法规对行使行政处罚权的机关另有规定的，依照有关法律、法规的规定执行。

县级以上产品质量监督部门根据已经取得的违法嫌疑证据或者举报，对涉嫌违反本法规定的行为进行查处时，可以行使下列职权：

（1）对当事人涉嫌从事违反本法的生产、销售活动的场所实施现场调查。

（2）向当事人的法定代表人、主要负责人和其他有关人员调查、了解与涉嫌从事违反本法的生产、销售活动有关的情况。

（3）查阅、复制与当事人有关的合同、发票、账簿以及其他有关资料。

（4）对有根据认为不符合保障人体健康和人身、财产安全的国家标准、行业标准的产品或者有其他严重质量问题的产品，以及直接用于生产、销售该项产品的原辅材料、包装物、生产工具，予以查封或者扣押。县级以上工商行政管理部门按照国务院规定的职责范围，对涉嫌违反本法规定的行为进行查处时，可以行使前款规定的职权。

三、刑事责任

违反《产品质量法》,构成犯罪的,应依法追究刑事责任。应受刑事处罚的违法行为有:

（1）生产、销售不符合保障人体健康和人身、财产安全的国家标准、行业标准的产品构成犯罪的。

（2）生产者、销售者在产品中掺杂、掺假,以假充真,以次充好,或者以不合格产品冒充合格产品,构成犯罪的。

（3）销售失效、变质产品,构成犯罪的。

（4）产品质量检验机构、认证机构伪造检验结果或者出具虚假证明,构成犯罪的。

（5）知道或者应当知道属于本法规定禁止生产、销售的产品而为其提供运输、保管、仓储等便利条件的,或者为以假充真的产品提供制假生产技术,构成犯罪的。

（6）各级人民政府工作人员和其他国家机关工作人员有下列情形之一,构成犯罪的:包庇、放纵产品生产、销售中违反本法规定的行为;向从事违反本法规定的生产、销售活动当事人通风报信,帮助其逃避查处的;阻挠、干预产品质量监督部门或者工商行政管理部门依法对产品生产、销售中违反本法规的行为进行查处。

（7）产品质量监督部门或者工商行政管理部门的工作人员滥用职权、玩忽职守、徇私舞弊,构成犯罪的。

（8）以暴力、威胁方法阻碍产品质量监督部门或者工商行政管理部门的工作人员依法执行职务的。

第六章　合同法律制度

第一节　合同的订立

合同是指平等主体的自然人、法人、其他组织之间设立、变更、终止民事权利义务关系的协议。

合同可以按照不同的标准进行分类。按照法律、法规是否对其名称做出明确规定为标准，分为有名合同和无名合同；按照除双方意思表示一致外，是否尚需交付标的物才能成立为标准，分为诺成合同与实践合同；按照法律、法规是否特别要求具备特定形式和手续为标准，分为要式合同和不要式合同；按照双方是否互负义务为标准，分为双务合同和单务合同；按照当事人权利的获得是否支付代价为标准，分为有偿合同与无偿合同；等等。

《中华人民共和国合同法》（以下简称《合同法》）按照其业务性质和权利义务内容的不同，将合同分为买卖合同；供用电、水、气、热力合同；赠与合同；借款合同；租赁合同；融资租赁合同；承揽合同；建设工程合同；运输合同；技术合同；保管合同；仓储合同；委托合同；行纪合同；居间合同等共15类合同。

一、合同订立的概念与形式

（一）合同订立的概念

合同的订立是指两个或两个以上的当事人，依法就合同的主要条款经过协商一致达成协议的法律行为。合同当事人可以是自然人，也可以是法人或者其他组织，但都应当具有与订立合同相应的民事权利能力和民事行为能力。当事人也可以依法委托代理人订立合同。

（二）合同订立的形式

《合同法》规定，当事人订立合同有书面形式、口头形式和其他形式。法律、行政法规规定采用书面形式的，应当采用书面形式。当事人约定采用书面形式的，应当采用书面形式。

1. 书面形式

书面形式是指合同书、信件和数据电文（包括电报、电传、传真、电子数据交换和电子邮件）等可以有形地表现所载内容的形式。书面形式明确肯定,有据可查,对于防止争议和解决纠纷有积极意义。实践中,书面形式是当事人最为普遍采用的一种合同约定形式。

2. 口头形式

口头形式是指当事人双方就合同内容面对面或以通信设备交谈达成协议。口头形式直接、简便、迅速,但发生纠纷时难以取证,不易分清责任,所以对不即时清结的和较重要的合同不宜采用口头形式。

3. 其他形式

除了书面形式和口头形式,合同还可以其他形式成立。法律没有列举具体的"其他形式",但可以根据当事人的行为或者特定情形推定合同的成立。这种形式的合同可以称为默示合同,指当事人未用语言明确表示成立,也未用书面形式签订,而是根据当事人的行为或在特定的情形下推定成立的合同。

二、合同的主要条款

合同的条款是合同中经双方当事人协商一致,规定双方当事人权利义务的具体条文。合同当事人的权利义务,除法律规定外,主要由合同的条款确定。根据《合同法》规定,合同的内容由当事人约定,一般应当包括以下条款:

（一）当事人的名称或者姓名和住所

这是每一个合同必须具备的条款。当事人是合同法律关系的主体,合同中如果不写明当事人,就无法确定权利的享受者和义务的承担者,发生纠纷也无法解决。因此,订立合同时,要把各方当事人名称或者姓名和住所都记载准确、清楚。

（二）标的

标的是合同当事人双方权利和义务所共同指向的对象。标的是合同成立的必要条件,是一切合同的必备条款。没有标的,合同不成立,合同关系无法建立。

合同标的多种多样,归纳起来有四类:①有形财产,指具有价值和使用价值并且法律允许流通的有形物。如生产资料与生活资料,货币与有价证券等。②无形财产,指具有价值和使用价值并且法律允许流通的不以实物形态存在的智力成果。如商标、专利、著作权、专有技术等。③劳务,指不以有形财产体现其成果的劳动与服务。如运输合同中的运输行为、保管与仓储合同中的保管行为、接受委托进行代理、行纪、居间行为等。④工作成果,指在合同履行过程中产生的、体现履约行为的有形物或者无形物。如承揽合同中承揽人完成的工作成果,建设工程合同中承包人完成的建设项目,技术开发合同中研究开发人完成的研究开发成果等。

合同对标的的规定应当清楚明白,准确无误。对于名称、型号、规格、品种、等级、花色等都应规定得细致、准确、清楚,防止差错。特别对于不易确定的无形财产、劳务、工作成果等,更要尽可能地描述准确、明白。

（三）数量

数量是对标的的量的规定，是对标的的计量。在大多数合同中，数量是必备条款，没有数量，合同不能成立。对于有形财产，数量是对单位个数、体积、面积、长度、容积、重量等的计量；对于无形财产，数量是个数、件数、字数以及使用范围等多种量度方法；对于劳务，数量为劳动量；对于工作成果，数量是工作量及成果数量。合同的数量要准确，应选择使用双方当事人共同接受的计量单位、计量方法和计量工具。

（四）质量

质量是标的的内在素质和外观形态的综合，一般以品种、型号、规格、等级和工程项目的标准等体现出来。对有形财产来说，质量是物理、化学、机械、生物等性质与外观形态的综合；对无形财产、服务、工作成果来说，也有其内在素质的衡量方法。合同中必须对质量明确加以规定，国家有强制性标准规定的，必须按照规定的标准执行。如有多种质量标准的，应尽可能约定其适用的标准。当事人可以约定质量检验的方法、质量责任的期限和条件、对质量提出异议的条件与期限等。

（五）价款或者报酬

价款或报酬是一方当事人向对方当事人所付代价的货币支付。价款一般指对提供财产的当事人支付的货币，如买卖合同的货款、租赁合同的租金、借款合同中借款人向贷款人支付的本金和利息等。报酬一般指对提供劳务或者工作成果的当事人支付的货币，如保管合同中的保管费、仓储合同中的仓储费、运输合同中的票款或者运费等。作为主要条款，在合同中应当明确规定其数额、计算标准、结算方式和程序。

（六）履行期限、地点和方式

履行期限是指合同中规定的一方当事人向对方当事人履行义务的时间界限，如交付标的物、价款或报酬，履行劳务、完成工作的时间界限等。履行期限直接关系到合同义务完成的时间，是确定合同能否按时履行的依据。

履行地点是指合同规定的当事人履行合同义务和对方当事人接受履行的地点。不同的合同，履行地点也不同，如买卖合同中，买方提货的，履行地为提货地；卖方送货的，履行地为买方收货地。履行地点关系到履行合同的费用、风险由谁承担，以及确定所有权是否转移、何时转移、发生纠纷后应由何地法院管辖的依据。

履行方式是指合同当事人履行合同义务的具体做法。不同种类的合同，有着不同的履行方式。有的需要以转移一定财产的方式履行，如买卖合同；有的需要以提供某种劳务的方式履行，如运输合同；有的需要以交付一定的工作成果的方式履行，如承揽合同等。履行方式还包括价款或者报酬的支付方式、结算方式等。

（七）违约责任

违约责任是指合同当事人一方或者双方不履行合同或者不适当履行合同时，按照法律规定或者合同的约定应当承担的法律责任。违约责任是合同具有法律约束力的重要体现，也是保证合同履行的主要条款，它可以促使当事人履行合同义务，使对方免受或少受损失。一般有关合同的法律对于违约责任都尽量做出较为详尽的规定。因此，当事人为了保证合同义务严格按照约定履行，为了及时地解决合同纠纷，可以在合同中明确规定违约责任条款，如约定定金或违约金，约定赔偿金额以及赔偿金的计算方法等。

（八）解决争议的方法

解决争议的方法指合同当事人对合同的履行发生争议时解决的途径和方式。可以选择的解决争议的方法主要有：当事人协商和解；第三人调解；仲裁；诉讼。如果当事人意图通过诉讼解决争议，可以不进行约定；如果想通过其他途径解决，则要经过事先或者事后约定。若当事人选择仲裁解决方式，则还要明确选择具体的仲裁机构。除法律另有规定外，涉外合同的当事人可以选择解决他们的争议所适用的法律，可以选择中国法律、其他国家或地区的法律。当他们选择用仲裁方式解决纠纷时，可以选择中国的仲裁机构，也可以选择其他国家的仲裁机构。

三、格式条款

（一）格式条款的概念

格式条款是当事人为了重复使用而预先拟定，并在订立合同时未与对方协商的条款。当事人采用格式条款订立合同时，提供格式条款的一方应当遵循公平原则确定当事人之间的权利和义务，实践中各类合同的示范文本，可以提示当事人在订立合同时更好地明确各自的权利义务。参照这些文本订立合同，可以减少合同缺少款项、容易引起纠纷的现象，使合同的订立更加规范。

（二）《合同法》对格式条款的使用限制

《合同法》从三个方面对格式条款予以限制：

（1）提供格式条款的一方有提示说明的义务，应当采取合理的方式提请对方注意免除或限制其责任的条款，按照对方的要求对该条款予以说明。

（2）某些格式条款无效。提供格式条款的一方免除其责任，加重对方责任，排除对方主要权利的条款无效。格式条款具有《合同法》第五十二条规定的情形时无效，包括：一方以欺诈、胁迫的手段订立合同，损害国家利益；恶意串通，损害国家、集体或者第三人的利益；以合法形式掩盖非法目的；损害社会公共利益；违反法律、行政法规的强制性规定。格式条款具有《合同法》第五十三条规定的情形时无效，包括：有造成对方人身伤害的免责条款；有因故意或重大过失造成对方财产损失的免责条款。

（3）对格式条款有两种以上解释的，应当做出不利于提供格式条款一方的解释；格式条款和非格式条款不一致的，应当采用非格式条款。

四、合同订立的方式

根据《合同法》规定，当事人采取要约、承诺方式订立合同。合同是当事人之间设立、变更、终止民事权利义务关系的协议，当事人对合同的内容经过协商、达成一致意见的过程，就是通过要约、承诺完成的。要约与承诺制度的规定，使合同的成立有了一个较为具体的标准，可以更好地分清各方当事人的责任，正确而恰当地确定合同的成立，充分保障当事人的权益，鼓励交易，减少与解决纠纷，使合同当事人和司法机关都有所遵循。

（一）要约

要约是希望和他人订立合同的意思表示。当一方当事人向对方提出合同条件做出签订合同的意思表示时，称为"要约"。发出要约的当事人称为要约人，要约所指向的对方当事人则称为受要约人。要约在不同情况下还可以称之为发盘、出盘、发价、出价或报价等。

1. 要约应具备的条件

（1）内容具体确定。发出要约的目的在于订立合同，因此，要约人必须是确定的；受要约人一般也是特定的，但在一些场合，要约人也可以向不特定人发出要约。要约的内容必须具有足以使合同成立的主要条件，包括主要条款，如标的、数量、质量、价款或者报酬、履行期限、地点和方式等，一经受要约人承诺，合同即可成立。如果要约内容含混不清，内容不具备一个合同的最根本的要素，即使受要约人承诺，也会因缺乏合同的主要条件而使合同无法成立。

（2）表明受要约人一旦承诺，要约人即受该要约约束。要约是一种法律行为，要约人受到要约的约束，整个要约的内容必须能够表明：如果对方接受要约，合同即告成立。

2. 要约邀请

要约邀请是希望他人向自己发出要约的意思表示。要约邀请与要约不同，要约是一个一经承诺就成立合同的意思表示；而要约邀请的目的则是邀请他人向自己发出要约，自己如果承诺才成立合同。要约邀请处于合同的准备阶段，没有法律约束力。实践中要约与要约邀请往往很难区别，《合同法》规定，寄送的价目表、拍卖公告、招标公告、招股说明书等都属于要约邀请，商业广告的内容符合要约规定的，视为要约。

3. 要约生效时间

要约到达受要约人时生效。采用数据电文形式订立合同，收件人指定特定系统接收数据电文的，该数据电文进入该特定系统的时间，视为到达时间；未指定特定系统的，该数据电文进入收件人的任何系统的首次时间，视为到达时间。要约到达受要约人，并不是指要约一定实际送达到受要约人或者其代理人手中，要约只要送达到受要约人通常的地址、住所或者能够控制的地方（如信箱等）即为送达。反之，即使在要约送达受要约人之前受要约人已经知道其内容，要约也不生效。

4.要约的撤回、撤销与失效

（1）要约撤回是指要约在发出后、生效前，要约人使要约不发生法律效力的意思表示。法律规定要约可以撤回，原因在于这时要约尚未发生法律效力，撤回要约不会对受要约人产生任何影响，也不会对交易秩序产生不良影响。由于要约在到达受要约人时即生效，因此撤回要约的通知应当在要约到达受要约人之前或者与要约同时到达受要约人。

（2）要约撤销是指要约人在要约生效后、受要约人承诺前，使要约丧失法律效力的意思表示。撤销要约的通知应当在受要约人发出承诺通知之前到达受要约人。也就是说，要约已经到达受要约人，在受要约人做出承诺之前，要约人可以撤销要约。由于撤销要约可能会给受要约人带来不利的影响，损害受要约人的利益，法律规定了两种不得撤销要约的情形：①要约人确定了承诺期限或者以其他形式明示要约不可撤销；②受要约人有理由认为要约是不可撤销的，并已经为履行合同做了准备工作。

（3）要约失效是指要约丧失法律效力，即要约人与受要约人均不再受其约束，要约人不再承担接受承诺的义务，受要约人也不再享有通过承诺使合同得以成立的权利。《合同法》规定了要约失效的情形：①拒绝要约的通知到达要约人。受要约人接到要约后，通知要约人不同意与之签订合同，则拒绝了要约，在拒绝要约的通知到达要约人时，该要约失去法律效力。②要约人依法撤销要约。③承诺期限届满，受要约人未做出承诺。要约中确定了承诺期限的，超过这个期限不承诺，则要约失效；要约中没有规定承诺期限的，在通常情况下，要约发出后一段合理时间内不承诺的，要约失效。④受要约人对要约的内容做出实质性变更。发生这种情况即为反要约，反要约是一个新的要约，提出反要约就是对原要约的拒绝，使原要约失去效力，原要约人不再受要约的约束。

（二）承诺

承诺是受要约人同意要约的意思表示。

1.承诺应具备的条件

包括：①承诺必须由受要约人做出。如由代理人做出承诺，则代理人须有合法的委托手续。②承诺必须向要约人做出。③承诺的内容必须与要约的内容一致。④承诺必须在有效期限内做出。

2.承诺的方式

承诺方式是指受要约人将其承诺的意思表示传达给要约人所采用的方式。承诺应当以通知的方式做出，通知的方式可以是口头的，也可以是书面的。一般来说，如果法律或要约中没有规定必须以书面形式表示承诺，当事人就可以口头形式表示承诺。根据交易习惯或当事人之间的约定，承诺也可以不以通知的方式，而以通过实施一定的行为或以其他方式做出。如果要约人在要约中规定承诺需用特定方式的，只要该种方式不为法律所禁止或不属于在客观上根本不可能，承诺人在做出承诺时就必须符合要约人规定的承诺方式。

3. 承诺的期限

承诺应当在要约确定的期限内到达要约人。要约以信件或者电报做出的，承诺期限自信件载明的日期或者电报交发之日开始计算。信件未载明日期的，自投寄该信件的邮戳日期开始计算。要约以电话、传真等快速通信方式做出的，承诺期限自要约到达受要约人时开始计算。

要约没有确定承诺期限的，承诺应当依照下列规定到达：①要约以对话方式做出的，应当即时做出承诺，但当事人另有约定的除外；②要约以非对话方式做出的，承诺应当在合理期限内到达。

受要约人超过承诺期限发出承诺的，除要约人及时通知受要约人该承诺有效的以外，为新要约。受要约人在承诺期限内发出承诺，按照通常情形能够及时到达要约人，但因其他原因承诺到达要约人时超过承诺期限的，除要约人及时通知受要约人因承诺超过期限不接受该承诺的以外，该承诺有效。

4. 承诺的生效

承诺通知到达要约人时生效。承诺不需要通知的，根据交易习惯或者要约的要求做出承诺的行为时生效。采用数据电文形式订立合同的，承诺到达的时间同上述要约到达时间的规定相同。

承诺也可以撤回。承诺的撤回是指受要约人阻止承诺发生法律效力的意思表示。撤回承诺的通知应当在承诺通知到达要约人之前或者与承诺通知同时到达要约人。

受要约人对要约的内容做出实质性变更的，为新要约。承诺对要约的内容做出非实质性变更的，除要约人及时表示反对或者要约表明承诺不得对要约的内容做出任何变更的以外，该承诺有效，合同的内容以承诺的内容为准。

五、合同成立的时间和地点

（一）合同成立的时间

一般来说，合同谈判成立的过程，就是要约、新要约、更新的要约直到承诺的过程。一般情况下，承诺生效时合同即告成立，当事人于此时开始享有合同权利、承担合同义务。合同成立的具体时间依不同情况而定：

（1）当事人采用合同书形式订立合同的，自双方当事人签字或者盖章时合同成立，在签字或者盖章之前，当事人一方已经履行主要义务并且对方接受的，该合同成立。

（2）当事人采用信件、数据电文等形式订立合同的，可以在合同成立之前要求签订确认书，签订确认书时合同成立。

（3）当事人以直接对话方式订立的合同，承诺人的承诺生效时合同成立；法律、行政法规规定或者当事人约定采用书面形式订立合同，当事人未采用书面形式但一方已经履行主要义务并且对方接受的，该合同成立。

（4）当事人签订要式合同的，以法律、法规规定的特殊形式要求完成的时间为合同成立时间。

（二）合同成立的地点

合同成立的地点关系到合同的管辖权，直接影响到当事人的权利义务。一般来说承诺生效的地点为合同的成立地点，具体有以下几种情况：

（1）采用数据电文形式订立合同的，收件人的主营业地为合同成立的地点，没有主营业地的，其经常居住地为合同成立的地点。

（2）当事人采用合同书、确认书形式订立合同的，双方当事人签字或者盖章的地点为合同成立的地点。

（3）合同需要完成特殊的约定或法律形式才能成立的，以完成合同的约定形式或法定形式的地点为合同的成立地点。

（4）当事人对合同的成立地点另有约定的，按照其约定。

六、缔约过失责任

缔约过失责任是指当事人在订立合同过程中，因违背诚实信用原则给对方造成损失时所应承担的法律责任。一般情况下，当事人根据自愿和诚实信用原则进行协商，决定是否订立合同。协商不成，也无须承担责任。但是如果当事人违背了诚实信用原则，在订立合同过程中有下列情形之一，给对方造成损失，就应当承担损害赔偿责任：

（1）假借订立合同，恶意进行磋商。即根本没有与对方签订合同的目的，以与对方谈判为借口，损害对方或第三人的利益，恶意地与对方进行谈判。

（2）故意隐瞒与订立合同有关的重要事实或者提供虚假情况。在订立合同的过程中，一方当事人已经知悉了与合同有关的重要情况，但不告诉对方，继续与对方进行谈判。

（3）当事人在订立合同过程中知悉的商业秘密，无论合同是否成立，泄露或不正当地使用的。

（4）有其他违背诚实信用原则的行为，如违背诚实信用原则终止谈判的行为。

负有缔约过失责任的当事人，应当赔偿受损害的当事人，赔偿以受损害的当事人的损失为限，包括直接利益的减少和间接利益的损害。

第二节　合同的效力

合同的效力即是合同的法律效力，是指已经成立的合同在当事人之间产生的一定的法律约束力。有效合同对当事人具有法律约束力，国家法律予以保护，当事人应当按照约定履行自己的义务，不得擅自变更或解除合同；无效合同不具有法律约束力。《合同法》就合同的效力问题规定了有效合同、无效合同、可撤销合同、效力待定合同等四种情况。

一、合同的生效

合同的生效是指合同具备一定的要件后，便产生法律上的效力。《合同法》规定，依法成立的合同自成立时生效。具体体现为两种情况：

（一）合同自批准登记时生效

法律、行政法规规定应当办理批准、登记等手续生效的，自批准、登记时生效。如《担保法》规定，以土地使用权、城市房地产、航空器、船舶、车辆等抵押的，应当办理抵押物登记，抵押合同自登记之日起生效。合同生效后，其效力主要体现在以下几个方面：①在当事人之间产生法律效力。合同一旦生效成立，当事人应当依合同的规定，享受权利、承担义务。②对当事人以外的第三人产生法律约束力。合同生效成立后，任何单位或个人都不得侵犯当事人的合同权利，不得非法阻挠当事人履行义务。

（二）合同自条件成就或期限届至时生效（或失效）

当事人对合同的效力可以约定附条件或附期限。

附条件的合同指合同的双方当事人在合同中约定某种事实状态，并以其将来发生或不发生作为合同生效或不生效的限制条件。附生效条件的合同，自条件成就时生效。附解除条件的合同，自条件成就时失效。当事人为自己的利益不正当地阻止条件成就的，视为条件已成就；不正当地促成条件成就的，视为条件不成就。所附的条件必须是由双方当事人约定的，并且作为合同的一个条款列入合同中。条件应当是将来可能发生的事实。过去的、现在的、将来必定发生的或必定不能发生的事实都不能作为所附条件，法律规定的事实也不能作为所附条件；所附条件是当事人用来限制合同法律效力的附属意思表示，是合同的附属内容；所附条件必须是合法的事实。

附期限的合同是指附有将来确定到来的期限作为合同的条款，并在该期限到来时合同的效力发生或终止。附生效期限的合同，自期限届至时生效。附终止期限的合同，自期限届满时失效。该期限可以是一个具体的期日，如某年某月某日；也可以是一个期间，如"合同成立之日起5个月"。需要特别注意的是，合同中所附的期限与合同的履行期限是两个完全不同的概念。

二、有效合同

有效合同是法律承认其效力的合同。合同具有法律效力必须具备三个条件：

（1）当事人具有相应的民事行为能力。民事行为能力包括合同行为能力和相应的缔约行为能力，这是当事人了解和把握合同的发展状况及法律效果的基本条件。

对于自然人而言，原则上须有完全行为能力，限制行为能力人和无行为能力人不得亲自签订合同，而应由其法定代理人代为签订。但是《合同法》有一个例外规定，限制行为能力人可以独立签订纯获利益的合同或者与其年龄、智力、精神健康状况相适应的合同。

对非自然人而言，必须是依法定程序成立后才具有合同行为能力，同时还要具有相应的缔约能力，即必须在法律、行政法规及有关部门授予的权限范围内签订合同。

（2）当事人意思表示真实，即当事人的行为应当真实地反映其内心的想法。

（3）不违反法律或社会公共利益，即当事人签订的合同从目的到内容都不能违反我国现行的法律、行政法规中的强制性规定，不能违背社会公德、扰乱社会公共秩序、损害社会公共利益。

三、无效合同

无效合同是不具有法律约束力和不发生履行效力的合同。无效合同自始没有法律约束力，国家不予承认和保护。

根据《合同法》的规定，有下列情形之一的，合同无效：

（1）一方以欺诈、胁迫的手段订立合同，损害国家利益。所谓欺诈就是故意隐瞒真实情况或故意告知对方虚假的情况，欺骗对方，诱使对方做出错误的意思表示而与之订立合同。胁迫是指行为人以将要发生的损害或者以直接实施损害相威胁，使对方当事人产生恐惧而与之订立合同。

（2）恶意串通，损害国家、集体或者第三人利益。所谓恶意串通的合同，就是合同的双方当事人非法勾结，为牟取私利而共同订立的损害国家、集体或者第三人利益的合同。

（3）以合法形式掩盖非法目的。即行为人为达到非法目的以迂回的方法避开了法律或行政法规的强制性规定，所以又称伪装合同。

（4）损害社会公共利益。

（5）违反法律、行政法规的强制性规定。

合同无效后，因该合同取得的财产，应当予以返还；不能返还或者没有必要返还的，应当折价补偿。有过错的一方应当赔偿对方因此所受到的损失；双方都有过错的，应当各自承担相应的责任。当事人恶意串通，损害国家、集体或者第三人利益的，因此取得的财产收归国家所有或者返还集体、第三人。

另外，《合同法》还就免责条款做了规定。免责条款是指合同中的双方当事人在合同中约定的，为免除或限制一方或双方当事人未来责任的条款。在现代合同发展中，免责条款大量出现，对免责条款的效力，法律视不同情况采取了不同的做法。一般来说，当事人经过充分协商确定的免责条款，只要是完全建立在当事人自愿的基础上，又不违反公共利益，法律对其效力给予承认；但是对严重违反诚实信用原则和社会公共利益的免责条款，法律予以禁止。《合同法》第53条规定，合同中的下列免责条款无效：①造成对方人身伤害的；②因故意或者重大过失造成对方财产损失的。

四、可撤销合同

可撤销合同是指因合同当事人订立合同时意思表示不真实，经有撤销权的当事人行使撤销权，使已经生效的合同归于无效的合同。《合同法》规定的撤销权在效力上具有一定的灵活性，不仅有撤销的效力，还有变更的效力。可撤销合同一般具有如下特征：可撤销合同在未被撤销前是有效的合同；可撤销合同一般是意思表示不真实的合同；可撤销合同的变更或撤销要由有撤销权的当事人通过行使撤销权来实现；可撤销合同的变更或撤销须由人民法院或仲裁机构做出。

《合同法》规定了三种可撤销的合同：

（1）因重大误解订立的合同。"重大误解"是指误解者做出意思表示时，对涉及合同法律效果的重要事项存在着认识上的显著缺陷，其后果是使误解者的利益受到较大损失，或者达不到误解者订立合同的目的。重大误解直接影响到当事人所应享有的权利和承担的义务，所以经一方当事人请求，可以变更或撤销。

（2）显失公平的合同。"显失公平"是指一方当事人在紧迫或者缺乏经验的情况下订立的使当事人之间的权利义务严重不对等的合同。这种合同使当事人经济利益严重失衡，违反了公平合理的原则，法律规定显失公平的合同应予撤销，不仅是公平原则的体现，而日切实保障了公平原则的实现，对保证交易的公正性和保护消费者的利益，防止一方当事人利用优势或利用对方没有经验而损害对方的利益都有重要的意义。以上两种合同，当事人任何一方均有权请求变更或者撤销，主要是误解方或受害方行使请求权。

（3）一方以欺诈、胁迫的手段或者乘人之危，使对方在违背真实意思的情况下订立的合同。一方以欺诈、胁迫的手段或者乘人之危，使对方在违背真实意思的情况下订立的合同的受害方，有权请求人民法院或者仲裁机构变更或者撤销该合同。当事人请求变更的，人民法院或仲裁机构不得撤销。

以欺诈、胁迫手段订立的无效合同与以欺诈、胁迫手段订立的可撤销合同相比较，两者的区别在于是否损害了国家利益。无效合同损害国家利益，可撤销合同未损害国家利益，受欺诈、胁迫的一方可以自主决定该合同有效或撤销，即只有受损害方当事人才可以行使请求权。

被撤销的合同同无效合同一样，自始没有法律约束力。合同被撤销的，不影响合同中独立存在的有关解决争议方法的条款的效力。对因该合同取得的财产，应当予以返还。有过错的一方应当赔偿对方因此所受到的损失。双方都有过错的，应当各自承担相应的责任。

需要注意的是，撤销权的行使是有时效和限制的。《合同法》第 55 条规定，有下列情形之一的，撤销权消灭：①具有撤销权的当事人自知道或者应当知道撤销事由之日起一年内没有行使撤销权；②具有撤销权的当事人知道撤销事由后明确表示或者以自己的行为放弃撤销权。

五、效力待定合同

合同虽然成立，但其效力能否发生，尚未确定，对于某些方面不符合合同生效的要件，但并不属于上述无效合同或可撤销合同，法律允许根据情况予以补救的合同，为效力待定合同。一个有效的合同，一般应具备三个条件：①合同当事人具有相应的民事权利能力和民事行为能力，即主体合法；②意思表示真实；③不违反法律或者社会公共利益。三个条件缺一不可，否则就可能导致合同无效或可撤销。但在以下情况下，法律允许采取补救措施，使之成为有效合同：

（1）限制民事行为能力人订立的合同，经法定代理人追认后，该合同有效。但如果是获纯利益的合同或者是与其年龄、智力、精神健康状况相适应而订立的合同，不必经法定代理人追认，合同当然有效。相对人也可以催告法定代理人在一个月内予以追认。法定代理人未作表示的，视为拒绝追认。合同被追认之前，善意相对人有撤销的权利。撤销应当以通知的方式做出。

（2）行为人没有代理权、超越代理权或者代理权终止后以被代理人名义订立的合同，未经被代理人追认，对被代理人不发生效力，由行为人承担责任。相对人可以催告被代理人在一个月内予以追认。被代理人未作表示的，视为拒绝追认。合同被追认之前，善意相对人有撤销的权利。撤销应当以通知的方式做出。

（3）无处分权的人处分他人财产，经权利人追认或者无处分权的人订立合同后取得处分权的，该合同有效。无处分权是指处分人没有为他人或代他人以自己名义处分其财产的权利。

第三节　合同的履行

合同的履行是指合同生效后，双方当事人按照合同规定的各项条款，完成各自承担的义务和实现各自享受的权利，使双方当事人的合同目的得以实现的行为。

一、合同履行的规则

（一）当事人就有关合同内容约定不明确时的履行规则

合同生效后，当事人就质量、价款或者报酬、履行地点等内容没有约定或者约定不明确的，可以协议补充；不能达成补充协议的，按照合同有关条款或者交易习惯确定；仍不能确定的，适用下列规定：

（1）质量要求不明确的，按照国家标准、行业标准履行；没有国家标准、行业标准的，按照通常标准或者符合合同目的的特定标准履行。

（2）价款或者报酬不明确的，按照订立合同时履行地的市场价格履行；依法应当执行政府定价或者政府指导价的，按照规定履行。

（3）履行地点不明确的，给付货币的，在接受货币一方所在地履行；交付不动产的，在不动产所在地履行；其他标的在履行义务一方所在地履行。

（4）履行期限不明确的，债务人可以随时履行，债权人也可以随时要求履行，但应当给对方必要的准备时间。

（5）履行方式不明确的，按照有利于实现合同目的的方式履行。

（6）履行费用的负担不明确的，由履行义务一方负担。

（二）执行政府定价或者政府指导价的合同的履行规则

执行政府定价或者政府指导价的，在合同约定的交付期限内政府价格调整时，按照交付时的价格计价。逾期交付标的物的，遇价格上涨时，按照原价格执行；价格下降时，按照新价格执行。逾期提取标的物或者逾期付款的，遇价格上涨时，按照新价格执行；价格下降时，按照原价格执行。

（三）涉及第三人的合同履行

（1）向第三人履行的合同又称利他合同，指双方当事人约定，由债务人向第三人履行债务，第三人直接取得请求权的合同。债权人与债务人订立向第三人履行的合同，债权人可以事先征得第三人的同意，也可以不告知第三人，但债务人按照合同向第三人履行时，应当通知第三人。当事人约定由债务人向第三人履行债务的，债务人未向第三人履行债务或者履行债务不符合约定，应当向债权人承担违约责任。

（2）由第三人履行的合同又称第三人负担的合同，指双方当事人约定债务由第三人履行的合同。该合同以债权人、债务人为合同双方当事人，第三人不是合同的当事人。第三人只负担向债权人履行，不承担合同责任。第三人同意履行后又反悔的，或者债务人事后征询第三人意见，第三人不同意向债权人履行的，或者第三人向债权人瑕疵履行的，违约责任均由债务人承担；第三人不履行的，债务人可以代第三人履行，债务人不代为履行，应当赔偿损失；第三人瑕疵履行的，瑕疵责任由债务人承担。

二、抗辩权的行使

抗辩权是指在双务合同中，一方当事人在对方不履行或履行不符合约定时，依法对抗对方要求或否认对方权利主张的权利。《合同法》规定了同时履行抗辩权、后履行抗辩权和不安（先履行）抗辩权三种。

（一）同时履行抗辩权

1.同时履行抗辩权的概念

同时履行抗辩权是指在双务合同中应当同时履行的一方当事人有证据证明另一方当事

人在同时履行的时间不能履行或不能适当履行，到履行期时其享有不履行或部分履行的权利。

《合同法》规定：当事人互负债务，没有先后履行顺序的，应当同时履行。一方在对方履行之前有权拒绝其履行要求；一方在对方履行债务不符合约定时，有权拒绝其相应的履行要求。

2. 同时履行抗辩权的行使条件

同时履行抗辩权的行使，需具备以下条件：①需基于同一双务合同。双方当事人因同一合同互负债务，在履行上存在关联性，形成对价关系，这是同时履行抗辩权成立的前提条件。单务合同因只有一方有履行义务，无法发生抗辩权。②根据合同约定或合同性质，要求当事人同时履行合同义务。③双方债务已届清偿期。当事人行使抗辩权必须双方债务都已到清偿期，否则不存在同时履行抗辩权的问题。④一方当事人有证据证明应同时履行义务的对方当事人未履行或未适当履行合同。⑤对方有履行的可能性。

3. 同时履行抗辩权的适用

同时履行抗辩权的适用情形有以下两种：①当一方不能履行或拒绝履行合同时，即应当同时履行合同的一方当事人不履行合同时，另一方当事人就享有也不履行合同的权利；②当一方部分履行合同或履行合同不符合约定时，当事人一方部分履行合同的，对方当事人有权就未履行部分提出抗辩，拒绝相应的给付，只履行对应的部分；当事人一方履行合同不符合约定时，另一方有权拒绝其相应的履行请求。

4. 同时履行抗辩权的效力

同时履行抗辩权只是暂时阻止对方当事人请求权的行使，而不是永久地终止合同。当对方当事人完全履行了合同义务，同时履行抗辩权即告消灭，主张抗辩权的当事人就应当履行自己的义务。当事人因行使同时履行抗辩权致使合同迟延履行的，迟延履行责任由对方当事人承担。

（二）后履行抗辩权

1. 后履行抗辩权的概念

后履行抗辩权是指合同当事人互负债务，有先后履行顺序，先履行一方未履行的，后履行一方有权拒绝其履行要求。先履行一方履行债务不符合约定的，后履行一方有权拒绝其相应的履行要求。

2. 后履行抗辩权行使的条件

后履行抗辩权的行使有四个条件：①当事人基于同一双务合同，互负债务。②当事人的履行有先后顺序。③应当先履行的当事人不履行合同或不适当履行合同。④后履行抗辩权的行使人是履行义务顺序在后的一方当事人。

3. 后履行抗辩权的适用

包括：①当应当先履行的一方当事人不履行到期债务时。先履行的一方当事人如果不履行已到期债务，那么后履行的当事人有权不履行义务。②当应当先履行的一方当事人履行债务不符合约定时。如果先履行的一方当事人履行有瑕疵或部分履行的，后履行当事人有权不履行相应的合同义务。

4. 后履行抗辩权的效力

后履行抗辩权不是永久性的，它的行使只是暂时阻止了当事人请求权的行使。先履行一方的当事人如果完全履行了合同义务，则后履行抗辩权消灭，后履行当事人就应当按照合同约定履行自己的义务。

（三）不安抗辩权

1. 不安抗辩权的概念

不安抗辩权又称先履行抗辩权，是指当事人互负债务，有先后履行顺序的，先履行的一方有确切证据证明另一方丧失履行债务能力时，在对方没有履行或者没有提供担保之前，有权中止合同履行的权利。规定不安抗辩权是为了切实保护当事人的合法权益，防止借合同进行欺诈，促使对方履行义务。

2. 不安抗辩权行使的条件

不安抗辩权的行使有四个条件：

（1）当事人基于同一双务合同。

（2）当事人的履行有先后顺序。

（3）不安抗辩权的行使人是履行义务顺序在先的一方当事人。

（4）后履行合同的一方当事人有丧失或可能丧失履行债务能力的情形。

3. 不安抗辩权的适用

《合同法》规定，应当先履行债务的当事人，有确切证据证明对方有下列情形之一的，可以中止履行：①对方经营状况严重恶化；②对方有转移财产、抽逃资金，以逃避债务的情形；③对方丧失商业信誉；④对方有丧失或可能丧失履行债务能力的其他情形。

先履行合同义务的当事人应当有证据证明对方不能履行合同或者有不能履行合同的可能性，行使不安抗辩权造成对方损失的，应当承担违约责任。

4. 不安抗辩权的效力

包括：①终止合同，即先履行合同的当事人停止履行或延期履行合同。先履行合同的当事人行使终止权时，应当及时通知对方，以免给对方造成损害，也便于对方在接到通知后，提供相应的担保，使合同得以履行。如果对方当事人恢复了履行能力或提供了相应的担保后，先履行一方当事人"不安"的原因消除，应当恢复合同的履行。②解除合同。终止履行合同后，如果对方在合理期限内未恢复履行能力并且未提供适当担保的，终止履行合同的一方可以解除合同。

三、保全措施

为防止因债务人的财产不当减少而给债权人的债权带来危害，法律允许债权人为保全其债权的实现而采取法律措施，这些允许采取的措施，称作合同的保全措施。保全措施包括代位权和撤销权两种。

（一）代位权

《合同法》规定：因债务人怠于行使其到期债权，对债权人造成损害的，债权人可以向人民法院请求以自己的名义代位行使债务人的债权，但该债权专属于债务人自身的除外。

专属于债务人自身的债权是指，基于扶养关系、抚养关系、赡养关系、继承关系产生的给付请求权和劳动报酬、退休金、养老金、抚恤金、安置费、人寿保险、人身伤害赔偿请求权等权利。

代位权行使有四个条件：①债务人对第三人享有合法债权，并且是非专属于债务人自身的权利，如果债务人没有对外的债权，就无所谓代位权；②债务人怠于行使其债权，如果债务人已经行使了权利，即使不尽如人意，债权人也不能行使代位权；③因债务人怠于行使权利已害及债权人的债权，即债务人不履行其对债权人的到期债务，又不以诉讼方式或仲裁方式向其债务人主张其享有的具有金钱给付内容的到期债权，致使债权人的到期债权未能实现；④债务人的债权已到期，债务人已陷于迟延履行，如果债务人的债务未到履行期或履行期间未届满的，债权人不能行使代位权。

代位权的行使范围以债权人的债权为限，对超出部分人民法院不予支持。债权人行使代位权的必要费用由债务人负担。债权人向次债务人（即债务人的债务人）提起的代位权诉讼，经人民法院审理后认定代位权成立的，由次债务人向债权人履行清偿义务，债权人与债务人、债务人与次债务人之间相应的债权、债务关系即予消灭。在代位权诉讼中，债权人胜诉的，诉讼费由次债务人负担，从实现的债权中优先支付。

（二）撤销权

《合同法》规定，因债务人放弃其到期债权或者无偿转让财产，对债权人造成损害的，债权人可以请求人民法院撤销债务人的行为。债务人以明显不合理的低价转让财产，对债权人造成损害，并且受让人知道该情形的，债权人也可以请求人民法院撤销债务人的行为。

引起撤销权发生的要件是债务人有损害债权人债权的行为发生，主要指债务人以赠予、免除等无偿行为处分债权，包括放弃到期债权、无偿转让财产或以明显不合理的低价转让财产。无偿行为不论第三人善意、恶意取得，均可撤销；有偿转让行为，以第三人的恶意取得为要件，若第三人主观上无恶意，则不能撤销其善意取得的行为。债务人、第三人的行为被撤销的，其行为自始无效。

撤销权自债权人知道或者应当知道撤销事由之日起1年内行使。自债务人的行为发生之日起5年内没有行使撤销权的，该撤销权消灭。上述规定的5年时效为不变期间，不适用诉讼时效中止、中断或者延长的规定。

撤销权的行使范围以债权人的债权为限。债权人行使撤销权的必要费用,由债务人负担。

第四节 合同的担保

合同的担保是指依照法律规定,或由当事人双方经过协商一致而约定的,为保障合同债权实现的法律措施。设定合同担保的根本目的是保证合同的切实履行,既保障合同债权人实现其债权,也促使合同债务人履行其债务。根据《中华人民共和国担保法》(以下简称《担保法》)的规定,在借贷、买卖、货物运输、加工承揽等经济活动中,债权人需要以担保方式保障其债权实现的,可以设定保证、抵押、质押、留置和定金五种方式的担保。

一、保证

保证是指第三人为债务人的债务履行作担保,由保证人和债权人约定,当债务人不履行债务时,保证人按照约定履行债务或者承担责任的行为。

(一)保证和保证人

按照《担保法》的规定,具有代为清偿债务能力的法人、其他组织或者公民,可以作保证人。国家机关、学校、幼儿园、医院等以公益为目的的事业单位、社会团体、企业法人的分支机构、职能部门,不得作保证人。但是,在经国务院批准为使用外国政府或者国际经济组织贷款进行转贷的情况下,国家机关可以作保证人;企业法人的分支机构有法人书面授权的,可以在授权范围内提供保证。

(二)保证内容和保证方式

保证的内容应当由保证人与债权人在以书面形式订立的保证合同中加以确定,具体包括被保证的主债权(即主合同债权,下同)种类、数额;债务人履行债务的期限;保证的方式;保证担保的范围;保证的期间;以及双方认为需要约定的其他事项。保证合同不完全具备以上规定内容的,可以补正。保证担保的范围包括主债权及利息、违约金、损害赔偿金和实现债权的费用。

保证的方式有一般保证和连带责任保证两种。当事人在保证合同中约定,在债务人不能履行债务时,由保证人承担保证责任的,为一般保证。一般保证的保证人在主合同纠纷未经审判或者仲裁,并就债务人财产依法强制执行仍不能履行债务前,对债权人可以拒绝承担保证责任。当事人在保证合同中约定保证人与债务人对债务承担连带责任的,为连带责任保证。连带责任保证的债务人在主合同规定的债务履行期届满没有履行债务的,债权人可以要求债务人履行债务,也可以要求保证人在其保证范围内承担保证责任。当事人对保证方式没有约定或者约定不明确的,按照连带责任保证承担保证责任。

（三）保证责任

保证人在约定的保证担保范围内承担保证责任。当事人对保证担保的范围没有约定或者约定不明确的，保证人应当对全部债务承担责任。同一债权既有保证又有物的担保的，保证人对物的担保以外的债权承担保证责任。债权人放弃物的担保的，保证人在债权人放弃权利的范围内免除保证责任。

保证人在与债权人约定的保证期间或者法律规定的保证期间内承担保证责任。保证期间债权人依法将主债权转让给第三人的，保证人在原保证担保的范围内继续承担保证责任。保证期间债权人许可债务人转让债务的，应当取得保证人书面同意，保证人对未经其同意转让的债务，不再承担保证责任。债权人与债务人协议变更主合同的，应当取得保证人书面同意，未经保证人书面同意的，保证人不再承担保证责任。保证人与债权人未约定保证期间的，保证期间为主债务履行期届满之日起 6 个月。在合同约定的保证期间或者法律规定的保证期间，债权人未对债务人提起诉讼或者申请仲裁的，或者债权人未要求保证人承担保证责任的，保证人免除保证责任。以上有关保证责任的内容，保证合同另有约定的，按照约定。

同一债务有两个以上保证人的，保证人应当按照保证合同约定的保证份额，承担保证责任。没有约定保证份额的，保证人承担连带责任，债权人可以要求任何一个保证人承担全部保证责任，保证人都负有担保全部债权实现的义务。已经承担保证责任的保证人，有权向债务人追偿，或者要求承担连带责任的其他保证人清偿其应当承担的份额。向债务人不能追偿的部分，由各连带保证人按其内部约定的比例分担，没有约定的，平均分担。由于主合同当事人双方串通，骗取保证人提供保证的，或者主合同债务人采取欺诈、胁迫等手段，使保证人在违背真实意思的情况下提供保证的，债权人知道或者应当知道欺诈、胁迫事实的，保证人不承担民事责任。

二、抵押

抵押是指债务人或者第三人不转移对其确定的财产的占有，将该财产作为债权的担保。当债务人不履行债务时，债权人有权依照法律规定，以该财产折价或者以拍卖、变卖该财产的价款优先受偿。该债务人或者第三人为抵押人，债权人为抵押权人，提供担保的财产为抵押物。

（一）抵押和抵押物

抵押人只能以法律规定可以抵押的财产提供担保；法律规定不可以抵押的财产，抵押人不得用于提供担保。

根据《担保法》的规定，可以用于抵押的财产有：①抵押人所有的房屋和其他地上定着物；②抵押人所有的机器、交通运输工具和其他财产；③抵押人依法有权处分的国有的土地使用权、房屋和其他地上定着物；④抵押人依法有权处分的国有的机器、交通运输工具和其他财产；⑤抵押人依法承包并经发包方同意抵押的荒山、荒沟、荒丘、荒滩等荒地的土地使用权；⑥依法可以抵押的其他财产。上述财产也可以一并抵押。不得用于抵押的财产有：①土地所有权；②耕地、宅基地、自留地、自留山等集体所有的土地使用权（但法律另有规定的除外）；③学校、幼儿园、医院等以公益为目的的事业单位、社会团体的教育设施、医疗卫生设施和其他社会公益设施；④所有权、使用权不明或者有争议的财产；⑤依法被查封、扣押、监管的财产；⑥依法不得抵押的其他财产。

此外，乡（镇）、村企业的土地使用权不得单独抵押。以乡（镇）、村企业的厂房等建筑物抵押的，其占用范围内的土地使用权同时抵押。同样，以依法取得的国有土地上的房屋抵押的，该房屋占用范围内的国有土地使用权同时抵押。以出让方式取得的国有土地使用权抵押的，应当将抵押时该国有土地上的房屋同时抵押。

抵押人所担保的债权不得超出其抵押物的价值。财产抵押后，该财产的价值大于所担保债权的余额部分，可以再次抵押，但不得超出其余额部分。

（二）抵押合同和抵押物登记

抵押人和抵押权人应当以书面形式订立抵押合同。抵押合同包括以下内容：被担保的主债权种类、数额；债务人履行债务的期限；抵押物的名称、数量、质量、状况、所在地、所有权权属或者使用权权属；抵押担保的范围，包括主债权及利息、违约金、损害赔偿金和实现抵押权的费用；当事人认为需要约定的其他事项。抵押合同不完全具备以上规定内容的，可以补正。

当事人以法律规定的需要办理抵押物登记的财产作抵押的，应当向有关部门办理抵押物登记，抵押合同自登记之日起生效。以其他财产抵押的，可以自愿办理抵押物登记，抵押合同自签订之日起生效。办理抵押物登记应当向登记部门提供下列文件或其复印件：主合同和抵押合同；抵押物的所有权或使用权证书。抵押期间抵押人转让已办理登记的抵押物的，应当通知抵押权人并告知受让人转让物已经抵押的情况；抵押人未通知抵押权人或者未告知受让人的，转让行为无效。转让抵押物的价款明显低于其价值的，抵押权人可以要求抵押人提供相应的担保；抵押人不提供的，不得转让抵押物。

（三）抵押权的实现

债务履行期届满，债务人未履行债务即抵押权人未受清偿的，抵押权人可以与抵押人协议以抵押物折价或者以拍卖、变卖该抵押物所得的价款受偿；协议不成的，抵押权人可以向人民法院提起诉讼。抵押物折价或者拍卖、变卖后，其价款超过债权数额的部分归抵押人所有，不足部分由债务人清偿。抵押权因抵押物灭失而消失。因灭失所得的赔偿金，应当作为抵押财产。抵押物折价或者拍卖、变卖所得的价款，当事人没有约定的，按下列顺序清偿：①实现抵押权的费用；②主债权的利息；③主债权。

三、质押

（一）质押的概念

质押包括动产质押和权利质押。动产质押是指债务人或者第三人将其动产移交债权人占有，将该动产作为债权的担保。当债务人不履行债务时，债权人有权依照法律规定，以该动产折价或者以拍卖、变卖该动产的价款优先受偿。该债务人或者第三人为出质人，债权人为质权人，移交的动产为质物。权利质押是指以汇票、支票、本票、债券、存款单、仓单、提单，依法可以转让的股份、股票，依法可以转让的商标专用权，专利权、著作权中的财产权，依法可以质押的其他权利等作为质权标的担保。

（二）质押合同

出质人和质权人应当以书面形式订立质押合同。质押合同包括以下内容：被担保的主债权种类、数额；债务人履行债务的期限；质物的名称、数量、质量、状况；质押担保的范围，包括主债权及利息、违约金、损害赔偿金、质物保管费用和实现质权的费用；质物移交的时间；以及当事人认为需要约定的其他事项。质押合同不完全具备以上规定内容的，可以补正。

质押合同自质物移交于质权人占有时生效。以汇票、支票、本票、债券、存款单、仓单、提单出质的，质押合同自权利凭证交付之日起生效。以依法可以转让的股票、商标专用权、专利权、著作权中的财产权出质的，应当向有关部门办理出质登记，质押合同自登记之日起生效。

（三）质押的实现

债务履行期届满债务人履行债务的，或者出质人提前清偿所担保的债权的，质权人应当返还质物。债务履行期届满质权人未受清偿的，可以与出质人协议以质物折价，也可以依法拍卖、变卖质物。质物折价或者拍卖、变卖后，其价款超过债权数额的部分归出质人所有，不足部分由债务人清偿。为债务人质押担保的第三人，在质权人实现质权后，有权向债务人追偿。质权因质物灭失而消灭。因灭失所得的赔偿金，应当作为出质财产。质权与其担保的债权同时存在，债权消灭的，质权也消灭。

四、留置

留置是指依照《担保法》和其他法律的规定，债权人按照合同约定占有债务人的动产，债务人不按照合同约定的期限履行债务的，债权人有权依照法律规定留置该财产，以该财产折价或者以拍卖、变卖该财产的价款优先受偿。

因保管合同、运输合同、承揽合同以及法律规定可以留置的其他合同发生的债权，债务人不履行债务的，债权人有留置权。留置担保的范围包括主债权及利息、违约金、损害赔偿金、留置物保管费用和实现留置权的费用。

债权人与债务人应当在合同中约定，债权人留置财产后，债务人应当在不少于 2 个月的期限内履行债务。债权人与债务人在合同中未约定的，应当确定 2 个月以上的期限，通知债务人在该期限内履行债务。债务人逾期仍不履行的，债权人可以与债务人协议以留置物折价，也可以依法拍卖、变卖留置物。留置物折价或者拍卖、变卖后，其价款超过债权数额的部分归债务人所有，不足部分由债务人清偿。留置权因债权消灭或者债务人另行提供担保并被债权人接受而消灭。

五、定金

定金是指合同当事人约定一方向对方给付一定数额的货币作为债权的担保。债务人履行债务后，定金抵作价款或者收回。给付定金的一方不履行约定的债务的，无权要求返还定金；收受定金的一方不履行约定的债务的，应当双倍返还定金。定金应当以书面形式约定。当事人在定金合同中应当约定交付定金的期限。定金合同从实际交付定金之日起生效。定金的数额由当事人约定，但不得超过主合同标的额的 20%。

因不可抗力、意外事件致使主合同不能履行的，不适用定金罚则。因合同关系以外第三人的过错致使主合同不能履行的，适用定金罚则。受定金处罚的一方当事人，可以向第三人追偿。

第五节　合同的变更和转让

一、合同的变更

依法订立的合同成立后，即具有法律约束力，任何一方都不得擅自变更或者解除合同。但是，在合同的履行过程中，由于主、客观情况的变化，需要对双方的权利义务关系重新进行调整和规定时，合同当事人可以依法变更合同。

合同的变更仅指合同内容的变更，是指合同成立后，当事人双方根据客观情况的变化，依照法律规定的条件和程序，对原合同进行修改或者补充。合同的变更是在合同的主体不改变的前提下对合同内容或标的的变更，合同性质和标的性质并不改变。例如有关标的物数量的增减、质量标准的修改、履行地点的变动、标的物包装要求的改变等，都属于合同的变更。当事人在变更合同时，也应本着协商的原则进行。当事人可以依据有关法律规定，就变更合同事项达成协议。

合同的变更必须具备以下要件：①当事人之间已存在合同关系；②合同内容发生了变化；③必须遵守法律要求的方式。

合同变更的方式主要有：①当法律规定的情形出现时，合同内容当然发生变化，如遇有不可抗力导致债务不能履行时，债务人的债务数额减少或可以延期履行；②依法院或仲裁机构的裁判而变更，如因重大误解订立的合同，或在订立时显失公平的合同，当事人一方有权请求人民法院或仲裁机构变更或撤销；③当事人达成变更合同的协议。

合同变更后，变更后的内容就取代了原合同的内容，当事人就应当按照变更后的内容履行合同，合同各方当事人均应受变更后的合同的约束。为了减少在合同变更时可能发生的纠纷，当事人对合同变更的内容约定不明确的，推定为未变更。合同变更的效力原则上仅对未履行的部分有效，对已履行的部分没有溯及力，但法律另有规定或当事人另有约定的除外。

二、合同的转让

合同的转让是指合同当事人一方将其合同的权利和义务全部或部分转让给第三人。合同的转让仅指合同主体的变更，一般由当事人自主决定。

（一）合同权利转让

合同权利转让是指不改变合同权利的内容，由债权人将合同权利的全部或者部分转让给第三人。这里转让权利的人称之为让与人，接受权利的人称之为受让人。合同权利全部转让的，原合同关系消灭，受让人取代原债权人的地位，成为新的债权人，原债权人脱离合同关系。合同权利部分转让的，受让人作为第三人加入到合同关系中，与原债权人共同享有债权。债权人转让主权利时，附属于主权利的从权利也一并转让，受让人在取得债权时，也取得与债权有关的从权利，但该从权利专属于债权人自身的除外。

有下列三种情形时，债权人不得转让合同权利：

（1）根据合同性质不得转让。根据合同性质不得转让的权利，主要是指合同是基于特定当事人的身份关系订立的，合同权利转让给第三人，会使合同的内容发生变化，动摇合同订立的基础，违反了当事人订立合同的目的，使当事人的合法利益得不到保护。当事人基于信任关系订立的委托合同、雇佣合同、赠与合同都属于合同权利不得转让的合同。

（2）根据当事人约定不得转让。当事人在订立合同时，可以对权利的转让做出特别的约定，禁止债权人将权利转让给第三人。这种约定只要是当事人真实的意思表示，并且不违反法律规定，那么对当事人就有法律约束力。

（3）依照法律规定不得转让。我国一些法律中对某些权利的转让做出了禁止性规定，对于这些规定当事人应严格遵守，不得违反法律规定，擅自转让法律禁止转让的权利。

债权人转让权利不需要经债务人同意，但应当通知债务人。未经通知，该转让对债务人不发生效力。债务人接到债权转让通知后，债权让与行为就生效，如果债务人对让与人享有债权，并且债务人的债权先于转让的债权到期或同时到期的，债务人可以向受让人主张抵销。债务人对让与人的抗辩，可以向受让人主张。债权人转让权利的通知不得撤销，但经受让人同意的除外。

（二）合同义务转移

合同义务转移是指在不改变合同义务的前提下，经债权人同意，债务人将合同的义务全部或者部分转移给第三人。

债务人将合同的义务全部或者部分转移给第三人，应当经债权人同意；否则债务人转移合同义务的行为对债权人不发生效力，债权人有权拒绝第三人向其履行，同时有权要求债务人履行义务并承担不履行或迟延履行合同的法律责任。

债务人全部转移合同义务时，新的债务人完全取代了旧的债务人的地位，承担全面履行合同义务的责任，享有债务人所应享有的抗辩权，可以主张原债务人对债权人的抗辩。同时，与所转移的主债务有关的从债务，也应当由新债务人承担，但该从债务专属于原债务人自身的除外。债务人部分转移合同义务时，新的债务人加入到原债务中，和原债务人一起向债权人履行义务。另外，保证期间，由他人为原合同债权所设定的担保债务，除经担保人同意转移外，担保责任因债务的转移而消灭。

（三）合同权利义务的一并转让

合同权利义务的一并转让是指当事人一方经对方同意，将自己在合同中的权利和义务一并转让给第三人。合同关系的一方当事人将权利和义务一并转让时，除了应当征得另一方当事人的同意外，还应当遵守《合同法》有关转让权利和义务转移的其他规定：不得转让法律禁止转让的权利；转让合同权利和义务时，从权利和从债务一并转让，受让人取得与债权有关的从权利和从债务，但该从权利和从债务专属于让与人自身的除外；转让合同权利和义务不影响债务人抗辩权的行使；债务人对让与人享有债权的，可以依照有关规定向受让人主张抵销；法律、行政法规规定应当办理批准、登记手续的，应当依照其规定办理。

对于当事人订立合同后发生合并、分立的情况，法律规定，当事人订立合同后合并的，由合并后的法人或者其他组织行使合同权利，履行合同义务。当事人订立合同后分立的，除债权人和债务人另有约定的以外，由分立的法人或者其他组织对合同的权利和义务享有连带债权，承担连带债务。

第六节　合同的权利义务终止

一、合同的权利义务终止的概念

合同的权利义务终止是指依法生效的合同，因具备法定情形和当事人约定的情形，合同债权、债务归于消灭，债权人不再享有合同权利，债务人也不必再履行合同义务，合同当事人双方终止合同关系，合同的效力随之消灭。

二、合同权利义务终止的具体情形

根据《合同法》规定，有下列情形之一的，合同的权利义务终止：

（一）债务已经按照约定履行

债务已经按照约定履行是指债务人按照约定的标的、质量、数量、价款或报酬、履行期限、履行地点和方式全面履行。以下情况也属于合同按照约定履行：①当事人约定的第三人按照合同内容履行；②债权人同意以他种给付代替合同原定给付；③当事人之外的第三人接受履行。

（二）合同解除

合同解除是指合同有效成立后，当具备法律规定的合同解除条件时，因当事人一方或双方的意思表示而使合同关系归于消灭的行为。合同解除有约定解除和法定解除两种情况。

1. 约定解除

根据合同自愿原则，当事人在法律规定范围内享有自愿解除合同的权利。当事人约定解除合同包括两种情况：

（1）协商解除，指合同生效后，未履行或未完全履行之前，当事人以解除合同为目的，经协商一致，订立一个解除原来合同的协议。由于协商解除是双方的法律行为，应当遵循合同订立的程序，即双方当事人应当对解除合同意思表示一致。协议未达成之前，原合同仍然有效。如果协商解除违反了法律规定的合同有效成立的条件，如果损害了国家利益或社会公共利益，则解除合同的协议就不能发生法律效力，原有的合同仍要履行。

（2）约定解除权，指当事人在合同中约定，合同履行过程中出现某种情况，当事人一方或双方有解除合同的权利。解除权可以在订立合同时约定，也可以在履行合同的过程中约定，可以约定一方解除合同的权利，也可以约定双方解除合同的权利。行使约定的解除权应当以该合同为基础。约定解除权必须符合合同生效的条件，不得违反法律、损害国家利益和社会公共利益。根据法律规定必须经有关部门批准才能解除的合同，当事人不得按照约定擅自解除。

2. 法定解除

法定解除是指在合同成立后，没有履行或没有完全履行完毕之前，当事人在法律规定的解除条件出现时，行使解除权而使合同关系消灭。

《合同法》规定：有下列情形之一的，当事人可以解除合同：①因不可抗力致使不能实现合同目的；②在履行期限届满之前，当事人一方明确表示或者以自己的行为表明不履行主要债务；③当事人一方迟延履行主要债务，经催告后在合理期限内仍未履行；④当事人一方迟延履行债务或者有其他违约行为致使不能实现合同目的；⑤法律规定的其他情形。不可抗力是指不能预见、不能避免并不能克服的客观情况。

属于不可抗力的情况有：自然灾害、战争、社会异常事件、政府行为。只有不可抗力致使合同目的不能实现时，当事人才可以解除合同。因预期违约解除合同，指在合同履行期限届满之前，当事人一方明确表示或以自己的行为表明不履行主要债务的，对方当事人可以解除合同。迟延履行指债务人无正当理由，在合同约定的履行期间届满，未履行合同债务，在债权人提出履行的催告后仍未履行。如果当事人一方迟延履行主要债务，经催告后在合理期限内仍未履行的，对方当事人可以解除合同。

当事人一方主张解除合同时，应当通知对方。合同自通知到达对方时解除。对方有异议的，可以请求人民法院或者仲裁机构确认解除合同的效力。法律、行政法规规定解除合同应当办理批准、登记等手续的，应按规定办理。

合同解除后尚未履行的，终止履行；已经履行的，根据履行情况和合同性质，当事人可以要求恢复原状、采取其他补救措施，并有权要求赔偿损失。合同的权利义务终止，不影响合同中结算和清理条款的效力。

（三）债务相互抵销

债务相互抵销是指当事人互负到期债务，又互享债权，以自己的债权充抵对方的债权，使自己的债务与对方的债务在等额内消灭。当事人主张抵销的，应当通知对方。通知自到达对方时生效。抵销不得附条件或者附期限。

（四）债务人依法将标的物提存

提存是指由于债权人的原因，债务人无法向其交付合同标的物而将该标的物交给提存机关，从而消灭债务的制度。债务的履行往往需要债权人的协助，如果债权人无正当理由拒绝受领或者不能受领，债权人虽应负担受领迟延的责任，但债务人的债务却不能消灭，债务人仍得随时准备履行。因此法律规定在一定情形下，债务人可以通过提存标的物终止合同。

《合同法》规定，有下列情形之一，难以履行债务的，债务人可以将标的物提存：①债权人无正当理由拒绝受领；②债权人下落不明；③债权人死亡未确定继承人或者丧失民事行为能力未确定监护人；④法律规定的其他情形。

标的物提存后，除债权人下落不明的以外，债务人应当及时通知债权人或者债权人的继承人、监护人。标的物提存后，毁损、灭失的风险由债权人承担。提存期间，标的物的孳息归债权人所有。提存费用由债权人负担。标的物不适于提存或者提存费用过高的，债务人依法可以拍卖或者变卖标的物，提存所得的价款。标的物提存后，债权人可以随时领取提存物，但债权人对债务人负有到期债务的，在债权人未履行债务或者提供担保之前，提存部门根据债务人的要求应当拒绝其领取提存物。债权人领取提存物的权利，自提存之日起5年内不行使而消灭，提存物扣除提存物费用后归国家所有。

（五）债权人依法免除债务

债权人免除债务，即债权人自愿放弃了债权，债务人的债务即被解除。债权人免除债务人部分或者全部债务的，合同的权利义务部分或者全部终止。免除债权，债权的从权利如从属于债权的担保权利、利息权利、违约金请求权等也随之消灭。

（六）债权债务同归于一人

由于某种事实的发生，使一项合同中原本由一方当事人享有的债权和由另一方当事人负担的债务统归于一方当事人，使得该当事人既是合同的债权人，又是合同的债务人，合同的履行就失去了实际意义，合同的权利义务终止。例如由于甲乙两企业合并，甲乙企业之间原先订立的合同中的权利义务同归于合并后的企业，债权债务关系自然终止。再如当债权人继承了债务人或者债务人继承了债权人时，债权债务也同归于一人，合同终止。

（七）法律规定或者当事人约定终止的其他情形

除了上述合同的权利义务终止的情形，出现了法律规定的终止的其他情形的，合同的权利义务也可以终止。《民法通则》规定，代理人死亡、丧失民事行为能力，作为被代理人或代理人的法人终止，委托代理终止。

三、合同权利义务终止的法律后果

合同权利义务终止所产生的法律后果，主要有以下几个方面：

（1）合同失效，即合同的终止解除了双方当事人履行和接受履行的义务，双方当事人不必继续履行合同义务。

（2）合同项下的从权利和从义务一并消灭，如债务的担保、违约金和利息的支付等也一并消灭。

（3）负债字据的返还。负债字据是债权债务关系的证明，债权人应当在合同关系消灭后，将负债字据返还债务人。

（4）在合同当事人之间发生后合同义务。《合同法》第92条规定，合同的权利义务终止后，当事人应当遵循诚实信用原则，根据交易习惯履行通知、协助、保密等义务。但后合同义务应与原合同有密切联系，一方当事人不能凭空地要求另一方当事人承担与原合同不相干的义务，也不应过分增加对方的负担。

（5）合同中关于解决争议的方法、结算和清理条款继续有效，直至结算和清理完毕。《合同法》第五十七条规定，合同无效、被撤销或者终止的，不影响合同中独立存在的有关解决争议方法的条款的效力。《合同法》第九十八条规定，合同的权利义务终止，不影响合同中结算和清理条款的效力。

第七节　违约责任

一、违约责任的概念

违约责任即违反合同的民事责任，是指合同当事人一方不履行合同义务或者履行合同义务不符合约定时，依照法律规定或者合同约定所承担的法律责任。依法订立的有效合同对当事人双方来说，都具有法律约束力。如果不履行或者履行义务不符合约定，就要承担违约责任。

二、承担违约责任的主要形式

《合同法》规定，当事人一方明确表示或者以自己的行为表明不履行合同义务的，对方可以在履行期限届满之前要求其承担违约责任。当事人一方不履行合同义务或者履行合同义务不符合约定的，应当承担继续履行、采取补救措施或者赔偿损失等违约责任。违约的当事人承担违约责任的主要形式有继续履行、采取补救措施、赔偿损失、支付违约金、给付或者双倍返还定金等。具体适用哪种违约责任，由当事人根据自己的要求加以选择。

（一）继续履行

订立合同的目的是实现合同的约定，即实际履行合同。继续履行合同既是为了实现合同目的，又是一种违约责任。当事人一方未支付价款或者报酬的，对方可以要求其支付价款或者报酬。当事人一方不履行非金钱债务或者履行非金钱债务不符合约定的，对方可以要求履行，但有下列情形之一的除外：①法律上或者事实上不能履行；②债务的标的不适于强制履行或者履行费用过高；③债权人在合理期限内未要求履行。

（二）采取补救措施

履行质量不符合约定的，应当按照当事人的约定承担违约责任。受损害方可以根据标的的性质以及损失的大小，合理选择要求对方采取修理、更换、重作、退货、减少价款或者报酬等补救措施。

（三）赔偿损失

当事人一方不履行合同义务或者履行合同义务不符合约定的，在履行义务或者采取补救措施后，对方还有其他损失的，应当赔偿损失。损失赔偿额应当相当于因违约所造成的损失，包括合同履行后可以获得的利益，但不得超过违反合同一方订立合同时预见到或者应当预见到的因违反合同可能造成的损失。当事人一方违约后，对方应当采取适当措施防止损失的扩大；没有采取适当措施致使损失扩大的，不得就扩大的损失要求赔偿。当事人因防止损失扩大而支出的合理费用，由违约方承担。

（四）支付违约金

为了保证合同的履行，保护自己的利益不受损失，合同当事人可以约定一方违约时应当根据情况向对方支付一定数额的违约金，也可以约定因违约产生的损失赔偿额的计算方法。

违约金是指合同当事人一方由于不履行合同或者履行合同不符合约定时，按照合同的约定，向对方支付的一定数额的货币。违约金是对不能履行或者不能完全履行合同行为的一种带有惩罚性质的经济补偿手段，不论违约的当事人一方是否已给对方造成损失，都应当支付。约定的违约金低于造成的损失的，当事人可以请求人民法院或者仲裁机构予以增加；约定的违约金过分高于造成的损失的，当事人可以请求人民法院或者仲裁机构予以适当减少。当事人就迟延履行约定违约金的，违约方支付违约金后，还应当履行债务。

（五）给付或者双倍返还定金

定金是合同当事人一方为了担保合同的履行而预先向对方支付的一定数额的金钱。当事人可以依照《担保法》约定一方向对方给付定金作为债权的担保。债务人履行债务后，定金应当抵作价款或者收回。给付定金的一方不履行约定的债务的，无权要求返还定金；收受定金的一方不履行约定的债务的，应当双倍返还定金。

当事人既约定违约金，又约定定金的，一方违约时，对方可以选择适用违约金或者定金条款。但由于二者在目的、性质、功能等方面具有共性而不能并用。当事人执行定金条款后不足以弥补所受损害的，仍可以请求赔偿损失。

三、违约责任的免除

一般来说，在合同订立之后，如果一方当事人没有履行合同或者履行合同不符合约定，不论是自己的原因，还是第三人的原因，都应当向对方承担违约责任。但是，当当事人一方违约是由于免责事由的出现造成的，则可以根据情况免除违约方的违约责任。

《合同法》规定了三种免责事由：法定事由、免责条款、法律有特别规定。

（一）法定事由

《合同法》规定，因不可抗力不能履行合同的，根据不可抗力的影响，部分或者全部免除责任；当事人迟延履行后发生不可抗力的，不能免除责任。不可抗力造成违约的，违约方虽然没有过错，但法律规定因不可抗力造成的违约也要承担违约责任的，违约方也要承担无过错的违约责任。当事人一方因不可抗力不能履行合同的，应当及时通知对方，以减轻可能给对方造成的损失，并应当在合理期限内提供证明。

（二）免责条款

免责条款是指合同双方当事人在合同中约定，当出现一定的事由或条件时，可免除违约方的违约责任。

（三）法律的特别规定

在法律有特别规定的情况下，可以免除当事人的违约责任。如《合同法》第 311 条规定：承运人对运输过程中货物的毁损、灭失承担损害赔偿责任，但承运人证明货物的毁损、灭失是因不可抗力、货物本身的自然性质或者合理损耗以及托运人、收货人的过错造成的，不承担损害赔偿责任。

第八节　主要合同

一、买卖合同

（一）买卖合同的概念

买卖合同是出卖人转移标的物的所有权于买受人，买受人支付价款的合同。买卖关系的主体是出卖人和买受人，转移买卖标的物的一方为出卖人，即卖方；受领买卖标的、支付价款的一方是买受人，即买方。买卖合同既可以是要式的，也可以是不要式的。

买卖合同的内容应当包括以下内容：当事人的名称或者姓名和住所；标的；数量；质量；价款或者报酬；履行期限、地点和方式；违约责任；解决争议的方法；包装方式；检验标准和方法；结算方式；合同使用的文字及效力条款等。

（二）买卖合同的标的物

在买卖合同中，买和卖的物就是标的，称为标的物。出卖的标的物，应当属于出卖人所有或者出卖人有权处分的物，可以是现实存在的物，也可以是将来产生的物。法律、行政法规禁止或者限制转让的标的物，依照其规定执行；法律禁止流通的物不得作为买卖标的物。

标的物的所有权自标的物交付时起转移。当事人可以在买卖合同中约定，买受人未履行支付价款或者其他义务时，标的物的所有权属于出卖人。出卖人应当履行向买受人交付标的物或者交付提取标的物的单证并转移标的物所有权的义务，出卖人还应当按照约定或者交易习惯向买受人交付提取标的物单证以外的有关单证和资料。

出卖人应当按照约定的期限交付标的物。约定交付期间的，出卖人可以在该交付期间内的任何时间交付。没有约定标的物的交付期限或者约定不明确的，当事人可以协商达成补充协议；不能达成补充协议的，按照合同有关条款或交易习惯确定；如仍不能确定，出卖人就可以随时履行，买受人也可以随时要求出卖人履行，但应当给对方必要的准备时间。

出卖人应当按照约定的地点交付标的物。当事人没有约定交付地点或者约定不明确的，可以协商达成补充协议；不能达成补充协议的，按照合同有关条款或交易习惯确定。

仍不能确定的，适用下列规定：①标的物需要运输的，出卖人应当将标的物交付给第一承运人以运交给买受人；②标的物不需要运输，出卖人和买受人订立合同时知道标的物在某一地点的，出卖人应当在该地点交付标的物；不知道标的物在某一地点的，应当在出卖人订立合同时的营业地交付标的物。

出卖人应当按照约定的质量要求交付标的物。出卖人提供有关标的物质量说明的，交付的标的物应当符合该说明的质量要求。当事人对标的物的质量要求没有约定或者约定不明确的，可以协议补充；不能达成补充协议的，按照合同有关条款或交易习惯确定；如仍不能确定，按照国家标准、行业标准履行；没有国家标准、行业标准的，按照通常标准或者符合合同目的的特定标准履行。出卖人交付的标的物不符合质量要求的，买受人可以依照合同约定要求出卖人承担违约责任，对违约责任没有约定或约定不明确，并不能达成补充协议或按有关条款或交易习惯确定的，买受人可以根据标的的性质及损失的大小，合理选择要求对方承担修理、更换、重作、退货、减少价款或者报酬等违约责任。出卖人交付标的物后，买受人应对收到的标的物在约定的检验期间内检验。没有约定检验期间的，应当及时检验。当事人约定检验期间的，买受人应当在检验期间内将标的物的数量或者质量不符合约定的情形通知出卖人。买受人怠于通知的，视为标的物的数量或者质量符合约定。当事人没有约定检验期间的，买受人应当在发现或者应当发现标的物的数量或者质量不符合约定的合理期间内通知出卖人。买受人在合理期间内未通知或者自标的物收到之日起2年内未通知出卖人的，视为标的物的数量或者质量符合约定；但对标的物有质量保证期的，适用质量保证期，不适用该2年的规定。

标的物毁损、灭失的风险，在标的物交付之前由出卖人承担，交付之后由买受人承担。因买受人的原因致使标的物不能按照约定的期限交付的，买受人应当自违反约定之日起承担标的物毁损、灭失的风险。出卖人出卖交由承运人运输的在途标的物，除当事人另有约定的以外，毁损、灭失的风险自合同成立时起由买受人承担。当事人没有约定交付地点或者约定不明确，标的物需要运输的，出卖人将标的物交付给第一承运人后，标的物毁损、灭失的风险由买受人承担。出卖人按照约定或者将标的物置于交付地点，买受人违反约定没有收取的，标的物毁损、灭失的风险自违反约定之日起由买受人承担。出卖人按照约定未交付有关标的物的单证和资料的，不影响标的物毁损、灭失风险的转移。标的物毁损、灭失的风险由买受人承担的，不影响因出卖人履行债务不符合约定，买受人要求其承担违约责任的权利。

（三）买卖合同价款的支付

支付价款是指买卖合同中买受人应当按照约定的数额支付价款。对价款没有约定或者约定不明确的，可以协议补充；不能达成协议的，除依法由政府定价的以外，按照订立合同时履行地的市场价格履行。出卖人多交标的物的，买受人可以接收或者拒绝接收多交的部分。买受人接收多交部分的，按照合同的价格支付价款；买受人拒绝接收多交部分的，应当及时通知出卖人。

买受人应当按照约定的地点支付价款。对支付地点没有约定或者约定不明确的，可以协议补充；不能达成补充协议的，买受人应当在出卖人的营业地支付，但约定支付价款以交付标的物或者交付提取标的物单证为条件的，在交付标的物或者交付提取标的物单证的所在地支付。

买受人应当按照约定的时间支付价款。对支付时间没有约定或者约定不明确的，可以协议补充；不能达成协议的，买受人应当在收到标的物或者提取标的物单证的同时支付。

二、借款合同

借款合同是借款人向贷款人借款，到期返还借款并支付利息的合同。借款合同的内容包括借款种类、币种、用途、数额、利率、期限和还款方式等条款。订立借款合同，贷款人可以要求借款人依照《担保法》的规定提供担保。借款合同采用书面形式，但自然人之间借款另有约定的除外。

订立借款合同，借款人应当按照贷款人的要求提供与借款有关的业务活动和财务状况的真实情况以及相应的担保，并应当按照约定向贷款人定期提供有关财务会计报表等资料。贷款人按照约定可以检查、监督借款的使用情况。

借款人还应当按照约定的期限返还借款。对借款期限没有约定或者约定不明确时，当事人可以协议补充；不能达成补充协议的，借款人可以随时返还；贷款人也可以催告借款人在合同期限内返还。但借款人可以在还款期限届满之前向贷款人申请展期，贷款人同意的，可以展期。

贷款人未按照约定的日期、数额提供借款，造成借款人损失的，应当赔偿损失。借款人未按照约定的日期、数额收取借款的，应当按照约定的日期、数额支付利息。借款人未按照约定的借款用途使用借款的，贷款人可以停止发放借款、提前收回借款或者解除合同。

借款的利息不得预先在本金中扣除。利息预先在本金中扣除的，应当按照实际借款数额返还借款并计算利息。借款人应当按照约定的期限支付利息。在借款人未按照约定的日期、数额收取借款的情况下，仍应当按照约定的日期、数额支付利息。对支付利息的期限没有约定或者约定不明确的，当事人可以协议补充；不能达成补充协议时，借款期间不满1年的，应当在返还借款时一并支付；借款期间1年以上的，应当在每届满1年时支付，剩余期间不满1年的，应当在返还借款时一并支付。自然人之间的借款合同对支付利息没有约定或者约定不明确的，视为不支付利息；约定支付利息的，借款的利率不得违反国家有关限制借款利率的规定。借款人未按照约定的期限返还借款的，应当按照约定或者国家有关规定支付逾期利息。借款人提前偿还借款的，除当事人另有约定的以外，应当按照实际借款的期间计算利息。办理贷款业务的金融机构贷款的利率，应当按照中国人民银行规定的贷款利率的上下限确定。

三、租赁合同

租赁合同是出租人将租赁物交付承租人使用、收益，承租人支付租金的合同。租赁合同的内容包括租赁物的名称、数量、用途、租赁期限、租金及其支付期限和方式、租赁物维修等条款。租赁期限6个月以上的，应当采用书面形式。

租赁合同生效后，出租人应当按照约定将租赁物交付承租人，并在租赁期间履行租赁物的维修义务，保持租赁物符合约定的用途。承租人应当按照约定的方法或按照租赁物的性质使用租赁物，并应当妥善保管租赁物，如因保管不善造成租赁物毁损、灭失的，应当承担损害赔偿责任。

承租人经出租人同意，可以对租赁物进行改善或增设他物，如未经出租人同意，出租人可以要求承租人恢复原状或赔偿损失。承租人经出租人同意，还可以将租赁物转租给第三人，在这种情况下，承租人与出租人之间的租赁合同继续有效，第三人对租赁物造成损失的，承租人应当赔偿损失，承租人未经出租人同意转租的，出租人可以解除合同。在租赁期间因占有、使用租赁物获得的收益，归承租人所有，但当事人另有约定的除外。

承租人应当按照约定的期限支付租金。对支付期限没有约定或约定不明确的，可以协议补充，不能达成补充协议的，按照合同有关条款或者交易习惯确定。仍不能确定的，租赁期间不满1年的，应当在租赁期间届满时支付；租赁期间1年以上的，应当在每届满1年时支付，剩余期间不满1年的，应当在租赁期间届满时支付。承租人无正当理由未支付或者延迟支付租金的，出租人可以要求承租人在合理期限内支付，承租人逾期不支付的，出租人可以解除合同。

租赁期限不得超过20年。超过20年的，超过部分无效。租赁期间届满，当事人可以续订租赁合同，但约定的租赁期限自续订之日起不得超过20年。当事人对租赁期限没有约定或者约定不明确的，可以协议补充，不能达成补充协议的，按照合同有关条款或者交易习惯确定。仍不能确定的，视为不定期租赁。当事人可以随时解除合同，但出租人解除合同应当在合理期限之前通知承租人。租赁期间届满，承租人应当返还租赁物，返还的租赁物应当符合按照约定或者租赁物的性质使用后的状态。承租人继续使用租赁物，出租人没有提出异议的，原租赁合同继续有效，但租赁期限为不定期。

四、融资租赁合同

融资租赁合同是出租人根据承租人对出卖人、租赁物的选择，向出卖人购买租赁物，提供给承租人使用，承租人支付租金的合同。融资租赁合同的内容包括租赁物名称、数量、规格、技术性能、检验方法、租赁期限、租金构成及其支付期限和方式、币种、租赁期间届满租赁物的归属等条款。融资租赁合同应当采用书面形式。

融资租赁合同生效后，出租人根据承租人对出卖人、租赁物的选择订立的买卖合同，出卖人应当按照约定向承租人交付标的物，承租人享有与受领标的物有关的买受人的权利，未经承租人同意，出租人不得变更与承租人有关的合同内容。出租人应当保证承租人对租赁物的占有和使用，租赁物不符合约定或者不符合使用目的的，出租人不承担责任，但承租人依赖出租人的技能确定租赁物或者出租人干预选择租赁物的除外。

承租人应当妥善保管、使用租赁物，履行占有租赁物期间的维修义务，承租人占有租赁物期间，租赁物造成第三人的人身伤害或者财产损害的，出租人不承担责任。承租人应按照约定支付租金，经催告后在合理期限内仍不支付租金的，出租人可以要求支付全部租金；也可以解除合同，收回租赁物。融资租赁合同的租金，除当事人另有约定的以外，应当根据购买租赁物的大部分或者全部成本以及出租人的合理利润确定。

出租人享有租赁物的所有权。承租人破产的，租赁物不属于破产财产，出租人和承租人也可以约定租赁期间届满租赁物的归属。对租赁物的归属没有约定或者约定不明确的，可以协议补充，不能达成补充协议的，按照合同有关条款或者交易习惯确定。仍不能确定的，租赁物的所有权归出租人。当事人约定租赁期间届满租赁物归承租人所有，承租人已经支付大部分租金，但无力支付剩余租金，出租人因此解除合同收回租赁物的，收回的租赁物的价值超过承租人欠付的租金以及其他费用的，承租人可以要求部分返还。

出租人、出卖人、承租人可以约定，出卖人不履行买卖合同义务的，由承租人行使索赔的权利。承租人行使索赔权利的，出租人应当协助。

五、承揽合同

承揽合同是承揽人按照定作人的要求完成工作，交付工作成果，定作人给付报酬的合同。承揽包括加工、定作、修理、复制、测试、检验等工作。

承揽合同的内容包括承揽的标的、数量、质量、报酬、承揽方式、材料的提供、履行期限、验收标准和方法等条款。承揽人应当以自己的设备、技术和劳力完成主要工作，但当事人另有约定的除外。

定作人中途变更承揽工作的要求，造成承揽人损失的，应当赔偿损失。但承揽人在工作期间，应当接受定作人必要的监督检验。定作人不得因监督检验妨碍承揽人的正常工作。定作人可以随时解除承揽合同，造成承揽人损失的，应当赔偿损失。

承揽人完成工作的，应当向定作人交付工作成果，并提交必要的技术资料和有关质量证明，同时应妥善保管定作人提供的材料以及完成的工作成果，因保管不善造成毁损、灭失的，应当承担损害赔偿责任。定作人应当验收该工作成果。对于承揽人交付的工作成果不符合质量要求的，定作人可以要求承揽人承担修理、重作、减少报酬、赔偿损失等违约责任。

定作人应当按照约定的期限支付报酬。对支付报酬的期限没有约定或者约定不明确的，可以协议补充，不能达成补充协议的，按照合同有关条款或者交易习惯确定。仍不能确定的，定作人应当在承揽人交付工作成果时支付；工作成果部分交付的，定作人应当相应支付。定作人未向承揽人支付报酬或者材料费等价款的，承揽人对完成的工作成果享有留置权，但当事人另有约定的除外。

六、技术转让合同

技术转让合同是当事人就技术转让订立的确立相互之间权利和义务的合同。包括专利权转让、专利申请权转让、技术秘密转让、专利实施许可合同。技术转让合同应当采用书面形式。技术转让合同可以约定让与人和受让人实施专利或者使用技术秘密的范围，但不得限制技术竞争和技术发展。

技术转让合同的让与人应当保证自己是所提供的技术的合法拥有者，并保证所提供的技术完整、无误、有效，能够达到约定的目标。受让人应当按照约定的范围和期限，对让与人提供的技术中尚未公开的秘密部分，承担保密义务。受让人按照约定实施专利、使用技术秘密侵害他人合法权益的，由让与人承担责任，但当事人另有约定的除外。

让与人未按照约定转让技术的，应当返还部分或者全部使用费，并应当承担违约责任；受让人未按照约定支付使用费的，应当补交使用费并按照约定支付违约金；不补交使用费或者支付违约金的，应当停止实施专利或者使用技术秘密，交还技术资料，承担违约责任；实施专利或者使用技术秘密超越约定的范围的，违反约定擅自许可第三人实施该项专利或者使用该项技术秘密的，应当停止违约行为，承担违约责任；违反约定的保密义务的，应当承担违约责任。

当事人可以按照互利的原则，在技术转让合同中约定实施专利、使用技术秘密后续改进的技术成果的分享办法。没有约定或者约定不明确的，可以协议补充，不能达成补充协议的，按照合同有关条款或者交易习惯确定。仍不能确定的，一方后续改进的技术成果，其他各方无权分享。

法律、行政法规对技术进出口合同或者专利、专利申请合同另有规定的，依照其规定。

七、委托合同

委托合同是委托人和受托人约定，由受托人处理委托人事务的合同。

委托人可以特别委托受托人处理一项或者数项事务，也可以概括委托受托人处理一切事务。

受托人应当按照委托人的指示处理委托事务。需要变更委托人指示的，应当经委托人同意；因情况紧急，难以和委托人取得联系的，受托人应当妥善处理委托事务，但事后应当将该情况及时报告委托人。受托人应当亲自处理委托事务。经委托人同意，受托人可以转委托。转委托经同意的，委托人可以就委托事务直接指示转委托的第三人，受托人仅就第三人的选任及其对第三人的指示承担责任。转委托未经同意的，受托人应当对转委托的第三人的行为承担责任，但在紧急情况下受托人为维护委托人的利益需要转委托的除外。受托人应当按照委托人的要求，报告委托事务的处理情况。委托合同终止时，受托人应当报告委托事务的结果。受托人处理委托事务取得的财产，应当转交给委托人。

受托人以自己的名义，在委托人的授权范围内与第三人订立的合同，第三人在订立合同时知道受托人与委托人之间的代理关系的，该合同直接约束委托人和第三人，但有确切证据证明该合同只约束受托人和第三人的除外。

受托人以自己的名义与第三人订立合同时，第三人不知道受托人与委托人之间的代理关系的，受托人因第三人的原因对委托人不履行义务，受托人应当向委托人披露第三人，委托人因此可以行使受托人对第三人的权利，但第三人与受托人订立合同时如果知道该委托人就不会订立合同的除外。

受托人因委托人的原因对第三人不履行义务，受托人应当向第三人披露委托人，第三人因此可以选择受托人或者委托人作为相对人主张其权利，但第三人不得变更选定的相对人。

委托人行使受托人对第三人的权利的，第三人可以向委托人主张其对受托人的抗辩。第三人选定委托人作为其相对人的，委托人可以向第三人主张其对受托人的抗辩以及受托人对第三人的抗辩。

委托人应当预付处理委托事务的费用。受托人为处理委托事务垫付的必要费用，委托人应当偿还该费用及其利息。受托人完成委托事务的，委托人应当向其支付报酬。因不可归责于受托人的事由，委托合同解除或者委托事务不能完成的，委托人应当向受托人支付相应的报酬。当事人另有约定的，按照其约定。

有偿的委托合同，因受托人的过错给委托人造成损失的，委托人可以要求赔偿损失。无偿的委托合同，因受托人的故意或者重大过失给委托人造成损失的，委托人可以要求赔偿损失。受托人超越权限给委托人造成损失的，应当赔偿损失。受托人处理委托事务时，因不可归责于自己的事由受到损失的，可以向委托人要求赔偿损失。

委托人经受托人同意，可以在受托人之外委托第三人处理委托事务。因此给受托人造成损失的，受托人可以向委托人要求赔偿损失。

两个以上的受托人共同处理委托事务的，对委托人承担连带责任。

委托人或者受托人可以随时解除委托合同。因解除合同给对方造成损失的，除不可归责于该当事人的事由以外，应当赔偿损失。

委托人或者受托人死亡、丧失民事行为能力或者破产的，委托合同终止，但当事人另有约定或者根据委托事务的性质不宜终止的除外。

第七章 所得税法律制度

所得税是以纳税人的所得额为课税对象的税收。所谓所得额，是指纳税人在一定期间内由于生产、经营等取得的可用货币计量的收入，扣除为取得这些收入所需各种耗费后的净额。我国现行所得税主要包括企业所得税、外商投资企业和外国企业所得税、个人所得税三种。

第一节 企业所得税法律制度

企业所得税是国家对企业（不包括外商投资企业和外国企业）的生产经营所得和其他所得依法征收的一种税。现行企业所得税的基本法律制度，是1993年12月13日国务院颁布并于1994年1月1日起施行的《中华人民共和国企业所得税暂行条例》（以下简称《企业所得税暂行条例》）。

一、企业所得税的征税范围和纳税人

（一）征税范围

企业所得税的征税范围是纳税人取得的生产经营所得和其他所得。其中：

生产经营所得包括企业从事制造业、采掘业、交通运输、建筑安装、农业、林业、畜牧业、渔业、水利业、商品流通业、金融保险、邮电通信业、服务业，以及经国务院或财政税务主管部门确认的其他营利事业取得的所得。其他所得是指股息、利息、租金、转让各类资产收益、特许权使用费以及营业外收益等所得。

除企业所得税法律制度明确规定不征税或免税的所得，企业从各种来源，以各种方式取得的全部所得，都属于企业所得税的征税范围。所谓各种来源取得的所得，既包括纳税人在日常经营活动中因销售商品、提供劳务，他人使用本企业的资产产生的所得，也包括与日常经营活动没有直接关联的因接受捐赠等发生的偶然所得等；同时，还包括从中国境内、境外取得的全部所得。所谓各种方式取得的所得，既包括现金、银行存款等货币性资产，也包括固定资产、无形资产，还包括各种有价证券或权益等。

（二）纳税人

企业所得税的纳税人是指我国境内实行独立经济核算的企业或者组织（以下统称内资企业），包括：国有企业、集体企业、私营企业、联营企业、股份制企业以及有生产、经营所得和其他所得的其他组织，但不包括个人独资企业、合伙企业，也不包括外商投资企业和外国企业。

企业所得税纳税主体或基本纳税单位的确定，原则上应符合独立经济核算的三个条件：①在银行开设结算账户；②独立建立账簿、编制财务会计报表；③独立核算盈亏。凡独立从事经营活动，应该独立核算的企业或其分支机构，除企业所得税法律制度另有规定（比如经批准合并或汇总纳税）外，都是企业所得税的纳税人。

二、企业所得税税率

企业所得税税率是对纳税人应纳税所得额征税的比率，即应纳税额与应纳税所得额的比率。根据《企业所得税暂行条例》的规定，企业所得税实行33％的比例税率。

为了照顾利润水平较低的小型企业，企业所得税的有关法律制度规定了两档照顾性税率：（1）对年应纳税所得额在3万元（含3万元）以下的企业，减按18％的税率征收所得税；（2）年应纳税所得额在10万元（含10万元）以下至3万元的企业，减按27％的税率征收所得税。

如果企业上一年度发生亏损，可用当年应纳税所得予以弥补，按弥补亏损后的应纳税所得额来确定适用税率。

对设在西部地区的国家鼓励类产业的内资企业，在2001至2010年期间，减按15％的税率征税。

三、企业所得税应纳税额的计算

（一）应纳税所得额的计算

企业所得税的计税依据是应纳税所得额。应纳税所得额是指纳税人每一纳税年度的收入总额减去准予扣除项目金额后的余额。其计算公式为：

应纳税所得额＝每一纳税年度的收入总额－准予扣除项目金额

纳税人在计算应纳税所得额时，其财务、会计处理办法同国家有关税收规定有抵触的，应当依照国家有关税收的规定计算纳税。

1. 收入总额的确定

纳税人的收入总额是指企业在生产经营活动及其他活动中各项收入的总和，包括纳税人来源于中国境内、境外的生产经营收入和其他收入。具体包括生产、经营收入，财产转让收入，利息收入，租赁收入，特许权使用费收入，股息收入和其他收入。

生产、经营收入是指纳税人从事主营业务活动取得的收入，包括商品（产品）销售收入、劳务服务收入、营运收入、工程价款收入、工业性作业收入以及其他业务收入。

财产转让收入是指纳税人有偿转让各类财产取得的收入，包括转让固定资产、有价证券、股权以及其他财产而取得的收入。

利息收入是指纳税人购买各种债券等有价证券的利息，外单位欠款付给的利息以及其他利息收入，但不包括购买国债的利息收入。

租赁收入是指纳税人出租固定资产、包装物以及其他财产而取得的租金收入。租赁企业主营租赁业务取得的收入应当在生产、经营收入中反映。

特许权使用费收入是指纳税人提供或者转让专利权、非专利技术、商标权、著作权，以及其他特许权的使用权而取得的收入。

股息收入是指纳税人对外投资入股分得的股息、红利收入。其他收入是指除上述各项收入之外的一切收入，包括固定资产盘盈收入、罚款收入、因债权人缘故确实无法支付的应付款项（包括债务重组收益），物资及现金的溢余收入，教育费附加返回款，包装物押金收入以及其他收入。

企业减免或返还的流转税（含即征即退、先征后退），除国务院、财政部、国家税务总局规定有指定用途的项目外，都应并入企业利润，照章征收企业所得税；对直接减免和即征即退的，应并入企业当年利润征收企业所得税；对先征后返和先征后退的，应并入企业实际收到退税或返还税款年度的企业利润征收企业所得税。

纳税人在基本建设、专项工程及职工福利等方面使用本企业商品的，或将企业自产、委托加工和外购的原材料、固定资产、无形资产和有价证券用于捐赠，以及以非现金资产抵偿债务，均应视同销售，确认销售收入。

自2003年1月1日起，企业接受捐赠的货币性资产，应并入当期的应纳税所得，接受捐赠的非货币性资产，应按接受捐赠时资产的入账价值确认捐赠收入，并入当期应纳税所得。

从2004年7月1日起，纳税人在一个纳税年度发生的非货币性资产投资视同销售的所得、债务重组所得及捐赠收入，占当年应纳税所得的50%及以上的，可在不超过5年的期间均匀计入各年度的应纳税所得。

纳税人取得的国家财政性补贴和其他补贴收入，除国务院或财政部、国家税务总局有明文规定不征收企业所得税外，应一律于实际收到年度计入应纳税所得。

2. 准予扣除项目

计算应纳税所得额时准予扣除的项目，是纳税人每一纳税年度发生的与取得应纳税收入有关的所有必要和正常的成本、费用、税金和损失。

成本是指纳税人销售商品（产品、材料、下脚料、废料、废旧物资等）、提供劳务、转让固定资产、无形资产（包括技术转让）的成本。

费用是指纳税人每一纳税年度发生的可扣除的销售费用、管理费用和财务费用，已计入成本的有关费用除外。

税金是指纳税人按规定缴纳的消费税、营业税、城市维护建设税、资源税、关税、教育费附加等产品销售税金及附加，以及发生的房产税、车船使用税、城镇土地使用税、印花税等，包括得不到抵扣的增值税进项税额。

损失是指纳税人生产、经营过程中的各项营业外支出、已发生的经营亏损和投资损失，以及其他损失。

此外，下列项目按照规定的范围、标准在税前扣除：

（1）借款利息支出。纳税人在生产、经营期间，向金融机构借款的利息支出，按实际发生数扣除；向非金融机构借款的利息支出，按照不高于金融机构同类、同期贷款利率计算的数额以内的部分，准予扣除。为购置、建造和生产固定资产而发生的借款，在资产购建期间发生的借款费用，应作为资本性支出计入有关资产的成本；有关资产交付使用后发生的借款费用，可在发生当期扣除。纳税人从关联方取得的借款金额超过注册资本50%的，超过部分的利息支出，不得在税前扣除。自2003年1月1日起纳税人为对外投资而借入的资金发生的借款费用，只要符合上述限制条件的不再需要资本化计入投资成本，可作为经营性费用在税前扣除。

（2）工资、薪金支出。工资、薪金包括基本工资、奖金、津贴、补贴、年终加薪、加班工资，以及与任职或者受雇有关的其他支出。实行计税工资扣除办法的企业，计税工资、薪金扣除标准按财政部、国家税务总局的规定执行，从2000年度起，财政部、国家税务总局规定计税工资的人均月扣除最高限额为800元。具体标准由各省、自治区、直辖市人民政府在财政部、国家税务总局规定的范围内确定，并报财政部、国家税务总局备案。个别经济发达地区确需提高限额标准的，应在不高于20%的幅度内报财政部和国家税务总局审定。

（3）职工工会经费、职工福利费、职工教育经费。纳税人的职工福利费、职工教育经费、职工工会经费，分别按照计税工资总额的14%、1.5%、2%计算扣除。但不能出具《工会经费拨缴款专用收据》的，其提取的职工工会经费不得在企业所得税前扣除。实际发放的工资高于计税工资标准的，应按其计税工资标准分别计算扣除；实际发放的工资低于确定的计税工资标准的，应按其实际发放的工资总额分别计算扣除。

（4）公益、救济性的捐赠。公益、救济性的捐赠，是指纳税人通过中国境内非营利的社会团体、国家机关，向教育、民政等公益事业和遭受自然灾害地区、贫困地区的捐赠。纳税人用于公益、救济性的捐赠，在年度应纳税所得额3%以内的部分，准予扣除。近年来，国家相继规定，纳税人通过非营利的社会团体和国家机关向老年服务机构、红十字事业、农村义务教育、公益性青少年活动场所的捐赠，准予在缴纳企业所得税的所得额中全部扣除。金融、保险企业用于公益、救济性的捐赠支出，在不超过企业当年应纳税所得额的1.5%的标准内可以据实扣除。纳税人通过文化行政管理部门或批准成立的非营利性的公益组织对列举的文化事业的捐赠在年度应纳税所得额10%以内的部分可以据实扣除。纳税人直接向受赠人的捐赠不允许扣除。

公益性、救济性捐赠纳税调整具体计算程序如下：①计算某项公益救济性捐赠扣除限额，扣除限额等于申报表上的"纳税调整前所得"乘法定扣除比例；②计算某项公益救济性捐赠纳税调整额，纳税调整额等于实际捐赠支出额减扣除限额。

（5）业务招待费。是指纳税人为业务、经营的合理需要而支付的招待应酬费用。纳税人发生的与生产、经营有关的业务招待费，在下列规定比例范围内，可据实扣除。超过标准的部分，不得税前扣除：

①全年销售（营业）收入净额在1500万元及其以下的，不超过销售（营业）收入净额的5‰；

②全年销售（营业）收入净额超过1500万元的部分，不超过该部分销售净额的3‰。

（6）各类保险基金和统筹基金。纳税人按国务院或省级人民政府规定比例向社会保险经办机构上缴的各类保险基金和统筹基金，包括基本或补充养老、失业、医疗、工伤等保险，可在规定比例内据实扣除。

（7）固定资产租赁费。纳税人以经营租赁方式从出租方取得固定资产，其符合独立交易原则的租金可根据受益时间，均匀扣除；纳税人以融资租赁方式取得固定资产，其租金支出不得扣除，但可按规定提取折旧费用。

（8）坏账损失及坏账准备金。从2004年7月1日起纳税人发生的坏账损失，既可采取经批准核销法，也可提取坏账准备金。提取坏账准备金的纳税人发生的坏账损失，应冲减坏账准备金；实际发生的坏账损失，超过已提取的坏账准备的部分，可在发生当期扣除；已核销的坏账收回时，应相应增加当期的应纳税所得额。除另有规定外，企业坏账准备的提取比例为年末应收账款余额的5‰。

（9）财产保险和运输保险费用。纳税人参加财产保险和运输保险，按照规定交纳的保险费用，准予扣除。保险公司给予纳税人的无赔款优待，应计入当年应纳税所得额。

（10）资产损失。纳税人当期发生的固定资产和流动资产盘亏、毁损净损失，由其提供清查盘存资料，经主管税务机关审核后，准予扣除。企业因存货盘亏、毁损、报废等原因不得从销项税额中抵扣的进项税额，应视同企业财产损失，准予与存货损失一起在所得税前按规定进行扣除。

自2003年1月1日起，纳税人发生符合企业所得税法律制度规定条件的财产永久实质性损害时，扣除变价收入、可收回的金额，以及责任和保险赔偿后的财产损失部分，可以扣除。企业因自然灾害等发生的财产损失，经批准可以扣除。

（11）汇兑损益。纳税人在生产经营期间发生的外国货币存、借和以外国货币结算的往来款项增减变动时，由于汇率变动而与记账本位币折合发生的汇兑损益或外汇买卖价差，计入当期所得或在当期扣除。

（12）支付给总机构的管理费。纳税人支付给总机构的与本企业生产经营有关的管理费，须提供总机构出具的管理费汇集范围、定额、分配依据和方法等证明文件，经主管税务机关审核后准予扣除。

（13）住房公积金。企业按规定发放的住房补贴和住房困难补助，在企业住房周转金中开支。企业交纳的住房公积金，在企业住房周转金中列支；不足部分经主管税务机关审核后，可在税前列支。

（14）广告和业务宣传费。纳税人每一纳税年度发生的广告支出，除特殊行业另有规定外，不超过销售营业收入的2%的部分可据实扣除；超过部分可在规定比例范围内无限期向后结转。粮食类白酒广告支出不得扣除。对制药、食品、日化、家电、通信、软件开发、集成电路、房地产开发、体育文化和家具建材商城等特殊行业的企业，上述比例改为8%。从事软件开发、集成电路制造及其他高新技术企业和互联网站以及高新技术创新投资的风险投资企业，自登记成立之日起5年内广告支出可据实扣除。

纳税人每一纳税年度发生的业务宣传费（包括广告礼品等）在不超过销售营业收入的5‰的范围内据实扣除。

（15）研究开发费用。纳税人发生的研究新产品、新工艺、新技术的研究开发费用可以据实扣除，不论可否形成无形资产，不需要资本化。盈利企业发生的研究开发费用比上一年度增长超过10%的，可加计扣除实际发生额的50%。

（16）其他扣除项目，按照法律、行政法规和国家有关税收的规定扣除。

3. 不得扣除项目

在计算应纳税所得额时，下列项目不得扣除：

（1）资本性支出。纳税人购置、建造固定资产，对外投资的支出，不得扣除。

（2）无形资产受让、开发支出。纳税人购买或自行开发无形资产发生的费用不得直接扣除。无形资产开发支出未形成资产的部分准予扣除。

（3）违法经营的罚款和被没收财物的损失。纳税人的生产、经营因违反国家法律、法规和规章，被有关部门处以的罚款，以及被没收财物的损失，不得扣除。

（4）各项税收的滞纳金、罚金和罚款。纳税人因违反税法规定缴纳的滞纳金、罚金，以及除前述违法经营罚款之外的各项罚款，不得扣除。但纳税人逾期归还银行贷款，银行按规定加收的罚息，不属于行政性罚款，允许在税前扣除。

（5）自然灾害或者意外事故损失有赔偿的部分。纳税人参加财产保险后，因遭受自然灾害或者意外事故而由保险公司给予的赔偿，有赔偿部分不得扣除。

（6）超过国家规定允许扣除的公益、救济性捐赠，以及非公益、救济性捐赠。纳税人超过税法规定，用于公益、救济性捐赠范围以外的捐赠，以及超过全年应纳税所得额扣除标准以外的捐赠，不得扣除。

（7）各种赞助支出。各种赞助支出是指各种非广告性质的赞助支出，这些赞助支出不得扣除。

（8）担保支出。纳税人为其他独立纳税人提供与本身应纳税收入无关的贷款担保等，因被担保方不能还清贷款而由该担保纳税人承担的本息等，不得在税前扣除。

（9）回扣支出。纳税人销售货物给购货方的回扣，其支出不得在税前扣除。

（10）准备金。纳税人的存货跌价准备金、短期投资跌价准备金、长期投资减值准备金、风险准备金，以及国家税收法规规定可提取的准备金之外的任何形式的准备金，不得扣除。

（11）职工个人住房的折旧。企业已出售给职工个人的住房，不得在所得税前扣除折旧费和维修管理费。

（12）与取得收入无关的其他各项支出。

4. 亏损弥补

纳税人发生年度亏损的，可以用下一纳税年度的所得弥补；下一纳税年度的所得不足弥补的，可以逐年延续弥补，但是延续弥补期最长不得超过5年。5年内不论是盈利或亏损，应连续计算弥补的年限。企业的免税所得，也应用来弥补应税项目发生的亏损。

被投资方发生的亏损，在投资转让或清算前，不得用投资方企业的应纳税所得弥补。投资方从联营企业分回的税后利润按规定应补交所得税的企业，如果投资方企业发生亏损，其分回的利润可先用于弥补亏损，弥补亏损后仍有余额的，再按规定补交企业所得税。

企业境外业务之间的盈亏可以互相弥补，但企业境内外之间的盈亏不得相互弥补。

（二）企业所得税应纳税额的计算

企业所得税应纳税额按照纳税人应纳税所得额乘以适用税率计算，其公式为：

应纳税额＝应纳税所得额 × 税率

应纳税所得额＝应纳税收入总额－准予扣除项目金额

计算应纳所得税时应注意的几个特殊事项：

（1）境内投资收益的处理。企业通过权益性质的投资从境内被投资企业所得税后累计未分配利润和累计盈余公积中分配取得的股息、联营分利等股息性质的所得，凡投资方企业所得税税率低于被投资方企业的，不退还所得税；如投资方企业所得税税率高于被投资方企业的，除国家税收法规规定的定期减税、免税优惠外，其他不定期减免税优惠造成的税率差，投资方企业分回的税后利润应按规定还原为税前收益，并入投资企业的应纳税所得，依法补缴所得税。

（2）境外投资收益的处理。为维护国家课税主权，同时又尽可能消除重复课税，在对境外所得征税时，纳税人境外所得已在境外缴纳的所得税款，应准予按照规定在汇总应纳税额时从其应纳税额中抵扣。但扣除额不得超过其境外所得依照我国税法规定计算的应纳税额。

纳税人境外已纳税款的抵扣可以在下列方法中任选一种，一经选定，不得随意更改。

（3）关联企业之间的业务往来及应纳税所得额的专门规定。纳税人与关联企业之间的业务往来，必须按照独立企业之间的业务往来收取或支付价款、费用，如不按照独立企业之间的业务往来收取或支付价款、费用，由此而减少所得额的，税务机关有权依法进行合理的调整。所称关联企业，是指具有下列关系之一的公司、企业、其他组织：①在资金、经营、购销等方面，存在直接或间接的拥有或者控制关系；②直接或间接地共同为第三方所拥有或控制；③其他在利益上具有相关联关系的企业。上述所谓"控制"，包括管理控制和股权控制。

四、资产的税务处理

纳入税务处理范围的资产主要包括固定资产、无形资产、长期待摊费用、流动资产。其中，前三类资产一般需采取计提折旧或摊销的方式分次扣除。

（一）固定资产的计价和折旧

1. 固定资产的计价

固定资产是指使用期限超过1年的房屋、建筑物、机器、机械、运输工具以及其他与生产、经营有关的设备、器具、工具等。不属于生产经营主要设备的物品，单位价值在2000元以上并且使用年限超过两年的，也应当作为固定资产。未作为固定资产管理的工具、器具等作为低值易耗品，可以一次或分次扣除。

由于固定资产的价值关系到纳税人计提折旧的数额，从而影响应纳税额，因此，对固定资产的计价按以下原则处理：

（1）建设单位交来完工的固定资产，根据建设单位交付使用的财产清册中所确定的价值计价。

（2）自制、自建的固定资产，在竣工使用时按实际发生的成本计价。

（3）购入的固定资产，按购入价加上发生的包装费、运杂费、安装费，以及缴纳的税金后的价格计价。从国外引进的设备，按设备买价加上进口环节的税金、国内运杂费、安装费等后的价值计价。

（4）以融资租赁方式租入的固定资产，按照租赁协议或者合同确定的价款，加上运输费、途中保险费、安装调试费等后的价值计价。

（5）接受赠予的固定资产，按发票所列金额，加上由企业负担的运输费、保险费、安装调试费等确定；无所附发票的，按同类设备的市价确定。

（6）盘盈的固定资产，按同类固定资产的重置完全价值计价。

（7）接受投资的固定资产，应当按照该资产的折旧程度，以合同、协议确定的合理价格或者评估确认的价格确定。

（8）在原有固定资产基础上进行改扩建的，按照固定资产的原价，加上改扩建发生的支出，减去改扩建过程中发生的固定资产变价收入后的余额确定。

2. 固定资产折旧

固定资产折旧应按如下原则处理：

（1）应当计提折旧的固定资产。包括：房屋、建筑物；在用的机器设备、运输车辆、器具、工具；季节性停用和大修理停用的机器设备；以经营租赁方式租出的固定资产；以融资租赁方式租入的固定资产；财政部规定的其他应计提折旧的固定资产。

（2）不得提取折旧的固定资产。包括：土地；房屋、建筑物以外未使用、不需用、封存的固定资产；以经营租赁方式租入的固定资产；已提足折旧继续使用的固定资产；按照规定提取维简费的固定资产；已在成本中一次性列支而形成的固定资产；破产、关停企业的固定资产；提前报废的固定资产；财政部规定的其他不得计提折旧的固定资产。

（3）提取折旧的方法和依据。纳税人的固定资产，应当从投入使用月份的次月起计提折旧；停止使用的固定资产，应当从停止使用月份的次月起，停止计提折旧。固定资产在计算折旧前，应当估计残值，从固定资产原价中减除，残值比例统一规定为原价的 5%。

（4）固定资产的折旧年限。除税法另有规定外，企业固定资产的最低折旧年限为：房屋、建筑物为 20 年；火车、轮船、机器、机械和其他生产设备为 10 年；电子设备和火车、轮船以外的运输工具以及与生产经营有关的器具、工具、家具等为 5 年。

（二）无形资产的计价和摊销

1. 无形资产的计价

无形资产是指纳税人长期使用，但是没有实物形态的资产，包括专利权、商标权、著作权、土地使用权、非专利技术、商誉等。无形资产按取得时的实际成本计价。具体是：

（1）无形资产作为资本金或者合作条件投入的，按照评估确认或者合同协议约定的金额计价。

（2）购入的无形资产，按照实际支付的价款计价。

（3）接受捐赠的无形资产，按照发票账单所列金额或者同类无形资产的市价计价。

（4）自行开发并且依法申请取得的无形资产，按照开发过程中的实际支出计价。

（5）非专利技术、专利和商誉的计价，应当经法定的评估机构评估确认。除企业合并外，商誉不得作价入账。

2. 无形资产摊销

无形资产的摊销应当采用直线法。共分六种情况：

（1）受让或投资的无形资产，法律、合同或者企业申请书分别规定有效期限和受益期限的，可按法定有效期限与合同或企业申请书中规定的受益年限孰短原则摊销。

（2）法律没有规定使用年限的，按照合同或者企业申请书的受益年限摊销；法律、合同或者企业申请书没有规定使用年限的，或者自行开发的无形资产，摊销期限不得少于10 年。

（3）纳税人自行研制无形资产发生的费用，凡在发生时已作为研究开发费直接扣除的，该项无形资产使用时，不得再分期摊销。

（4）纳税人为取得土地使用权支付给国家或其他纳税人的土地出让价款应作为无形资产管理，并在不短于合同规定的使用期间内平均摊销。

（5）纳税人购买计算机硬件所附带的软件，未单独计价的，应并入计算机硬件作为固定资产管理；单独计价的软件，应作为无形资产管理，按规定进行摊销。

（6）除另有规定外，自创或外购的商誉，不得摊销费用。

（三）长期待摊费用的扣除

长期待摊费用指不能全部计入当年损益，应当在以后年度内分期摊销的各项费用，包括开办费、租入固定资产的改良支出等。企业在筹建期间发生的开办费，应当从开始生产、经营月份的次月起，在不短于 5 年的期限内分期扣除。

（四）资产评估增值

（1）纳税人按照国务院的统一规定，进行清产核资时发生的固定资产评估净增值，不计入应纳税所得额。

（2）纳税人以非现金的实物资产和无形资产对外投资，发生的资产评估净增值，从 2000 年 6 月 21 日起应计入应纳税所得额。

（3）纳税人在产权转让过程中发生的产权转让净收益或净损失，计入应纳税所得额，依法缴纳企业所得税。国有资产产权转让收益凡按国家有关规定全额上缴财政的，不计入应纳税所得额。

（4）企业进行股份制改造发生的资产评估增值，应相应调整账户，所发生的固定资产评估增值可以计提折旧，但在计算应纳税所得额时不得扣除。

除上述资产的税务处理外，对企业属于流动资产的商品、材料、产成品、半成品等存货的计价，应当以实际成本为准，纳税人各项存货的发生和领用，其实际成本价的计算方法，可以在先进先出法、后进先出法、加权平均法、移动加权平均法等方法中任选一种。计价方法一经选用，不得随意改变。确需改变的，应当在下一纳税年度开始前报主管税务机关备案。

五、企业所得税的征收管理

（一）企业所得税的纳税申报和缴纳

（1）企业所得税采取按年计算，分月或分季预缴，即月份或者季度终了后 15 日内预缴，年度终了后 4 个月内汇算清缴，多退少补的办法。分月预缴或分季预缴时，应当按纳税期限的实际数预缴。按实际数预缴有困难的，可以按上一年度应纳税所得额的 1／12 或 1／4，或税务机关承认的其他方法预缴。预缴方法一经确定，不得随意改变。

纳税人应当在月份或者季度终了后 15 日内，向其所在地主管税务机关报送会计报表和预缴所得税申报表；年度终了后 45 日，向其所在地主管税务机关报送会计决算报表和所得税申报表。

（2）纳税人交纳的所得税税款，应以人民币为计算单位。所得为外国货币的，分月或者分季预缴税款时，应当按照月份（季度）最后一日的国家外汇牌价折合成人民币计算应纳税所得额；年度终了后汇算清缴时，对已按月份（季度）预缴税款的外国货币所得，不再重新折合计算，只就全年未纳税的外币所得部分，按照年度最后一日的国家外汇牌价折合成人民币计算应纳税所得额。

（3）纳税人应纳税所得额的计算，以权责发生制为原则。纳税人的下列经营业务的收入可以分期确定，并据以计算应纳税所得额：

①以分期收款方式销售商品的，可以按合同约定的购买人应付价款的日期确定销售收入的实现。

②建筑、安装、装配工程和提供劳务，持续时间超过1年的，可以按完工进度或者完成的工作量确定收入的实现。

③为其他企业加工、制造大型机械设备、船舶等，持续时间超过1年的，可以按完工进度或者完成的工作量确定收入的实现。

（二）纳税期限

企业所得税的纳税年度为公历1月1日至12月31日，纳税人在一个纳税年度中间开业，或者由于合并、关闭等原因，使该纳税年度的实际经营不足12个月的，应以实际经营期为一个纳税年度。如果纳税人清算时，应当以清算期间为一个纳税年度。我国的企业所得税实行按年计算，分月或者分季预缴的方法。纳税人在纳税年度内无论盈利或亏损，都应当在月份或者季度终了后15日内预缴，年度终了后4个月内汇算清缴，多退少补。纳税人在年终汇算清缴时，少交的所得税税额，应在下一年度内交纳；多预交的所得税税额，在下一年度内抵缴；抵缴后仍有结余的，或者下一年度发生亏损的，应及时办理退库。纳税人在年度中间合并、分立、终止时，应当在停止生产、经营之日起60日内，向当地税务机关办理当期所得税的汇算清缴。

（三）纳税义务发生时间

企业所得税以纳税人取得应纳税所得额的计征期终了日为纳税义务发生时间。当实行分月预缴时，每一月份的最后一日为纳税义务发生时间；当实行分季预缴时，每一季度的最后一日为纳税义务发生时间；而在进行年度汇算清缴时，纳税年度的最后一日为纳税义务发生时间。

（四）纳税地点

企业所得税由纳税人向其所在地主管税务机关缴纳。其所在地是指纳税人的实际经营管理所在地。特殊行业的企业所得税，应按以下办法处理：

（1）铁道部直属运输企业，由铁道部集中缴税；民航总局所属运输企业（除中国国际、中国东方、中国南方航空集团公司独立缴税外），由民航总局集中缴税；邮电部直属邮电通信企业（含所属工业、供销等其他企业），由邮电部集中缴税。

（2）大型企业集团分别以核心企业、独立经济核算的其他成员企业为企业所得税的纳税人，纳税人一律在所在地缴纳所得税。

（3）国家政策性银行和商业银行系统，分别以独立核算的总行、分行为纳税人；中国人民保险公司系统的所得税，分别以独立核算的总公司、分公司为纳税人；地方银行和保险公司、信托投资公司、证券公司及城市信用社等非银行金融企业，均以独立核算的企业为纳税人。

（4）联营企业遵循就地纳税的原则。

第二节　外商投资企业和外国企业所得税法律制度

外商投资企业和外国企业所得税，是对在中国境内的外商投资企业和外国企业的生产、经营所得和其他所得征收的一种税。现行外商投资企业和外国企业所得税的基本法律制度，是《中华人民共和国外商投资企业和外国企业所得税法》（以下简称《外商投资企业和外国企业所得税法》），它是 1991 年 4 月 9 日第七届全国人民代表大会第四次会议通过的，从 1991 年 7 月 1 日起正式实施。

一、外商投资企业和外国企业所得税的纳税人和征税范围

（一）纳税人

外商投资企业和外国企业所得税的纳税人，是指在中国境内设立的外商投资企业和外国企业。其中，外商投资企业包括在中国境内设立的中外合资经营企业、中外合作经营企业以及外资企业；外国企业包括在中国境内设立机构、场所，从事生产、经营和虽未设立机构、场所，而有来源于中国境内所得的外国公司、企业和其他经济组织。

（二）征税范围

外商投资企业和外国企业所得税的征税范围，包括外商投资企业和外国企业的生产、经营所得和其他所得。

生产经营所得是指从事制造业、采掘业、交通运输业、建筑安装业、农业、林业、畜牧业、渔业、水利业、商业、金融业、服务业、勘探开发业，以及其他行业的生产、经营所得。

其他所得是指利润（股息）、利息、租金、转让财产收益、提供或者转让专利权、专有技术、商标权、著作权收益以及营业外收益等所得。

外商投资企业的总机构设在中国境内，就其来自中国境内、境外的所得征税。对外国企业，就其来自中国境内的所得征税。

"总机构"，是指依照中国法律组成企业法人的外商投资企业，在中国境内设立的负责该企业经营管理与控制的中心机构。"来自中国境内的所得"是指：

（1）外商投资企业和外国企业在中国境内设立机构、场所，从事生产、经营的所得，

以及发生在中国境内、境外与外商投资企业和外国企业在中国境内设立的机构、场所有实际联系的利润（股息）、利息、租金、特许权使用费和其他所得。

（2）外国企业在中国境内未设立机构、场所取得的所得：

①从中国境内取得的利润（股息）。

②从中国境内取得的存款或者贷款利息、债券利息、垫付款或者延期付款利息等。

③将财产租给中国境内租用者而取得的租金。

④提供在中国境内使用的专利权、专有技术、商标权、著作权等而取得的使用费。

⑤转让中国境内的房屋、建筑物及其附属设施、土地使用权等财产而取得的收益。

⑥经财政部确定征税的从中国境内取得的其他所得。

二、外商投资企业和外国企业所得税税率

外商投资企业和外国企业所得税实行 30% 的比例税率，另按应纳税所得额征收 3% 的地方所得税。

此外，对于未在中国境内设立机构、场所，而有来源于中国境内的利润、利息、租金、特许权使用费和其他所得的外国企业，或者虽然在中国境内设立机构、场所，但其来源于中国境内的上述所得与这些机构、场所的经营没有实际联系的外国企业，征收 20% 的预提所得税。从 2000 年 1 月 1 日起，对于未在中国境内设立机构、场所的外国企业，其从中国取得的利息、租金、特许权使用费和其他所得，或者虽然在中国境内设立机构、场所，但取得的与其机构、场所没有实际联系的利息、租金、特许权使用费和其他所得，减按 10% 的税率征收预提所得税。

第三节　个人所得税法律制度

个人所得税是对个人（自然人）取得的各项应税所得征收的一种税。现行个人所得税的基本规范，是 1980 年 9 月 10 日通过的、分别于 1993 年 10 月 31 日和 1999 年 8 月 30 日修正的《中华人民共和国个人所得税法》（以下简称《个人所得税法》）。

一、个人所得税的纳税人、征税范围和税目

（一）纳税人

个人所得税的纳税人是指在中国境内有住所，或者无住所而在境内居住满 1 年的个人，以及在中国境内无住所又不居住或者无住所而在境内居住不满 1 年的个人，包括中国公民，个体工商户，外籍个人，香港、澳门、台湾同胞等。

对纳税人居民和非居民身份的确定，税法采用的是住所和居住时间两个标准，即凡在

中国境内有住所或者无住所而在境内居住满 1 年的个人，就是居民纳税人；凡在中国境内无住所又不居住，或者无住所而在中国境内居住不满 1 年的个人，就是非居民纳税人。另外，在中国境内无住所，但居住满 1 年而未超过 5 年的个人，其来源于中国境外的所得，经主管税务机关批准，可以只就由中国境内公司、企业以及其他经济组织或个人支付的部分交纳个人所得税；居住超过 5 年的个人，从第 6 年起，应当就其来源于中国境内、境外的全部所得纳税。

（二）征税范围

对于居民纳税人，应就来自中国境内和境外的全部所得征税；对于非居民纳税人，则只就来自中国境内所得部分征税，境外所得部分不属于我国《个人所得税法》规定的征税范围。

（三）税目

现行个人所得税共有 11 个应税项目：

（1）工资、薪金所得；

（2）个体工商户的生产、经营所得；

（3）企业、事业单位的承包经营、承租经营所得；

（4）劳务报酬所得；

（5）稿酬所得；

（6）特许权使用费所得；

（7）利息、股息、红利所得；

（8）财产租赁所得；

（9）财产转让所得（财产转让所得是指个人转让有价证券、股票、建筑物、土地使用权、机器设备、车船以及其他财产取得的所得）；

（10）偶然所得（偶然所得是指个人得奖、中奖、中彩以及其他偶然性质的所得）；

（11）经国务院财政部门确定征税的其他所得。

除上述列举的各项个人应税所得外，其他确有必要征税的个人所得，由国务院财政部门确定。个人取得的所得难以界定应纳税所得项目的，由主管税务机关确定。

二、个人所得税减免规定

根据《个人所得税法》的规定，下列各项所得，免征个人所得税：

（1）省级人民政府、国务院部委和中国人民解放军军以上单位，以及外国组织、国际组织颁发的科学、教育、技术、文化、卫生、体育、环境保护等方面的奖金；

（2）国债和国家发行的金融债券利息；

（3）按照国家统一规定发给的补贴、津贴；

（4）福利费、抚恤金、救济金；

（5）保险赔款；

（6）军人的转业费、复员费；

（7）按照国家统一规定发给干部、职工的安家费、退职费、退休工资、离休工资、离休生活补助费；

（8）依照我国有关法律规定应予免税的各国驻华使馆、领事馆的外交代表、领事官员和其他人员的所得；

（9）中国政府参加的国际公约、签订的协议中规定免税的所得；

（10）发给见义勇为者的奖金，对乡镇及其以上人民政府主管部门批准的有机构、有章程的见义勇为基金或类似性质的组织颁发的奖金、奖品，经主管税务机关核准，免征个人所得税；

（11）企业和个人按照省级以上人民政府规定的比例提取并缴付的住房公积金、医疗保险金、基本养老保险金、失业保险金，不计入个人当期的工资、薪金收入，免征个人所得税；超过规定的比例缴付的部分计征个人所得税；个人领取原提存的住房公积金、医疗保险金、基本养老保险金时，免征个人所得税；

（12）个人取得的教育储蓄存款利息所得以及国务院财政部门确定的其他专项储蓄存款或者储蓄性专项基金存款的利息所得，免征个人所得税；

（13）经国务院财政部门批准免税的所得。此外，《个人所得税法》还规定有下列情况之一的，可以经批准减征个人所得税：

①残疾、孤老人员和烈属的所得；

②因严重自然灾害造成重大损失的；

③其他经国务院财政部门批准减税的。

三、个人所得税计税依据

个人所得税的计税依据为个人取得的各项应税收入减去规定扣除项目或金额后的余额，即应纳税所得额。个人取得的应纳税所得，包括现金、实物和有价证券。各所得项目应纳税所得额的计算方法如下：

（1）工资、薪金所得，以每月收入额减除费用 800 元后的余额，为应纳税所得额。外籍人员和在境外工作的中国公民在 800 元扣除额的基础上，再附加 3200 元的费用扣除额。

（2）个体工商户的生产、经营所得，以每一纳税年度的收入总额，减除成本、费用以及损失后的余额，为应纳税所得额。

（3）对企业事业单位的承包、承租经营所得，以某一纳税年度的收入总额，减除必要的费用后的余额，为应纳税所得额。

（4）劳务报酬所得、稿酬所得、特许权使用费所得、财产租赁所得，每次收入不超过 4000 元的，减除费用 800 元；4000 元以上的，减除 20% 的费用，其余额为应纳税所得额。

（5）财产转让所得，以转让财产的收入额减除财产原值和合理费用后的余额，为应纳税所得额。

（6）利息、股息、红利所得、偶然所得和其他所得，以每次收入额为应纳税所得额。

除上述规定外，对个人将其所得通过中国境内社会团体、国家机关向教育、公益事业和遭受严重自然灾害地区、贫困地区的捐赠，捐赠额不超过应纳税所得额的30%的部分，可以从其应纳税所得额中扣除；个人通过非营利性的社会团体和国家机关向红十字事业、公益性青少年活动场所、农村义务教育、福利性和非营利性的老年服务机构、完善城镇社会保障体系试点地区中的非营利机构的捐赠，在计算缴纳个人所得税时准予全额扣除。

四、个人所得税应纳税额的计算

（一）工资、薪金所得

（1）工资薪金所得按月计算，基本计算公式为：

应纳税额＝应纳税所得额 × 适用税率 - 速算扣除数

（2）下列人员的工资薪金计算个人所得税时，适用每月3200元附加免征额：

①在中国境内的外商投资企业和外国企业中工作的外籍人员；

②应聘在中国境内企业、事业单位、社会团体、国家机关中工作的外籍专家；

③在中国境内有住所而在境外任职或者受雇取得工资薪金所得的个人；

④财政部确定的其他人员，包括华侨和香港、澳门、台湾同胞。

（3）个人一次取得数月奖金、年终加薪或劳动分红的计算。

个人一次取得数月奖金、年终加薪或劳动分红，可单独作为一个月的工资薪金所得计算纳税，不再减除费用而全额征税，但如果取得奖金当月的工资薪金不足800元，可将奖金额扣除"当月工资与800元的差额"后的余额作为应纳税所得。

（4）实行年薪制的企业经营者的计算。对实行年薪制平时领取基本工资的企业经营者，实行按年计税，分月预缴。按月领取基本工资时，扣除800元，按适用税率计算税款并预缴，年度终了合计其全年基本收入和效益收入，再按12个月平均计算。

（5）国家机关、事业单位和企业等实行"双薪制"（多发一个月工资），个人取得的加薪应单独作为一个月的工资计算征税，原则上不再扣除费用，但如取得加薪的当月工资薪金所得低于800元，可将加薪与当月工资合并后减除800元的余额作为应纳税所得。

（二）个体工商户生产经营所得

个体工商户的生产经营所得和对企事业单位的承包经营、承租经营所得按年计征。其计算公式为：

应纳税额＝应纳税所得额 × 适用税率 - 速算扣除数

个体工商户经营所得应按规定进行核算，基本适用企业所得税法的有关规定，但业主的工资支出不得扣除，个体户的经营费用必须与家庭生活费用分开。

（三）劳务报酬所得

按次计征。其计算公式为：

应纳税额 = 应纳税所得额 × 适用税率 - 速算扣除数

（四）稿酬所得

按次计征。其计算公式为：

应纳税额 = 应纳税所得额 × 适用税率 ×（1-30%）

（五）财产租赁所得

按次计征。其计算公式为：

应纳税额 = 应纳税所得额 × 适用税率

经国务院批准，自 2001 年 1 月 1 日起，对个人出租房屋取得的所得暂减按 10% 的税率征收个人所得税。

（六）特许权使用费所得，利息、股息、红利所得，财产转让所得，偶然所得和其他所得

按次计征。其计算公式为：

应纳税额 = 应纳税所得额 × 适用税率

（七）税额扣除

纳税人从中国境外取得的所得，准予其在应纳税额中扣除已在境外缴纳的个人所得税额。但扣除额不得超过该纳税人境外所得依照税法规定计算的应纳税额。

已在境外交纳的个人所得税额，是指个人从中国境外取得所得并在境外实际交纳的税额，不包括纳税后又得到补偿或由他人代为承担的税额。

依照税法规定计算的应纳税额，是指纳税人从中国境外取得的所得，依照个人所得税税法适用税率计算的应纳税额。该应纳税额即为扣除限额，应当分国（地区）、分项计算。

个人从中国境外取得的所得在境外实际缴纳的个人所得税税额，低于依照税法规定计算出的扣除限额的，应当在中国补缴差额部分的税款；超过扣除限额的，其超过部分不得作为税额扣除，但可以在以后年度扣除限额的余额内补扣，补扣期限最长不得超过 5 年。

第八章　会计和审计法律制度

第一节　会计法律制度

一、会计法的概念

会计是以货币作为主要计量单位，采用专门方法，对各单位经济活动进行连续、系统、全面的核算和监督，并在此基础上进行分析、预测和控制的一种管理活动。会计的基本职能是对本单位的经济活动进行会计核算，实行会计监督。但会计在处理经济业务事项中所涉及的经济利益关系则超出本单位的范围，直接或间接地影响有关方面的利益。因此，会计处理各种经济业务事项必须有一个具有约束力的规范，会计法应运而生。

会计法是调整会计关系的法律规范的总称，包括会计法律、会计行政法规和会计规章。会计关系是会计机构和会计人员在办理会计事务过程中以及国家在管理会计工作过程中发生的经济关系。为了保证会计工作的有序进行，国家通过制定一系列会计法律制度，调整和规范各种会计关系。

二、会计工作管理体制的法律规定

会计工作管理体制是划分管理会计工作职责权限关系的制度，包括会计工作管理组织形式、管理权限划分、管理机构设置等内容。

我国的会计主管部门是国务院财政部门，它主管全国的会计工作。县级以上地方各级人民政府的财政部门管理本行政区域内的会计工作。

我国实行统一的会计制度，国家统一的会计制度由国务院财政部门根据会计法制定并公布；国务院有关部门可以依照会计法和国家统一的会计制度，制定对会计核算和会计监督有特殊要求的行业实施国家统一会计制度的具体办法或者补充规定，报国务院财政部门审核批准；中国人民解放军总后勤部可以依照会计法和国家统一的会计制度，制定军队实施国家统一的会计制度的具体办法，报国务院财政部门备案。

三、会计核算的法律规定

会计核算是会计的基本职能之一，其基本内涵是以货币为计量单位，运用专门的会计方法，对生产经营活动或者预算执行过程及其结果进行连续、系统、全面地记录、计算、分析、定期编制并提供财务会计报告和其他一系列内部管理所需的会计资料，为做出经营决策和宏观经济管理提供依据的一项会计活动。会计核算是会计工作的核心和重点。

（一）会计核算的基本要求

根据《中华人民共和国会计法》以下简称《会计法》的规定，各单位必须根据实际发生的经济业务事项进行会计核算，填制会计凭证，登记会计账簿，编制财务会计报告。任何单位不得以虚假的经济业务事项或者资料进行会计核算。

会计凭证、会计账簿、财务会计报告和其他会计资料，必须符合国家统一的会计制度的规定。任何单位和个人不得伪造、变造会计凭证、会计账簿及其他会计资料，不得提供虚假的财务会计报告。

使用电子计算机进行会计核算的，其软件及其生成的会计凭证、会计账簿、财务会计报告和其他会计资料，也必须符合国家统一的会计制度的规定。

会计核算还必须正确使用会计处理方法和会计记录文字。

（二）会计核算的内容

根据《会计法》的规定，应当及时办理会计手续，进行会计核算的事项有：

（1）款项和有价证券的收付。

（2）财物的收发、增减和使用。

（3）债权债务的发生和结算。

（4）资本、基金的增减。

（5）收入、支出、费用、成本的计算。

（6）财务成果的计算和处理。

（7）其他需要办理会计手续、进行会计核算的事项。

（三）会计年度

会计年度，是以年度为单位进行会计核算的时间区间，是反映单位财务状况、核算经营成果的时间界限。我国会计年度自公历 1 月 1 日起至 12 月 31 日止。每个会计年度还可以按照公历日期划分为半年度、季度、月份，以满足单位经营管理和投资者对会计资料的需要。

（四）记账本位币

记账本位币，是日常登记账簿和编制财务会计报告用以计量的货币。我国会计核算以人民币为记账本位币。业务收支以人民币以外的货币为主的单位，可以选定其中一种货币作为记账本位币，但是编报的财务会计报告应当折算为人民币。

（五）会计凭证

会计凭证包括原始凭证和记账凭证。

原始凭证，是在经济业务事项发生时由经办人员直接取得或者填制，用以表明某项经济业务已经发生或其完成情况，明确有关经济责任的一种凭证。会计人员必须按照国家统一的会计制度的规定对原始凭证进行审核，对不真实、不合法的原始凭证有权不予接受，并向单位负责人报告；对记载不准确、不完整的原始凭证予以退回，并要求按照国家统一的会计制度的规定更正、补充。原始凭证记载的各项内容均不得涂改；原始凭证有错误的，应当由出具单位重开或者更正，更正处应当加盖出具单位印章。原始凭证金额有错误的，应当由出具单位重开，不得在原始凭证上更正。记账凭证，是对经济业务事项按其性质加以归类、确定会计分录，并据已登记会计账簿的凭证。记账凭证应当根据经过审核的原始凭证及有关资料编制。

（六）会计账簿

会计账簿，是全面记录和反映一个单位经济业务，把大量分散的数据或资料进行归类整理，逐步加工成有用会计信息的簿籍，它是编制财务会计报告的重要依据。

设置会计账簿，包括设置总账、明细账、日记账和其他辅助性账簿。各单位发生的各项经济业务事项应当在依法设置的会计账簿上统一登记、核算，任何单位都不得在法定会计账簿之外私设或另设会计账簿。

会计账簿登记，必须以经过审核的会计凭证为依据，并符合有关法律、行政法规和国家统一的会计制度的规定。会计账簿应当按照连续编号的页码顺序登记。会计账簿记录发生错误或隔页、缺号、跳行的，应当按照国家统一的会计制度规定的方法更正，并由会计人员和会计机构负责人（会计主管人员）在更正处盖章。

（七）财务会计报告

财务会计报告，是企业和其他单位向有关各方面及国家有关部门提供财务状况、经营成果以及现金流量的书面文件。它由会计报表、会计报表附注和财务情况说明书构成。

编制财务会计报告应当符合的基本要求主要有：

（1）应当依据经过审核的会计账簿记录和有关资料编制，其编制要求、提供对象、提供期限应当符合法定要求。

（2）向不同的会计资料使用者提供的财务会计报告，其编制依据应当一致。

（3）依据法律、行政法规的规定应当对财务会计报告进行审计的，财务会计报告编制单位应当先行委托注册会计师进行审计，并将注册会计师出具的审计报告随同财务会计报告一并对外提供。

（4）财务会计报告应当由单位负责人（包括主管会计工作的负责人）、总会计师、会计机构负责人（主管会计人员）签名并盖章。单位负责人对财务会计报告的真实性、完整性承担法律责任。

（八）财产清查

财产清查，是定期或不定期、全面或部分地对各项财产物资、库存现金进行实地盘点和对银行存款、债权债务进行清查核对。各单位应当建立财产清查制度，应当定期将会计账簿记录与实物、款项及有关资料相互核对，保证会计账簿记录与实物及款项的实有数额相符、会计账簿记录与会计凭证的有关内容相符、会计账簿之间相对应的记录相符、会计账簿与会计报表的有关内容相符。

（九）会计档案管理

会计档案，是指记录和反映经济业务事项的重要历史资料和证据，一般包括会计凭证、会计账簿、财务会计报告以及其他会计资料等会计核算的专业资料。会计档案应当妥善、分期保管，应当按照规定的程序销毁。

四、会计监督的法律规定

（一）单位内部会计监督制度

单位内部会计监督制度，是一个单位为了保护其资产的安全完整，保证其经营活动符合国家法律、法规和内部规章要求，为达到提高经营管理效率、防止舞弊、控制风险等目的而在单位内部采取的一系列相互联系、相互制约的制度和方法。

单位内部会计监督制度的基本要求是：

（1）记账人员与经济业务事项和会计事项的审批人员、经办人员、财物保管人员的职责权限应当明确，并相互分离、相互制约。

（2）重大对外投资、资产处置、资金调度和其他重要经济业务事项的决策和执行的相互监督、相互制约程序应当明确。

（3）财产清查的范围、期限和组织程序应当明确。

（4）对会计资料定期进行内部审计的办法和程序应当明确。

内部会计监督的主体是各单位的会计机构和会计人员及内部审计机构和审计人员，监督对象是本单位的经济活动。单位负责人负责内部会计监督制度的组织实施，并对实施情况承担最终责任。

（二）会计工作的社会监督

会计工作的社会监督，主要是指注册会计师依法对受托单位的经济活动进行审计，并据实做出客观评价的一种监督形式，它是一种外部监督。注册会计师是依法取得注册会计师证书并接受委托从事审计和会计咨询、服务业务的执业人员，是社会监督中的重要力量。

根据会计法的规定，须经注册会计师进行审计的单位，应当向受委托的会计师事务所如实提供会计凭证、会计账簿、财务会计报告和其他会计资料以及有关情况。注册会计师独立开展审计业务，任何单位或者个人不得以任何方式要求或者示意注册会计师及其所在的会计师事务所出具不实或者不当的审计报告。财政部门有权对会计师事务所出具审计报告的程序和内容进行监督。

（三）会计工作的国家监督

会计工作的国家监督，主要是指政府有关部门依据法律、行政法规的规定和部门的职责权限，对各单位的会计工作进行的监督检查。政府有关部门包括财政、审计、税务等部门，但主要是财政部门。财政部门对单位会计工作监督的主要内容有：

（1）依法设置会计账簿情况。

（2）会计凭证、会计账簿、财务会计报告和其他会计资料的真实性、完整性情况。

（3）会计核算符合会计法和国家统一的会计制度的情况。

（4）从事会计工作的人员具备从业资格情况。

五、违反《会计法》的法律规定

根据会计法的规定，单位负责人和直接责任人员违反会计法律、法规的有关规定，须承担相应的行政责任；情节严重、构成犯罪的，承担刑事责任。须承担责任的行为主要有：

（1）不依法设置会计账簿或者私设会计账簿的。

（2）未按规定填制、取得原始凭证或者填制、取得的原始凭证不符合规定的。

（3）以未经审核的会计凭证为依据登记会计账簿或者登记会计账簿不符合规定的，或者向不同的会计资料使用者提供的财务会计报告编制依据不一致的。

（4）随意变更会计处理方法或者未按规定使用会计记录文字或者记账本位币的。

（5）未按规定保管会计资料，致使会计资料毁损、灭失的。

（6）未按规定建立并实施单位内部会计监督制度或者拒绝依法实施的监督或者不如实提供有关会计资料及有关情况的。

（7）任用会计人员不符合会计法的规定的。

（8）伪造、变造会计凭证、会计账簿，编制虚假财务会计报告或者隐匿、故意销毁依法应当保存的会计凭证、会计账簿、财务会计报告的。

（9）授意、指使、强令会计机构、会计人员及其他人员伪造、变造会计凭证、会计账簿，编制虚假财务会计报告或者隐匿、故意销毁依法应当保存的会计凭证、会计账簿、财务会计报告的。

（10）单位负责人对依法履行职责、抵制违反《会计法》规定行为的会计人员以降级、撤职、调离工作岗位、解聘或者开除等方式打击报复的。

第二节　审计法律制度

一、审计法的概念

审计是指专职机构和专业人员依法对被审计单位的会计资料及其所反映的财政收支、财务收支以及有关经济活动进行审查、评价的监督活动。审计从其性质来说，是一种具有独立性的经济监督活动；从审计对象来看，主要是被审计单位的财政财务收支及其有关经济活动；其基本职能是经济监督，还有评价、鉴证等职能；从体系上说，包括国家审计、社会审计和内部审计。

审计法是调整审计关系的法律规范的总称，包括《中华人民共和国审计法》、有关审计的国家法律、法规。其调整范围主要是与国家审计监督、社会审计监督和内部审计监督有关的社会关系。

二、国家审计监督

（一）国家审计监督的概念

国家审计监督，是指由专门的国家审计机关依照法定职责和权限，对财政收支和与国家资产有关的财务收支所进行的审计监督。其目的是通过监督，保证财政资金的依法合理使用，防止国有资产的损失浪费。

（二）国家审计机关的设置

根据审计法的规定，国务院设立审计署，在国务院总理领导下主管全国的审计工作。县级以上地方人民政府设立各级审计机关，分别在本级政府行政首长和上一级审计机关的领导下，负责本行政区域内的审计工作。审计机关根据工作需要，可以在其审计管辖范围内派出审计特派员。

（三）国家审计机关的职责

国家审计机关主要是对下列事项进行审计监督：

（1）本级各部门和下级政府预算的执行情况和决算，以及预算外资金的管理和使用情况。

（2）中央银行的财务收支，国有金融机构的资产、负债、损益。

（3）国家事业组织的财务收支，国有企业的资产、负债、损益。

（4）国家建设项目预算的执行情况和决算。

（5）政府部门管理和社会团体受政府委托管理的社会保障基金、社会捐赠资金以及其他有关基金、资金的财务收支。

（6）国际组织和外国政府援助、贷款项目的财务收支。

此外，国家审计机关还必须对依法设立的社会审计机构进行指导、监督、管理，对内部审计机构进行业务指导和监督。

（四）国家审计机关的权限

国家审计机关的权限，是国家依法赋予审计机关在审计监督过程中享有的资格和权能。国家审计机关对被审计单位享有要求投送资料权、监督检查权、调查取证索证权、行政强制措施权、建议纠正权以及通报或公布审计结果权等。

三、社会审计监督

（一）社会审计监督的概念

社会审计监督，是指由社会审计机构对单位或部门的经济活动、内部控制以及财政收支活动及其效益进行的监督审查。

社会审计监督与国家审计监督不同。国家审计监督是国家审计机关代表国家执行国家的财政经济监督职能，具有强制性。而社会审计监督是由社会审计机构接受单位或个人的委托进行的、具有有偿服务性质的活动。社会审计机构必须接受国家审计机关的指导和监督。

（二）社会审计机构

我国的社会审计机构主要有会计师事务所和审计师事务所两类。

根据《中华人民共和国注册会计师法》的规定，注册会计师承办的审计业务主要有：

（1）审查企业会计报表，出具审计报告。

（2）验证企业资本，出具验资报告。

（3）办理企业合并、分立、清算事宜中的审计业务，出具有关报告。

（4）法律、行政法规规定的其他审计业务等。

根据审计行政法规的规定，审计师事务所承办的审计业务主要有：

（1）承办政府和审计机关委托的审计事项。

（2）接受主管部门委托，对其下属单位的财务收支、经济责任进行审计查证。

（3）接受企业事业单位和其他经济组织委托，办理财务收支和经济效益的审计签证、建账建制以及提供经济管理咨询服务等。

四、内部审计监督

（一）内部审计监督的概念

内部审计监督，是指由部门和单位内部设置的审计机构或配备的专职审计人员依法独立地对本部门、本单位及下属单位的财务及有关经济活动的真实性、合法性和效益性进行评价。内部审计监督具有两重性，一是代表本部门、本单位的领导对本部门、本单位的其他机构、其他职能部门的经济活动进行监督；二是代表国家对本部门、本单位的经济活动进行监督，使之符合宏观控制的要求。内部审计应当接受国家审计机关的业务指导和监督。

（二）内部审计机构

根据审计法律、法规的规定，国务院各部门和地方人民政府各部门、国有的金融机构和企业事业组织，应当建立健全内部审计制度。内部审计机构的主要任务是：

（1）对资金、财产的完整安全，进行监督检查。

（2）对财务收支计划、经费预算、信贷计划、外汇收支计划和经济合同的执行情况及其经济效益进行审计监督。

（3）对内部控制制度的健全、有效及执行情况进行监督检查。

（4）对会计报表、决算的真实、正确、合法，进行审计并签署意见。

（5）对严重违反财经法纪的行为进行专案审计。

（6）贯彻执行国家审计法规，制定或参与研究制定本单位有关的规章制度。

（7）办理本单位领导、上级内部审计机构交办的审计事项；配合国家审计机关对本单位进行的审计。

第九章　金融法律制度

第一节　金融法概述

一、金融和金融法

金融一般指货币流通和信用活动以及与之相关的经济活动的总称。它包括货币的发行、流通和回笼，存款的吸收和提取，贷款的发放与收回，国内外汇兑的往来，保险，信托投资，国内、国际货币结算，金银、外汇的买卖，有价证券的发行认购与转让买卖等。我国的金融活动由中国人民银行统一领导和集中管理。

金融法是调整金融关系的法律规范的总称。金融关系是在货币资金融通过程中发生的经济关系，具体表现为国家与银行之间，银行与财政部门之间，中央银行与专业银行、综合银行以及其他金融机构以及金融机构与企业及居民个人之间等在货币流通和信用中发生的各种转让等经济关系。金融法所调整的金融关系分为两类：一类是金融监督管理关系，主要是在中央银行对各类金融机构和各种金融活动实施管理过程中，以及在金融机构内部管理中发生的关系；另一类是金融经营关系，它是以金融企业为中心，在金融市场的各项融资活动中发生的关系。

金融法的内容十分广泛，一般包括中央银行法、商业银行法、保险法、票据法、涉外银行法、外汇管理法、金银管理法、货币法、信贷法、金融市场管理法等。

二、我国的金融体系

我国目前形成了以中央银行即中国人民银行为中心、政策性银行与商业银行相分离、国有商业银行为主体、多种金融机构并存的金融体系。

（一）中央银行

中央银行是在一国金融体制中居于主导地位，负责制定和执行国家的金融政策，调节货币流通与信用活动，对国家负责，在对外金融活动中代表国家，并对国内整个金融体系和金融活动实行管理与监督的金融中心机构。根据《中华人民共和国中国人民银行法》的规定，中国人民银行是我国的中央银行。中央银行在国务院的领导下，制定和实施货币政策，保持货币的稳定，对金融实施监督和管理，保证金融体系安全、有效地运行。

（二）政策性银行

建立政策性银行的目的，是实现政策性金融与商业性金融的分离，以解决国有专业银行身兼二任的问题；同时，割断政策性贷款与基础货币的直接联系，确保中国人民银行调控基础货币的主动权。政策性银行坚持自担风险、保本经营、不与商业性银行竞争的原则，其业务受中国人民银行监督。我国现有政策性银行有国家开发银行、中国农业开发银行、中国进出口信贷银行。

（三）商业银行

商业银行是以获得利润为目的，以追求利润最大化为目标的，以经营工商业存、放款为主要业务的金融机构。

根据我国金融体制改革的要求，原来的国有专业银行即中国工商银行、中国农业银行、中国银行、中国建设银行要逐步转变为国有商业银行，按现代商业经营机制运行，贯彻执行自主经营、自担风险、自负盈亏、自我约束的原则。各国有商业银行都是独立核算的经济实体，有相对独立的业务范围，但允许有业务交叉，开展竞争。我国商业银行体系包括：国有商业银行、交通银行、中信银行、光大银行、华夏银行、招商银行、福建兴业银行、广东发展银行、深圳发展银行、上海浦东发展银行和农村合作银行、城市合作银行等。

（四）其他非银行金融机构

其他非银行金融机构是指银行以外的从事某些融资业务的其他企业机构。目前我国的其他非银行金融机构主要有如下几类：一是信托投资公司，主要是接受长期、大额的企业信托和委托存款，其业务是办理信托贷款和委托存款，其业务是办理信托贷款和委托贷款、证券买卖、融资租赁、代理和咨询业务。二是保险公司，是专门经营国内外保险和再保险业务的企业。三是企业集团财务公司，是企业集团组织的经营部分银行业务的非银行金融机构，其业务经营范围限于企业集团内部，主要通过发行商业票据为企业融通短期资金，以及调剂集团内部专项基金等。四是证券公司。

三、我国金融立法简况

为了充分发挥金融在融资和宏观调控等方面的作用，保证金融工作依法有序地进行，我国相继制定发布了一系列金融法律、行政法规和规章。例如，1995 年 3 月 18 日第八届全国人大第三次会议通过的《中华人民共和国中国人民银行法》，1995 年 5 月 10 日第八届全国人大常委会第十三次会议通过的《中华人民共和国商业银行法》和《中华人民共和国票据法》，1983 年 6 月 16 日国务院发布的《借款合同条例》，1986 年 1 月 7 日国务院发布的《现金管理暂行条例》，1988 年 9 月 23 日中国人民银行发布的《现金管理暂行条例实施细则》，1988 年 12 月 19 日中国人民银行发布的《银行结算办法》，1996 年 1 月 29 日国务院发布的《中华人民共和国外汇管理条例》等。

第二节　中国人民银行法

一、中国人民银行的法律地位及其职责

中国人民银行是中华人民共和国的中央银行。中国人民银行在国务院领导下，制定和实施货币政策，对金融业实施监督管理。中国人民银行在国务院领导下依法独立执行货币政策、履行职责、开展业务，不受地方政府、各级政府部门、社会团体和个人的干涉。

为了加强中国人民银行在宏观经济调控中的作用，充分行使其职能，中国人民银行履行下列职责：依法制定和执行货币政策；发行人民币，管理人民币流通；按照规定审批、监督管理金融机构；按照规定监督管理金融市场；发布有关金融监督和业务的命令和规章；持有、管理、经营国家外汇储备、黄金储备；经理国库；维护支付、清算系统的正常运行；负责金融业的统计、调查、分析和预测；作为国家的中央银行，从事有关的国际金融活动；国务院规定的其他职责。

二、中央银行的组织机构及组织形式

中国人民银行实行行长负责制，设行长 1 人，副行长若干人。行长领导中国人民银行的工作，副行长协助行长工作。行长人选由国务院总理提名，由全国人民代表大会及其常委会决定，由国家主席任免。副行长由国务院总理任免。

为了保证有效实施货币政策，中国人民银行设立货币政策委员会。货币政策委员会的职责、组成和工作程序，由国务院规定，报全国人民代表大会常务委员会备案。中国人民银行根据履行职责的需要可以设立分支机构，作为中国人民银行的派出机构。中国人民银行对分支机构实行集中统一领导和管理。分支机构根据中国人民银行的授权，负责本辖区的金融监督管理，承办有关业务。

三、人民币的管理

（一）人民币的地位

人民币是中华人民共和国唯一的法定货币。以人民币支付中国境内的一切公共和私人的债务，任何单位和个人不得拒收。人民币的单位为元，人民币辅币单位为角、分。

（二）人民币的发行原则

（1）坚持集中统一管理的原则，即人民币由中国人民银行统一印刷、发行。任何单位和个人不得印刷、发售代币票券，以代替人民币在市场上的流通；禁止伪造、变造人民币；禁止出售、购买伪造、变造的人民币；禁止运输、持有、使用伪造、变造的人民币；禁止故意毁损人民币；禁止在宣传品、出版物或者其他商品上非法使用人民币图样。

（2）坚持计划发行原则，即人民币的发行必须依法及依照国家货币政策和发行计划进行。

（3）坚持信用发行原则，即人民币的发行必须根据国民经济发展需要和商品流通的实际需求，通过银行的信贷渠道有计划发行。

（三）人民币的发行机构

人民币的发行机构是中国人民银行设立的人民币发行库。人民币发行库下设分支机构及分支库。分支库调拨人民币发行基金，应当按照上级库的调拨命令办理。任何单位和个人不得违反规定动用发行基金。

（四）中央银行的业务范围

中央银行的业务范围包括：

（1）执行货币政策，运用货币政策工具，实现货币政策目标。货币政策是国家为实现特定的宏观经济目标而采取控制和调节货币供应量的方针政策的总称。货币政策的目标是保持货币币值的稳定，并以此促进经济的增长。

货币政策工具是中央银行为实现货币政策目标，在执行货币政策时根据国家宏观经济调控的基本要求所运用的调控手段。中央银行可以运用下列货币政策工具：①要求金融机构按照规定的比例交存存款准备金。②确定中央银行基准利率。③为在中国人民银行开立账户的金融机构办理再贴现。④向商业银行提供贷款。⑤在公开市场上买卖国债和其他政府债券及外汇。⑥国务院确定的其他货币政策工具。

（2）中国人民银行依照法律、行政法规的规定经理国库。

（3）中国人民银行可以代理国务院财政部门向各金融机构组织发行、兑付国债和其他政府债券。

（4）中国人民银行可以根据需要，为金融机构开立账户，但不得对金融机构的账户透支。

（5）中国人民银行应当组织或者协助金融机构相互之间的清算系统，协调金融机构相互之间的清算事项，提供清算服务。

（6）中国人民银行根据执行货币政策的需要，可以决定对商业银行贷款的数额、期限、利率和方式，但贷款的期限不得超过1年。

五、中央银行的金融监督管理

为了保证国家货币政策的正确执行，建立和完善中央银行宏观调控体系，保障金融业的合法、稳健运行，中国人民银行必须依法对金融机构及其业务实施监督管理。

中央银行金融监管的主要内容如下：

（1）中国人民银行按照规定审批金融机构的设立、变更、终止及其业务范围。

（2）中国人民银行有权对金融机构的存款、贷款、结算、呆账等情况随时进行稽核、检查监督；中国人民银行有权对金融机构违反规定提高或者降低存款利率、贷款利率的行为进行检查监督。

（3）中国人民银行有权要求金融机构按照规定报送资产负债、损益表以及其他财务会计报表和资料。

（4）中国人民银行负责统一编制全国金融统计数据、报表，并按照国家有关规定予以公布。

（5）中国人民银行对国家政策性银行的金融业务进行指导和监督。

（6）中国人民银行应当建立、健全本系统的稽核、检查制度，加强内部的监督管理。

六、中国人民银行的财务会计管理

（1）中国人民银行实行独立的财务预算制度。中国人民银行的预算经国务院财政部门审核后，纳入中央预算，接受国务院财政部门的预算执行监督。

（2）中国人民银行每一会计年度收入减除该年度支出，并按照国务院财政部门核定的比例提取总准备金后的净利润，全部上缴中央财政。中国人民银行的亏损由中央财政拨款弥补。

（3）中国人民银行关于财务会计的职责是：①中国人民银行的财务收支和会计事务，应当执行法律、行政法规和国家统一的财务会计制度，接受国务院审计机关和财政部门依法分别进行的审计和监督。②中国人民银行应当于每一会计年度结束后的3个月内，编制资产负债表、损益表和相关的财务会计报表，并编制年度报告，按照国家有关规定予以公布。

七、违反《中国人民银行法》的法律责任

（一）违反人民币管理有关规定的法律责任

（1）伪造人民币、出售伪造的人民币或明知是伪造的人民币而运输的，依法追究刑事责任。变造人民币、出售变造的人民币或者明知是变造的人民币而运输，构成犯罪的，依法追究刑事责任；情节轻微的，由公安机关处15日以下拘留、5000元以下罚款。

（2）购买伪造、变造的人民币或者明知是伪造、变造的人民币而持有、使用，构成犯罪的，依法追究刑事责任；情节轻微的，由公安机关处15日以下拘留、5000元以下罚款。

（3）在宣传品、出版物或者其他商品上非法使用人民币图样的，中国人民银行应当责令其改正，并销毁非法使用的人民币图样，没收违法所得，并处5万元以下罚款。

（4）印刷、发售代币票券，以代替人民币在市场上流通的，中国人民银行应当责令其停止违法行为，并处20万元以下罚款。

（二）违反有关金融监管的法律责任

违反法律、行政法规有关金融监督管理规定的，由中国人民银行责令其停止违法行为，并依法给予行政处罚；构成犯罪的，依法追究其刑事责任。

（三）违反中央银行业务范围的法律责任

对违反《中国人民银行法》规定，向地方政府、各级政府部门或非银行金融机构以及其他单位或个人提供贷款，或向单位或个人提供担保的，或擅自动用发行基金的行为，对负有直接责任的主管人员和其他直接责任人员，依法给予行政处分；构成犯罪的，依法追究刑事责任；造成损失的，应承担部分或全部赔偿责任。对单位和个人提供担保或擅自动用发行基金，造成损失的，负有直接责任的主管人员和其他直接责任人员应承担部分或全部赔偿责任。

（四）工作人员违法的法律责任

中国人民银行的工作人员泄露国家秘密、贪污受贿、徇私舞弊、滥用职权、玩忽职守，构成犯罪的，依法追究刑事责任；情节轻微的，依法给予行政处分。

第三节　商业银行法

一、商业银行法的概念

广义的商业银行法是指调整商业银行在经营过程中发生的社会关系的法律规范总称。狭义的商业银行法是指某一单行的商业银行法律，例如1995年5月10日由第八届全国人大常委会第十次会议通过的《中华人民共和国商业银行法》以下简称《商业银行法》。《商业银行法》的颁布与实施，有利于保护商业银行、存款人和其他客户的合法权益，有利于我国商业银行向国际化迈进，也为商业银行的经营业务活动和发展提供了法律依据和保障。

二、商业银行的法律地位及其经营业务范围

（一）商业银行的法律地位

商业银行是依照《商业银行法》和《公司法》的规定而设立的吸收公众存款、发放贷款、办理结算等业务的企业法人。商业银行以其全部法人财产独立承担民事责任。商业银行的分支机构不具有法人资格，在总行授权范围内依法开展业务，其民事责任由总行承担。

（二）商业银行经营业务范围

商业银行经营下列部分或全部业务：吸收公众存款；发放短期、中期和长期贷款；办理国内外结算；办理票据贴现；发行金融债券；代理发行、代理兑付、承销政府债券；买卖政府债券；从事同业拆借；买卖、代理买卖外汇；提供信用证服务及担保；代理收付款项及代理保险业务；提供保管箱服务；经中国人民银行批准的其他业务。

三、商业银行的设立和组织机构

（一）商业银行的设立

商业银行的设立必须经中国人民银行审查批准。未经中国人民银行批准，任何单位和个人不得从事吸收公众存款等商业银行业务，任何单位不得在名称中使用"银行"字样。

设立商业银行，必须符合下列法定条件：有符合《商业银行法》和《公司法》规定的章程；有符合《商业银行法》规定的注册最低限额；有具备任职专业知识和业务工作经验的董事长（行长）、总经理和其他高级管理人员；有健全的组织机构和管理制度；有符合要求的场所、安全防范措施和与业务有关的其他设施。

（二）商业银行的注册资本

设立商业银行的注册资本最低限额为 10 亿元人民币。城市合作商业银行的注册资本最低限额为 1 亿元人民币。农村合作商业银行的注册资本最低限额为 5000 万元人民币。注册资本应是实缴资本。

（三）商业银行的组织形式与组织机构

商业银行的组织形式与组织机构适用《公司法》的规定，即商业银行包括三种组织形式。一是有限责任公司形式的商业银行；二是股份有限公司形式的商业银行；三是国有独资商业银行。有限责任公司和股份有限公司形式的商业银行在组织机构设置上有股东会、董事会和监事会。国有独资商业银行因股东只有一个，即国家或国家授权的投资机构，因此，不设股东会，但设有董事会和监事会。监事会由中国人民银行、政府有关部门的代表、有关专家和本行工作人员的代表组成。监事会的产生办法由国务院规定。监事会的职责是对国有独资商业银行的信贷资产质量、资产负债比例、国有资产保值增值等情况以及高级

管理人员违反法律、行政法规或者章程的行为和损害银行利益的行为进行监督。

商业银行根据业务需要可以在中国境内外设立分支机构。设立分支机构必须经中国人民银行审查批准。

（四）商业银行的变更

商业银行的变更是指商业银行的分立、合并或重要事项的变动。有下列事项之一的，应经中国人民银行批准：变更名称；变更注册资本；变更总行或者分行所在地；调整业务范围；变更持有资本总额或者股份总额10%以上的股东；修改章程；中国人民银行规定的其他事项。

四、对存款人保护的法律规定

商业银行办理个人储蓄存款业务，应遵循存款自愿、取款自由、存款有息、为存款人保密的原则；对个人储蓄存款、单位存款，商业银行有权拒绝任何单位或者个人查询、冻结、扣划，但法律另有规定的除外；商业银行应当按照中国人民银行规定的存款利率的上下限，确定存款利率，并予以公告；商业银行应当按照中国人民银行的规定，向中国人民银行交存存款准备金，留足备付金；商业银行应当保证存款本金和利息的支付，不得拖延、拒绝支付本金和利息。

五、贷款和其他业务的基本规则

（一）商业银行的贷款原则与担保

（1）商业银行应根据国民经济和社会发展的需要，在国家产业政策指导下开展贷款业务。

（2）商业银行贷款实行严格审查制度，即对借款人的借款用途、偿还能力、还款方式等情况进行严格审查。

（3）商业银行贷款实行审贷分离、分级审批制度，即对贷款实行审核批准与贷款分开原则，并按照商业银行审批权限分工不同，分级进行。

商业银行贷款，必须由借款人提供担保。但对经商业银行审查、评估，确认借款人资信好、确能偿还贷款的，可以不提供担保。

（二）商业银行贷款的形式

商业银行贷款，必须与借款人订立书面合同。合同内容应包括：贷款种类、借款用途、金额、利率、还款期限、还款方式、违约责任以及双方认为需要约定的其他事项。

（三）商业银行贷款权利与义务

商业银行贷款权利包括：有权拒绝任何单位和个人强令要求其发放贷款或者提供担保；依法享有要求保证人归还贷款本金和利息或者就该担保物优先受偿的权利。

商业银行贷款义务包括：商业银行贷款应当遵守法定的资产负债比例管理的规定；商业银行不得向关系人发放信用贷款；向关系人发放贷款的条件不得优于其他借款人同类贷款的条件。所谓关系人系指商业银行的董事、监事、管理人员、信贷业务人员及其近亲属；商业银行对因行使抵押权、质权而取得的不动产或者股票，应当自取得之日起 1 年内予以处分。

（四）商业银行经营业务规则

（1）商业银行在中国境内不得从事信托投资和股票业务，不得投资于非自用不动产，不得向非银行金融机构和企业投资。

（2）商业银行办理票据承兑、汇兑、委托收款等结算业务，应当按规定的期限兑现，收付入账，不得压单、压票或者违反规定退票。有关兑现、收付入账期限的规定应当公布。

（3）商业银行发行金融债券或者到境外借款，应当依照法律、行政法规的规定报经批准。

（4）同业拆借，应当遵守中国人民银行规定的期限，拆借的期限最长不得超过 4 个月。禁止利用拆入资金发放固定资产贷款或者用于投资。

（5）商业银行不得违反规定提高或者降低利率以及采用其他不正当手段，吸收存款，发放贷款。

（6）商业银行的营业时间应当方便客户，并予以公告。商业银行应当在公告的营业时间内营业，不得擅自停止营业或者缩短营业时间。

（7）商业银行办理业务、提供服务，应按照中国人民银行的规定收取手续费。

（8）商业银行应按照国家有关规定保存财务会计报表、业务以及其他资料。

（9）商业银行的工作人员应当遵守法律、行政法规和其他各项业务管理的规定，不得利用职务之便以各种名义索取、收受贿赂、回扣、手续费，挪用、贪污、侵占本行或客户的资金等。

（10）商业银行的工作人员不得泄露其在任职期间内知悉的国家秘密、商业秘密等。

六、商业银行的财务会计管理

商业银行的财务会计管理除了贯彻与执行《会计法》《企业会计准则》《企业财务通则》《中国人民银行法》等国家统一的财务会计规定外，还应当按照《商业银行法》规定的财务会计规则办理。其内容主要包括：

（1）商业银行应当按照国家有关规定，真实记录并全面反映其业务活动和财务状况，编制年度财务会计报告，及时向中国人民银行和财政部门报送会计报表。商业银行不得在法定的会计账外另立账册。

（2）商业银行应当于每一会计年度（即自公历 1 月 1 日起至 12 月 31 日止）终了 3 个月内，按照中国人民银行的规定，公布其上一年度的经营业绩和审计报告。

（3）商业银行应按国家有关规定，提取呆账准备金，冲销呆账。

七、商业银行的监督管理

《商业银行法》对商业银行的监管工作作了具体规定。主要包括：

（1）商业银行应按照中国人民银行的规定，制定本行的业务规则，建立、健全本行的财务会计制度。

（2）商业银行应当建立、健全本行对存款、贷款、结算、呆账等各项情况的稽核、检查制度，包括对分支机构的经常性的稽核和检查监督。

（3）商业银行应当定期向中国人民银行报送资产负债表、损益表以及其他财务会计报表和资料。

（4）商业银行应随时接受中国人民银行依法对存款、贷款、结算、呆账等情况进行检查监督，并应按照中国人民银行的要求，提供财务会计资料、业务合同和有关经营管理方面的其他信息。

（5）商业银行应当依法接受审计机关的审计监督。

八、商业银行的接管、解散与破产

（一）商业银行的接管

商业银行的接管是指中国人民银行依法对已经或者可能发生信用危机、严重影响存款人利益的商业银行所采取的必要措施。商业银行的接管由中国人民银行决定，并组织实施。中国人民银行的接管决定内容包括：被接管的商业银行名称、接管理由、接管组织、接管期限。

接管组织自接管开始之日起，行使商业银行的经营管理权力。接管期限期满，中国人民银行可以决定延期，但接管期限最长不得超过2年。

凡符合下列情形之一的，接管终止：接管决定规定的期限届满或者中国人民银行决定的接管延期届满；接管期限届满前，该商业银行已恢复正常经营能力；接管期限届满前，该商业银行被合并或者依法宣告破产。

（二）商业银行的解散

商业银行因分立、合并或者出现公司章程规定的解散事由需要解散的，应当向中国人民银行提出申请，并附解散的理由及支付存款的本金和利息等债务清偿计划，经中国人民银行批准后解散。商业银行解散的，或者因吊销经营许可证被撤销的，应当依法成立清算组，进行清算，按照清偿计划及时偿还存款本金和利息等债务。

（三）商业银行的破产

商业银行不能支付到期债务的，经中国人民银行同意，由人民法院依法宣告其破产。商业银行被宣告破产的，由人民法院组织中国人民银行等有关部门和有关人员成立清算组，进行清算。商业银行破产清算时，在支付清算费用、所欠职工工资和劳动保险费用后，应当优先支付个人储蓄存款的本金和利息。商业银行因解散、被撤销和被宣告破产而终止。

九、违反《商业银行法》的法律责任

（一）民事责任

商业银行对存款人或者其他客户造成财产损害的，应承担支付迟延履行的利息及其他民事责任。

（二）行政责任

商业银行因违反有关法律法规规定可能承担的行政责任形式有：责令改正、责令停止整顿、吊销经营许可证；没收违法所得、罚款等；对直接负责的主管人员或直接责任人员还可给予纪律处分。

（三）刑事责任

商业银行及其直接负责的主管人员、直接责任人员、工作人员，以及商业银行以外的其他企事业组织或借款人等有违法行为且情节严重，构成犯罪的，应依法追究刑事责任。

第四节　证券法律制度

一、证券与证券法

（一）证券概述

证券是表示一定权利的书面凭证。证券上记载的权利与证券本身结合在一起，权利人行使权利以持有证券为必要条件。证券法并不规定一切证券。证券法上的证券一般包括：

（1）政府债务，即政府为发行公债而发给认购人作为债权凭证的有价证券。

（2）金融债券，是指由银行等金融机构依照法定程序发行的、约定在一定期限还本付息的有价证券。

（3）股票，是指股份有限公司签发的证明股东所持股份的一种有价证券。

（4）公司债务，是指公司依照法定程序发行的、约定在一定期限内还本付息的有价证券。

（5）企业债券，是指公司以外的具有法人资格的企业依照法定程序发行的、约定在一定期限还本付息的有价证券。

（6）新股认购权证，是指股份有限公司在发行新股时，发行给原有股东作为其拥有优先认购新股的权利的凭证。

（7）投资基金券，是指投资基金发行给投资者的受益凭证。

（二）证券法概述

证券法，是指调整因证券发行、交易和管理而产生的各种社会关系的法律规范的总和。证券法属于商事法。证券法有形式意义的证券法和实质意义的证券法之区别，前者是指以"证券法"为名称的法典，后者是指表现为各种法律形式的所有证券法律规范的总和。证券法的主要内容包括：证券法的适用范围；证券发行审查制度；证券交易管理制度；信息公开制度；证券经营机构管理制度；证券交易所管理制度；上市公司收购制度；证券管理机关；证券业协会；违反证券法的法律责任等。

随着我国证券市场的形成与发展，证券市场的法治建设也取得了很大进展。自1981年制定第一个《国库券条例》以来，证券法律制度已经基本形成体系：

（1）法律。目前主要是《公司法》中有关股票、公司债券的发行与交易的规定。

（2）行政法规。主要有《国库券条例》（1992年12月18日颁布）、《股票发行与交易管理暂行条例》（1993年4月22日颁布）、《企业债券管理条例》（1993年8月2日颁布）、国务院《关于股份公司境外募集股份及上市的特别规定》（1994年8月4日颁发）等。

（3）行政规章。主要有国务院证券委员会发布的《证券交易所管理暂行办法》（1993年7月7日颁布）、《禁止证券欺诈行为的暂行办法》（1993年9月2日颁布）、《证券业从业人员资格管理暂行规定》（1995年5月13日颁发）、《可转换公司债券管理暂行办法》（1997年3月5日颁布）等。

（4）证监会规范性文件。主要有《公开发行股票公司信息披露实施细则》（1993年6月12日颁布）、《国债期货交易管理暂行办法》（1995年2月23日证监会与财政部联合发布）、《关于股票发行与认购方式的暂行规定》（1996年12月26颁布）、《上市公司检查制度实施办法》（1997年1月20日颁发）、《证券市场禁入暂行规定》（1997年3月3日颁布），以及证监会发布的各种申报与信息披露的内容与格式准则等。

二、证券发行制度

（一）证券发行制度概述

证券发行，是指证券发行人依照法定条件和程序发售其证券的一种法律行为。证券发行所形成的证券市场，称为发行市场或一级市场。

证券发行的种类包括：

（1）公开发行与不公开发行。证券发行人向不特定人发行称为公开发行或公募；向特定人发行称为不公开发行或私募。根据《公司法》规定，募集设立股份有限公司的，只能公开发行股票。

（2）直接发行与间接发行。直接发行，是指证券发行人直接向投资者发售其证券的发行方式；间接发行，是指证券发行人委托证券经营机构代其向投资者发售其证券的发行方式。根据法律规定，公开发行证券的，应当采取间接发行的方式。证券发行具有以下特点：

（1）发行人体必须有特定资格。根据法律规定，目前只有中央政府可以发行国债；股份有限公司可以依法发行股票；股票有限公司、国有独资公司和两个以上的国有企业或者其他两个以上的国有投资主体投资设立的有限责任公司，可以依法发行公司债券；有法人资格的企业可以依法发行企业债券。

（2）发行程序必须符合法律规定。发行证券时，应当根据证券的种类，按照有关法律所规定的程序进行申请审批、实施发行。

（3）发行条件必须同一。这是指在为同一次证券发行时，证券发行人应当对所有的投资者实行同一发行条件。发行条件包括发行价格、发行期限和发行方式等。

（二）证券发行审查制度

证券发行审查制度，是指为保护投资者权益，证券管理部门依据证券法的规定，对政府债券以外的证券发行进行审查，决定是否同意发行的一种制度。我国的证券发行审查制度采取审批制。政府债券的发行不需要进行发行审查。

股票发行要经过以下审批程序：

（1）发行人向地方政府或中央企业主管部门提出申请。

（2）地方政府或中央企业主管部门审批。

（3）证监会复审。

公司债券的发行，由国务院证券管理部门在国务院确定的规定内审批。

企业债券的发行，由国家计划委员会会同中国人民银行、财政部、国务院证券委员会拟定全国企业债券发行的年度规模和规模内的各项指标。中央企业发行企业债券，由中国人民银行会同国家计划委员会审批；地方企业发行企业债券，由中国人民银行分行会同同级计划主管部门审批。

（三）证券发行的实质条件

证券发行人除了要具备法律所规定的主体资格，在申请发行证券时，还应具备法律所规定的其他实质性条件。

（四）证券的承销

证券承销，是指证券经营机构受证券发行人的委托，为证券发行人包销或代销其所发行的证券的一种法律行为。证券承销是一种间接发行证券的方式。

证券承销的种类包括：

（1）证券包销与证券代销。证券包销，是指证券经营机构将证券发行人的证券按照协议全部购入或者在承销期结束时将售后剩余证券全部自行认购的承销方式。证券代销，是指证券经营机构代理证券发行人发售证券，在承销期结束时，将未售出的证券全部退还给发行人的承销方式。

（2）单一承销商承销与承销团承销。单一承销商承销，是指由一个证券经营机构单独承销证券发行人的证券。承销团承销，是指由两个或两个以上的证券经营机构共同承销证券发行人的证券。

三、证券交易制度

证券交易，是指证券已依法发行后，证券持有人将其持有的证券再转让给受让人的法律行为。通过证券交易而形成的证券市场，称为交易市场或者二级市场。按照我国法律规定，证券交易必须在依法设定的证券交易场所进行。证券交易场所，是指经批准设立、进行证券交易的证券交易所和场外交易场所。场外交易场所，是指证券交易所以外的证券经营机构依法设立的、非集中地进行证券交易的场所，包括证券交易中心、证券交易报价系统、证券交易柜台等。

证券上市，是指证券交易所依一定条件和程序，同意某种证券在其交易场所上市交易。证券上市包括股票上市和公司债券上市。

四、信息公开制度

信息公开制度，是指证券发行人以及其他证券法律法规所规定的主体，依照证券法律法规所规定的方式，将与证券发行和交易有关的重大信息予以公开的一种证券法律制度。信息公开的目的，是为了维护证券交易的安全与公平，维持证券市场的稳定与秩序。

信息公开制度的基本原则包括：

（1）真实原则。

（2）充分原则。

（3）准确原则。

（4）及时原则。

信息公开制度的内容包括证券发行时的信息公开和上市公司的信息公司。证券发行时的信息公开制度，是指证券发行人在发行证券时，根据法律的规定，将与证券发行有关的信息以法定方式予以公开的一种证券法律制度，主要以证券发行人制定并公布招股说明书和公司债券募集办法的方式进行；上市公司信息公开制度，是指上市公司在其股票上市交易期间，按法定方式予以持续公开的一种证券法律制度。所谓"持续公开"，是指在整个证券上市交易期间，上市公司的信息公开应具有连续性，财务报告要定期公开，重大事件要随时公开。上市公司信息公开的内容包括：

（1）上市公告书。

（2）年度报告和中期报告。主要包括财务报告等，要定期上报。

（3）重大事件报告。

五、证券欺诈行为的法律责任

证券欺诈，是指在证券发行、交易及相关活动中，实施内幕交易、操纵市场、欺诈客户和虚假陈述等行为。

证券欺诈行为严重侵害投资者的利益，破坏证券市场秩序。如果不能有效地禁止证券欺诈行为，势必损害证券市场的公正性，损害投资者对证券市场的信心，从而影响证券市场的有序运行和顺利发展。对于有证券欺诈行为的单位或个人，应当依法追究法律责任，包括：

（1）行政责任：如警告、没收非法所得、罚款、暂停或取消证券发行人发行或上市资格、暂停或撤销证券经营机构及其从业人员从事证券业务的许可权等。

（2）民事责任：实施证券欺诈行为而给投资者造成损失的，行为人应当依法承担赔偿责任。

（3）刑事责任：实施证券欺诈行为，情节严重、构成犯罪的，应依法追究其刑事责任。

第五节　保险法律制度

一、保险与保险法

保险是指投保人根据合同约定，向保险人支付保险费，保险人对于合同约定的可能发生的事故因其发生所造成的财产损失承担赔偿保险金责任，或当被保险人死亡、伤残、疾病或达到合同约定的年龄、期限时承担给付保险金责任的商业保险行为。

近几年来，保险业在我国有了较大的发展。为了规范保险活动，保护保险活动当事人的合法权益，加强对保险业的监督管理，促进保险事业的健康发展，1995年6月第八届全国人大常委会第十四次会议通过了《中华人民共和国保险法》，并于1995年10月1日起施行。

二、保险合同

（一）保险合同的概念和订立原则

保险合同是投保人与保险人约定保险权利义务关系的协议。投保人是指与保险人订立保险合同，并按照保险合同负有支付保险费义务的人。保险人是指与投保人订立保险合同，并承担赔偿或给付保险金责任的保险公司。

投保人和保险人订立保险合同，应当遵循公平互利、协商一致、自愿订立的原则，不得损害社会公共利益。除法律法规规定必须保险的以外，保险公司和其他单位不得强制他人订立保险合同。

（二）保险合同的种类

（1）财产保险合同，是指以财产及有关利益为保险标的的保险合同，包括货物运输保险合同和运输工具航程保险合同等。

（2）责任保险合同，是指以被保险人对第三者依法应负的赔偿责任为保险标的的保险合同。

（3）人身保险合同，是指以人的寿命和身体为保险标的的保险合同。

（三）保险合同的条款

（1）保险人名称和住所，投保人、被保险人名称和住所，以及人身保险的受益人的名称和住所。

（2）保险标的。保险标的是指作为保险对象的财产及其有关利益或人的寿命和身体。投保人对保险标的应具有保险利益，不具有保险利益的保险合同无效。保险利益是指投保人对保险标的具有法律上承认的利益，如财产所有人对自己拥有的财产具有保险利益；投保人对本人、配偶、子女、父母等具有保险利益。

（3）保险责任和责任免除。在保险合同中应列明保险人承保的责任范围和责任免除条款，保险人以其责任范围为限对被保险人承担责任。

（4）保险期间和保险责任开始时间。

（5）保险价值。投保人、保险人可在合同中约定保险标的的保险价值或在保险事故发生时按保险标的的实际价值确定。

（6）保险金额。保险金额是指保险人承担赔偿或者给付保险金责任的最高限额。财产保险中保险金额不得超过保险价值；超过的，超过部分无效。保险金额低于保险价值的，除合同另有约定外，保险人按照保险金额与保险价值的比例承担赔偿责任。人身保险中死亡给付金额总和不得超过金融监督部门规定的限额。

（7）保险费以及支付办法。保险费是投保人为使保险事故发生时能得到约定的保险金而先支付的费用。保险费可一次性支付，也可分期支付。

（8）保险金赔偿或给付办法。保险金是根据保险合同中约定的情形及相应的赔偿额来给付的。若保险金已全部给付，则保险合同终止；若只付了保险金的一部分，则剩余部分仍然可以有效存在，成为下次给付的最高金额。人寿保险的被保险人或受益人对保险人请求给付保险金的权利，自其知道保险事故发生之日起5年不行使而消灭。人寿保险以外的其他保险的被保险人或受益人对保险人请求赔偿或者给付保险金的权利，自其知道保险事故发生之日起2年不行使而消灭。

（9）违约责任和争议处理。违约情形如：投保人违反如实告知义务，故意隐瞒事实；合同成立后，投保人未按期交付保险费；保险人擅自解除保险合同等。违约一方应承担由于自己的过错而给对方造成的损失。如果发生争议，则可通过协商解决；协商无效时，可通过仲裁机构或人民法院解决争议。

（10）订立合同的年、月、日。

（11）投保人和保险人就与保险有关的其他事项做出约定。

三、保险公司

（一）保险公司的设立

设立保险公司，应具备下列条件：

（1）有符合保险法和公司法规定的章程。

（2）有符合保险法规定的注册资本最低限额。设立保险公司，其注册资本最低限额为人民币 2 亿元，且必须为实缴货币资本。

（3）有具备任职专业知识和业务工业经验的高级管理人员。

（4）有健全的组织机构和管理制度。保险公司可采用股份有限公司或国有独资公司的组织形式，并按照公司建立相应的组织机构和管理制度，如董事会、监事会等。

（5）有符合要求的营业场所和与业务有关的其他设施。

设立保险公司必须经金融监督管理部门批准。金融监督管理部门在收到设立保险公司的正式申请文件之日起 6 个月内，做出是否批准的决定；经批准设立的保险公司，由批准部门颁发经营保险业务许可证，并凭该许可证向工商行政管理机关登记，领取营业执照。保险公司在中国境内外设立分支机构，必须经金融监督管理部门批准，取得分支机构经营保险业务许可证；在中国境内外设立代表机构的必须经金融监管部门批准。

（二）保险公司的业务

从事保险活动必须遵守法律、行政法规，遵循自愿和诚实信用的原则。保险公司开展业务，应遵循公平竞争原则，不得从事不正当竞争。在中国境内的法人和其他组织需要办理境内保险的，应向中国境内的保险公司投保。对于商业保险业务，只能由依法设立的保险公司承保，其他单位和个人不得经营。

保险公司的业务范围包括财产保险业务和人身保险业务。同一保险人不得同时兼营财产保险业务和人身保险业务。保险公司的业务范围由金融监督管理部门核定，只能在被核定的业务范围内从事保险经营活动。

四、保险代理人和保险经纪人

保险代理人是根据保险人的委托，向保险人收取代理手续费，并在保险人授权的范围内代办保险业务的单位或个人。保险代理人的代理行为，由保险人承担责任。经营人寿保险代理业务的保险代理人，不得同时接受两个以上保险人的委托。

保险经纪人是基于投保人的利益，为投保人与保险人订立保险合同提供中介服务，并依法收取佣金的单位。因保险经纪人在办理保险业务中的过错，给投保人、被保险人造成损失的，由保险经纪人承担赔偿责任。

保险代理人、保险经纪人应具备金融监管部门规定的资格条件，并取得其颁发的经营保险代理业务许可证或经纪业务许可证，向工商行政管理机关办理登记，领取营业执照，并缴存保证金或投保职业责任保险。在办理保险业务时，不得利用行政权力、职务或职业便利及其他不正当手段强迫、引诱或限制投保人订立保险合同。

五、法律责任

对于保险欺诈行为，情节严重构成犯罪的，要追究当事人的刑事责任；不构成犯罪的，追究行政责任，如责令改正、处以罚款等。对于违反保险业务、保险业监督管理规定的，可由有关部门给予行政处罚，如责令改正、处以罚款、限制业务范围、责令停止接受新业务或吊销经营保险业务许可证等。对保险公司工作人员及保险经纪人、保险代理人的违法行为给予行政处分，情节严重构成犯罪的，依法追究刑事责任。任何一方给他人造成损害的，应依法承担民事责任。

第十章 消费者权益保护法律制度

第一节 消费者权益保护法

一、消费者

消费者首先是一个经济学上的概念，同时又是一个特定的、受保护的法律主体概念。一般来说，消费者是指为满足生活消费需要而购买、使用商品或者接受服务的人。它是人类社会发展到一定的历史时期而产生的包含特定法律含义的概念。

在法律意义上，消费者包括以下含义：

（1）消费者是个体社会成员。相对于制造商、批发商、零售商和服务提供者等经营者而言，消费者是个体社会成员，包括本国人、外国人和无国籍人在内的一切自然人。凡购买、使用商品或者接受服务的消费者个人，都可以成为法律认可的消费者。

（2）消费者购买、使用商品或者接受服务的目的是满足生活消费需要。消费者购买、使用商品的目的是取得自身消费所需的生活资料，而不是生产资料；消费者接受服务也是为了得到自身所需的生活消费，而不是商业投资。

（3）消费者是通过交易的形式从经营者那里取得商品或接受服务。一般来说，公民个人之间的交易行为也可以是消费行为，但并不能说这种交易的一方或者双方就成了消费者。没有经营者，就不存在法律意义上的消费者。

（4）消费者地位由法律确立，受特定的消费者权益保护法保护。法律确认和保护消费者权益的目的在于保护个体社会成员的合法权益在消费过程中不受经营者的侵害。也就是说，对消费者的保护有别于一般合同法或者民法对交易一方的保护，前者的保护力度更大，更为严格。

二、消费者权益保护法的概念和特征

（一）消费者权益保护法的概念

消费者权益保护法是指保护消费者在购买、使用商品或者接受服务时享有的各项消费

权利的法律规范总称，有狭义和广义之分。在我国，狭义的消费者权益保护法，特指《消费者权益保护法》；广义的消费者权益保护法，泛指与保护消费者合法权益有关的法律、法规的总称，其内容包括物价、质量、标准、计量、安全、商标、广告，以及化工、食品、药品等方面的法律、法规中有关保护消费者合法权利的规定。本节仅涉及狭义的消费者权益保护法。

（二）消费者权益保护法的宗旨、原则和特征

《消费者权益保护法》的宗旨有三项：保护消费者合法权益；维护社会秩序；促进社会主义市场经济发展。

《消费者权益保护法》的原则主要有自愿、平等、公开、诚信原则；保护消费者合法权益不受侵犯原则；全社会共同保护消费者合法权益原则。《消费者权益保护法》与民法等法律相比，具有下列特征：

（1）消费者权益保护法是一项新型的法律制度。从世界范围看，作为一项独立的、完整的法律制度，保护消费者合法权益的立法产生于20世纪60年代，如1968年日本的《保护消费者基本法》等。在20世纪60年代之前，各国也有不少有关保护消费者利益方面的法律规定，但大都零散地从产品责任或者民事侵权的角度，而不是从消费者本位角度作为立法的出发点。具有里程碑意义的立法是1985年第39届联合国大会通过了《保护消费者准则》的第248号决议。该准则向世界各国，特别是发展中国家提供了一套保护消费者权利的有效原则和规范，标志着保护消费者合法权益在世界范围内的最终确立。

（2）消费者权益保护法是一项主要调整生活消费领域经济关系的法律制度。调整生活消费领域经济关系的法律制度所保护的主体是消费者，即经营者提供的商品和服务的最终承受者，其客体是消费领域中经营者提供的商品和服务。由于消费者权益保护法调整的是每时每刻都发生的衣食住行用等生活消费领域的经济关系，因此具有广泛性、经常性的特征。

（3）消费者权益保护法是国家专项调整消费者与经营者之间权利和义务关系的法律制度。在形式上，消费者与经营者之间通过各种合同形成平等的商品买卖或者提供服务法律关系。但是，由于消费者与生产经营者在经济条件、教育水平和议价能力等方面存在不平等的社会关系，因此国家通过特定的法律形式，专项调整消费者与经营者之间的权利和义务关系，明确消费者的权利和经营者的义务。保护消费者合法权益已从仅仅维护消费者的"私法益"发展为一项同时具有保护社会"公法益"性质的法律制度。

三、消费者的权利

消费者权益保护法是基于保护消费者合法权益，使社会生产和分配的形式适应消费者的需要和愿望而制定的一种以消费者为本位、以消费者权利为核心的法律制度。我国《消费者权益保护法》明确规定了消费者享有下列九个方面的权利。

（一）安全权

安全权也称安全保障权，即消费者在购买、使用商品和接受服务时，享有人身、财产安全不受损害的权利。这是保护消费者合法权益中一项最重要的内容，《联合国消费者保护准则》也将保护消费者的健康和安全不受危害作为第一项主要内容。安全权包括人身安全和财产安全，安全权是消费者最关心的问题。根据《消费者权益保护法》规定，消费者有权要求经营者提供的商品和服务，符合保障人身、财产安全的要求。

（二）知悉权

知悉权也称知悉真情权或知情权，即消费者享有知悉其购买、使用的商品或者接受的服务真实情况的权利。知悉权是消费者是否购买某一商品、接受某项服务的前提条件。任何剥夺消费者知悉权的行为，都是不公正、不公平的交易行为，并往往带有一定的欺骗性。根据《消费者权益保护法》的规定，消费者有权根据商品或者服务的不同情况，要求经营者提供商品的价格、产地、生产者、用途、性能、规格、等级、主要成分、生产日期、有效期限、检验合格证明、使用方法说明书、售后服务，或者服务的内容、规格、费用等有关情况。

（三）选择权

选择权即消费者享有自主选择商品或者服务的权利。这是自愿原则在《消费者权益保护法》中的具体体现。市场经济要求经营者为消费者提供各种质优价廉的商品和服务。任何垄断市场、强行搭售等经营方式，都是违反公平竞争原则的，也必然损害消费者权益。因此《消费者权益保护法》规定，消费者有权根据自己的意愿，自主选择经营单位或经营者，自主选择所需商品或者服务，自主决定购买或者不购买任何一种商品、接受或者不接受任何一项服务。消费者在自主选择商品或者服务时，还有权进行比较、鉴别和挑选。

（四）公平权

公平权通常称为公平交易权，即消费者享有公平交易的权利。消费者为生活消费购买商品、接受服务时，与经营者之间是一种平等主体之间的民事法律关系。但是，在实际生活中，消费者往往受到不公平的对待。为此，法律规定，消费者在购买商品或者接受服务时，有权获得质量保障、价格合理、计量正确等公平交易条件，有权拒绝经营者的强制交易行为。

（五）求偿权

求偿权是指消费者因购买、使用商品或者接受服务受到人身、财产损害的，享有依法请求获得赔偿的权利。这是民事法律规定的请求损害赔偿民事权利在消费者权益保护法中的具体体现。求偿权包括依法请求人身和财产损害赔偿。人身损害赔偿又包括生命损害赔偿、健康损害赔偿、精神损害赔偿。消费者可以依据《消费者权益保护法》和其他有关法律的规定行使这项权利。

（六）结社权

结社权即消费者享有依法成立维护自身合法权益的社会团体的权利。它是《消费者权益保护法》根据我国《宪法》规定公民享有结社的基本权利而赋予消费者实现自我保护的一项权利。结社权有助于单个、分散、弱小的消费者组织起来，形成能与优势地位经营者抗衡的社会团体，改变弱者地位。消费者协会和其他消费者组织就是这种性质的维护消费者合法权益的社会团体。

（七）教育权

教育权也称获得知识权或受教育权，即消费者享有获得有关消费和消费者权益保护方面知识的权利。国家和社会应当尽可能地为消费者提供机会、创造条件，帮助消费者获得有关消费知识和消费者权益保护方面的知识。同时，消费者也应当努力掌握所需商品或者服务的知识和使用技能，正确使用商品，提高自我保护意识。

（八）尊严权

尊严权也称人格尊严权或受尊重权，即消费者在购买、使用商品和接受服务时，享有其人格尊严、民族风俗习惯得到尊重的权利。这是《宪法》及《民法通则》赋予公民的人格不受侵犯权在《消费者权益保护法》中的具体体现。它包括消费者姓名权、肖像权、名誉权和荣誉权等人格尊严得到尊重，以及民族风俗习惯得到尊重两大方面的权利。

（九）监督权

监督权也称监督批评权，即消费者享有对商品和服务以及保护消费者权益工作进行监督的权利。具体地说，对侵害消费者权益的行为人（主要是经营者）有检举、控告的权利；对国家机关及其工作人员在保护消费者权益工作中的违法失职行为有检举、控告的权利；对保护消费者权益工作有提出批评、建议的权利。监督方式主要有检举、控告、批评、建议。

四、经营者的义务

经营者义务是指经营者在经营活动中必须为一定行为或者不为一定行为，以保障实现消费者权利的责任。经营者，是指从事商品销售和营业性服务，为消费者提供商品和服务的单位和个人。消费者的权利的实现在很大程度上依赖于经营者，《消费者权益保护法》在规定消费者权利的同时，明确规定了经营者的义务。其目的是通过要求经营者本着对消费者负责，坚持自愿公平、诚实信用、文明服务的原则从事经营活动，遵守职业道德，提高服务质量，从而更好地保障消费者权利。根据《消费者权益保护法》的规定，经营者须承担下列义务。

（一）履行法定或约定义务

这是一项总括性的义务。经营者向消费者提供商品或者服务，应当依照《产品质量法》和其他有关法律、法规的规定履行义务。如果经营者和消费者有约定的，应当按照约定履行义务，但双方的约定不得违背法律、法规的规定。

（二）听取意见、接受监督

经营者应当听取消费者对其提供的商品或者服务的意见，即听取意见的义务；经营者还应当接受消费者的监督和社会的监督，即接受监督的义务。此义务与消费者的监督权相对应。

（三）保障人身和财产安全

经营者应当保证其提供的商品或者服务符合保障人身、财产安全的要求。对可能危及人身、财产安全的商品和服务，应当向消费者做出真实的说明和明确的警示，并说明和标明正确使用商品或者接受服务以及防止危害发生的方法。当经营者发现其提供的商品或者服务存在严重缺陷，即使消费者正确使用商品或者接受服务仍然可能对其人身、财产安全造成危害时，经营者应当立即向有关行政部门报告，并告知消费者和采取防止危害发生的措施。此义务与消费者的安全权相对应。

（四）提供真实信息

经营者应当向消费者提供有关商品或者服务的真实信息，不得作引人误解的虚假宣传。该义务还包括：经营者对消费者就其提供的商品或者服务的质量和使用方法等问题提出的询问，应当做出真实、明确的答复；经营者提供的商品应当明码标价。此义务与消费者的知情权相对应。

（五）表明真实名称和标志

经营者应当标明其真实名称和标记。该义务还要求租赁他人柜台或者场地的经营者，应当标明其真实名称和标记。此义务与消费者的知情权相对应。

（六）出具凭证、单据

购货凭证或服务单据是消费合同的书面证明。经营者提供商品或者服务，应当按照国家有关规定或者商业惯例向消费者出具购货凭证或者服务单据；即使国家对此未作规定，如果消费者索要购货凭证或者服务单据，经营者必须出具。此义务是保障消费者依法行使求偿权的重要条件。

（七）保证产品质量

经营者应当保证在正常使用商品或者接受服务的情况下，其提供的商品或者服务应当具有的质量、性能、用途和有效期限；但消费者在购买该商品或者接受该服务前已经知道其存在瑕疵的除外。经营者以广告、产品说明、实物样品或者其他方法表明商品或者服务的质量状况的，应当保证其提供的商品或者服务的实际质量与表明的质量状况相符。此义务与消费者的公平交易权相对应。

（八）履行"三包"义务

经营者提供商品或者服务，按照国家规定或者与消费者的约定，承担包修、包换、包退或者其他责任的，应当按照国家规定或者约定履行，不得故意拖延或者无理拒绝。这类义务包括法定"三包"、约定"三包"和其他法定、约定义务，综合体现了意思自治、公平交易与国家干预相结合特征。

（九）不得做出不公平、不合理的规定

经营者不得以格式合同、通知、声明、店堂告示等方式做出对消费者不公平、不合理的规定，或者减轻、免除其损害消费者合法权益应当承担的民事责任。如果经营者在这些格式合同、通知、声明、店堂告示中含有对消费者不公平、不合理的规定内容，或者减轻、免除其自身民事责任的内容，这些内容将被视为无效。此义务与消费者的公平交易权相对应。

（十）禁止侵犯人格权

经营者不得对消费者进行侮辱、诽谤，不得搜查消费者的身体及其携带的物品，不得侵犯消费者的人身自由。经营者此项三个"不得"义务与消费者的人格尊严权相对应。

上述前八项义务是经营者应当积极履行的义务，最后两项义务则是经营者须消极履行的禁止性义务。权利与义务具有相辅相成、彼此依存的关系，《消费者权益保护法》只规定了经营者的义务，未规定经营者的权利，目的是通过规范经营者行为，从而更好地保障消费者权利的实现。

五、消费者权益保护制度

保护消费者合法权益是国家立法、行政和司法机关共同的责任。国家保护消费者的合法权益不受侵害，是《消费者权益保护法》确定的一项基本法律制度。具体体现在：①立法保护。国家制定有关消费者权益的法律、法规和政策时，应当听取消费者的意见和要求。②行政保护。各级人民政府应当加强领导，组织、协调、督促有关行政部门做好保护消费者合法权益的工作；各级人民政府应当加强监督，预防危害消费者人身、财产安全的行为发生，及时制止危害消费者人身、财产安全的行为；各级工商行政管理部门和其他有关行政部门应当依照法律、法规的规定，在各自的职责范围内，采取措施，保护消费者的合法权益；有关行政部门应当听取消费者及其社会团体对经营者交易行为、商品和服务质量问题的意见，及时调查处理；有关国家机关应当依照法律、法规的规定，惩处经营者在提供商品和服务中侵害消费者合法权益的违法犯罪行为。③司法保护。人民法院应当采取措施，方便消费者提起诉讼，对符合《民事诉讼法》起诉条件的消费者权益争议，必须受理并及时审理。

六、争议的解决

根据《消费者权益保护法》的规定，消费者和经营者发生消费者权益争议的，可以通过下列途径解决：①与经营者协商和解；②请求消费者协会调解；③向有关行政部门申诉；④根据与经营者达成的仲裁协议提请仲裁机构仲裁；⑤向人民法院提起诉讼。当消费者认为其合法权益受到损害时，通常首先向经营者进行交涉，通过协商和解这条最直接、最简便的途径，解决与经营者之间的争议。在不能协商和解的情况下，消费者常常会选择向消费者协会投诉，或者向工商行政、物价、卫生、技术监督、商品检验等行政管理部门申诉。最后才会选择仲裁或者诉讼的方式，但仲裁或者诉讼并不是解决争议的法定步骤，事实上，消费者认为合法权益受到损害时，完全有权在上述五种解决争议的途径中选择一种对己最为有利的途径。

《消费者权益保护法》对解决争议的规定具有方便消费者的特征。例如，消费者在购买、使用商品时，其合法权益受到损害时，消费者可以向销售者要求赔偿，销售者不得以损害是生产者或其他销售者造成的为由，拒绝向消费者赔偿。因为生产者或其他销售者可能在外埠，也可能在国外，如果要求消费者向直接责任者索赔，对保护消费者权益显然十分不利。销售者赔偿消费者的损失后，属于生产者的责任或者属于向销售者提供商品的其他销售者的责任的，销售者有权向生产者或者其他销售者追偿。

《消费者权益保护法》对解决争议的多种情况作了具体、明确的规定，具有可操作性。这类规定包括：①消费者在购买、使用商品或者接受服务时，其合法权益受到损害，因原企业分立、合并的，可以向变更后承受其权利和义务的企业要求赔偿。②经营者使用他人营业执照违法经营，并且使消费者合法权益受到损害的，消费者可以向使用他人营业执照的经营者要求赔偿，也可以向营业执照的持有人要求赔偿。③消费者在展销会、租赁柜台购买商品或者接受服务，其合法权益受到损害的，可以向销售者或者服务者要求赔偿。展销会结束或柜台租赁期满后，也可以向展销会的举办者、柜台的出租者要求赔偿。展销会的举办者、柜台的出租者赔偿后，有权向销售者或者服务者追偿。④消费者因经营者利用虚假广告提供商品或者服务，其合法权益受到损害的，可以向经营者要求赔偿。广告的经营者发布虚假广告的，消费者可以请求行政主管部门予以惩处。广告的经营者不能提供经营者的真实名称、地址的，应当承担赔偿责任。

七、法律责任

由于侵犯消费者合法权益行为的性质、情节、社会危害性等情况不同，侵害者应当承担法律责任的形式也有所不同。承担侵犯消费者合法权益的法律责任形式有三种，即民事责任、行政责任和刑事责任。

（一）民事责任

经营者因侵害消费者合法权益而承担民事责任是最常见、最普遍的一种责任形式。经营者提供商品或者服务有下列情形之一的，应当依照《产品质量法》和其他有关法律、法规的规定，承担民事责任：①商品存在缺陷的；②不具备商品应当具备的使用性能而出售时未作说明的；③不符合在商品或者其包装上注明采用的商品标准的；④不符合商品说明、实物样品等方式表明的质量状况；⑤生产国家明令淘汰的商品或者销售失效、变质的商品的；⑥销售的商品数量不足的；⑦服务的内容和费用违反约定的；⑧对消费者提出的修理、重做、更换、退货、补足商品数量、退还货款和服务费用或者赔偿损失的要求，故意拖延或者无理拒绝的；⑨法律、法规规定的其他损害消费者权益的情形。

由于《消费者权益保护法》与《产品质量法》和其他法律、法规中有关消费者合法权益保护的规定存在着法条竞合，经营者有上述九种行为之一的，受侵害的消费者应当依据上述法律、法规，要求经营者承担相应的民事责任。如果《消费者权益保护法》对此另有规定的，消费者可以依据《消费者权益保护法》向经营者要求赔偿。

除上述九种情况外，《消费者权益保护法》对侵害消费者权益的一些主要情况都做了明确的规定。这些规定大致可分为三个方面，其特点是：经营者侵害消费者健康权和人身权的民事责任，具有某些损害不可计量性；造成消费者财产损害以及对"三包"等一些具体事项的规定，具有损害可估量性；而对惩罚性赔偿金的规定，则具有损害赔偿惩戒性。

1. 侵犯消费者人身权的民事责任

（1）致人伤害的民事责任。经营者提供商品或者服务，造成消费者或者其他受害人人身伤害的，应当支付医疗费、治疗期间的护理费、因误工减少的收入等费用；造成残疾的，还应当支付残疾者生活自助器具费、生产补助费、残疾赔偿金以及由其扶养的人所必需的生活费等费用。

（2）致人死亡的民事责任。经营者提供商品或者服务，造成消费者或者其他受害人死亡的，应当支付丧葬费、死亡赔偿金以及由死者生前扶养的人所必需的生活费等费用。

（3）侵犯其他人身权的民事责任。经营者对消费者进行侮辱、诽谤，或者搜查消费者的身体及其携带的物品，侵害消费者的人格尊严或者侵犯消费者人身自由的，应当停止侵害、恢复名誉、消除影响、赔礼道歉，并赔偿损失。

侵犯消费者人身权的赔偿责任包括精神赔偿。

2. 侵犯财产权的民事责任

（1）承担侵犯财产权的民事责任的方式。经营者提供商品或者服务，造成消费者财产损害的，应当按照消费者的要求，以修理、重做、更换、退货、补足商品数量、退还货款和服务费用或者赔偿损失等方式承担民事责任。消费者与经营者另有约定的，按照约定履行。

（2）违反"三包"的民事责任。对国家规定或者经营者与消费者约定包修、包换、包退的商品，经营者应当负责修理、更换或者退货。在保修期内两次修理仍不能正常使用的，经营者应当负责更换或者退货。对包修、包换、包退的大件商品，消费者要求经营者修理、更换、退货的，经营者应当承担运输等合理费用。

（3）违反邮购约定的民事责任。经营者以邮购方式提供商品的，应当按照约定提供。未按照约定提供的，应当按照消费者的要求履行约定或者退回货款；并应当承担消费者必须支付的合理费用。

（4）违反预收款约定的民事责任。经营者以预收款方式提供商品或者服务的，应当按照约定提供。未按照约定提供的，应当按照消费者的要求履行约定或者退回预付款，并应当承担预付款的利息、消费者必须支付的合理费用 。

（5）不合格商品的民事责任。经有关行政部门认定为不合格的商品，消费者要求退货的，无论经营者主观上是否存在过错，都应当负责退货。但消费者在购买商品前已经知道其存在瑕疵的除外。

3.故意欺诈行为的民事责任

经营者提供商品或服务有欺诈行为的，应当按照消费者的要求增加赔偿，增加赔偿的金额为消费者购买商品的价款或者接受服务的费用的1倍。

惩罚性赔偿金适用于经营者提供商品或服务时存在欺诈的情形。经营者实施欺诈的行为主要有以下几个方面：在商品或服务的广告宣传中，制作、发布虚假的、引人误解的广告；对商品价格作虚假表示；冒用他人的注册商标，冒用质量认证标志、名优标志，伪造商品的产地，冒用他人商品特有的名称、包装、装潢；商品存在瑕疵而不予告知；对商品的质量做出引人误解的虚假表示等。

（二）行政责任

经营者有下列情形之一，应当承担行政责任：①生产、销售的商品不符合保障人身、财产安全要求的；②在商品中掺杂、掺假，以假充真、以次充好，或者以不合格商品冒充合格商品的；③生产国家明令淘汰的商品或者销售失效、变质的商品的；④伪造商品的产地，伪造或者冒用他人的厂名、厂址，伪造或者冒用认证标志、名优标志等质量标志的；⑤销售的商品应当检验、检疫而未检验、检疫或者伪造检验、检疫结果的；⑥对商品或者服务作引人误解的虚假宣传的；⑦对消费者提出的修理、重做、更改、更换、退货、补足商品数量、退还货款和服务费用或者赔偿损失的要求，故意拖延或者无理拒绝的；⑧侵害消费者人格尊严或者侵犯消费者人身自由的；⑨法律、法规规定的对损害消费者权益应当予以处罚的其他情形。

对于经营者上述侵害消费者合法权益的行政责任，《产品质量法》和其他有关法律、法规对处罚机关和处罚方式有规定的，首先适用该规定；其他法律、法规未作规定的，由工商行政管理部门依照《消费者权益保护法》的规定，责令改正，可以根据情节单处或者并处警告、没收违法所得、处以违法所得1倍以上5倍以下的罚款，没有违法所得的，处以1万元以下的罚款；情节严重的，责令停业整顿、吊销营业执照。

经营者对行政处罚决定不服的，可以自收到处罚决定之日起 15 日内向上一级行政机关申请复议，对复议决定不服的，可以自收到复议决定书之日起 15 日内向人民法院提起诉讼；也可以直接向人民法院提起诉讼。

（三）刑事责任

对于经营者侵害消费者合法权益的刑事责任，《消费者权益保护法》规定了三种情形：一是经营者提供商品或者服务，造成消费者或者其他受害人人身伤害或死亡，情节严重，构成犯罪的；二是经营者以暴力、威胁等方法阻碍有关行政部门工作人员依法执行公务，情节严重，构成犯罪的；三是国家机关工作人员玩忽职守或者包庇经营者侵害消费者合法权益的行为，情节严重，构成犯罪的。

第二节 产品质量法

一、产品质量法概述

（一）产品质量法概念

产品质量法是调整产品生产、销售活动中因产品质量监督管理和产品质量责任所形成的经济关系的法律规范总称。产品质量法有狭义和广义之分。在我国，狭义的产品质量法特指 1993 年 2 月通过、2000 年 7 月修正的《中华人民共和国产品质量法》（以下简称《产品质量法》）；广义的产品质量法，通常泛指《产品质量法》《标准化法》《计量法》《食品卫生法》《药品管理法》和《消费者权益保护法》等与产品质量有关的法律、法规的总称。我国《产品质量法》调整的对象主要是两个方面：一是国家产品质量监督管理机构与生产者、销售者之间的产品质量监督管理关系，即国家质量管理机构及其质量检验机构对企业生产和销售的产品行为进行监督和管理而产生的纵向关系。二是生产者、销售者与消费者、客户之间产品交换的质量担保关系，即生产者、销售者在产品销售过程中依法对消费者、客户应承担产品质量责任而产生的横向关系。

产品质量法调整对象具有多样性和广泛性，它不仅调整产品质量监督管理（行政）关系，同时也调整产品质量责任（民事）关系。相应的责任形式除了侵权责任外，还包括违约责任、行政责任和刑事责任。产品质量责任可能产生于产品的生产、销售、管理、使用、消费过程中的任何一个环节。只要有违反产品质量义务的行为，就可能产生相应的产品质量责任。

（二）《产品质量法》的宗旨和原则

我国《产品质量法》的宗旨是：加强对产品质量的监督管理，提高产品质量水平，明确产品质量责任，保护消费者的合法权益，维护社会经济秩序。《产品质量法》的原则大致可以归纳为以下三个方面。

1. 建立健全内部产品质量管理制度原则

《产品质量法》第三条规定，生产者、销售者应当建立健全内部产品质量监督管理制度，严格实施岗位质量规范、质量责任及相应的考核监督办法，这是一项强制性规定。产品质量检查管理制度包括：生产者的产品质量检验、把关制度，明确专职或兼职的质量检验人员，企业的负责人对产品质量管理应当负的责任等；销售者主要应当完善进货把关制度，谁购进货物，谁应对该货物的质量负责，进货的来源要有记录。企业应当建立本企业各个不同岗位的质量要求，订立出不同岗位的质量管理的规则，明确不同岗位对产品质量管理所应负的责任。还应当对本企业职工的质量管理制定严格的考核办法。考核办法应当使企业内部的产品质量管理与企业职工的经济利益直接挂钩。

2. 各级人民政府统筹规划、组织领导、引导督促原则

《产品质量法》第七条规定，各级人民政府应当把提高产品质量纳入国民经济和社会发展规划，加强对产品质量工作的统筹规划和组织领导工作，引导、督促生产者、销售者加强产品质量管理，提高产品质量，组织各有关部门依法采取措施，制止产品生产、销售中违反本法规定的行为，保障本法的施行。

企业产品竞争力不强、质量低劣已成为制约我国经济发展，影响企业经济效益的突出问题。提高产品质量水平，需要政府的监督和促进。各级人民政府工作人员和其他国家机关工作人员不得滥用职权、玩忽职守或者徇私舞弊，包庇放纵本地区、本系统发生的产品生产、销售中违反本法规定的行为，或者阻挠、干预依法对产品生产、销售中违反本法规定的行为进行查处。创造公平的竞争环境，禁止任何单位和个人排斥非本地区或者非本系统企业生产的质量合格产品进入本地区、本系统的行为。

3. 奖优罚劣原则

奖优罚劣是国家推行先进的质量管理方法，禁止生产、销售假冒伪劣产品的原则性规定。《产品质量法》第六条规定了奖优原则，即国家鼓励推行科学的质量管理方法，采用先进的科学技术，鼓励企业产品质量达到并且超过行业标准、国家标准和国际标准。对产品质量管理先进和产品质量达到国际先进水平、成绩显著的单位和个人，给予奖励。《产品质量法》第五条规定了禁止生产、销售假冒伪劣产品，即禁止伪造或者冒用认证标志等质量标志；禁止伪造产品的产地，伪造或者冒用他人的厂名、厂址；禁止在生产、销售的产品中掺杂、掺假，以假充真，以次充好。任何单位和个人都有权对违反《产品质量法》的行为，向产品质量监督部门或者其他有关部门检举。《产品质量法》第五章等章节对罚劣作了明确规定。奖优罚劣有助于增强企业产品质量的责任感，促进企业产品质量水平的提高。

二、产品质量的监督

（一）产品质量监督机构

我国产品质量管理分为国务院和县以上地方政府两级管理机构。国务院产品质量监督部门主管全国产品质量监督工作；国务院有关部门（包括国家工商行政管理总局、国家药品监督管理局等）在各自的职责范围内负责产品质量监督工作。县级以上地方产品质量监督部门主管本行政区域内的产品质量监督工作。县级以上地方人民政府有关部门在各自的职责范围内负责产品质量监督工作。

国务院产品质量监督部门是指国家质量监督检验检疫总局。县级以上地方产品质量监督部门是指各省、自治区、直辖市人民政府的产品质量监督部门，以及在实行省以下质量技术监督系统垂直管理后，作为省级人民政府产品质量监督部门直属机构的设在市、县一级的产品质量监督部门。国家质量监督检验检疫总局组织实施国家产品质量监督抽查；拟订国家重点监督的国内产品目录并组织实施监督；组织实施 QS 标志制度；管理和协调产品质量的行业监督、地方监督与专业质量监督；管理质量仲裁的检验和鉴定工作；监督管理产品质量检验机构，管理国家产品质量监督抽查免检工作；管理工业产品生产许可证的工作等。国务院有关主管部门，是指工业和信息化部、国家工商行政管理总局、国家药品监督管理局等部门，及在各自的职责范围内，负有对产品质量监督职责的有关部门。

县级以上地方产品质量监督部门负责组织本行政区域内的产品监督检查工作，对违反产品质量法规定的行为进行调查并可在法定范围内采取必要的强制措施；对违反产品质量法规定的行为依法实施行政处罚等。

法律对产品质量的监督部门另有规定的，依照其规定。《食品卫生法》规定，主管食品卫生监督的是卫生行政主管部门；《药品管理法》也对主管药品质量监督的部门作了规定。对食品卫生和药品的质量监督，应分别按上述规定执行。

（二）产品质量监督的具体制度

1. 产品质量合格与安全制度

这项法律制度的基本要求：产品质量应当检验合格，不得以不合格产品冒充合格产品。对可能危及人体健康和人身、财产安全的工业产品，必须符合保障人体健康和人身、财产安全的国家标准、行业标准；未制定国家标准、行业标准的，必须符合保障人体健康和人身、财产安全的要求。禁止生产、销售不符合保障人体健康和人身、财产安全的标准和要求的工业产品。

2. 企业质量体系认证制度

企业质量体系认证，是指根据国际通用的质量管理和质量保证系列标准（国际标准化组织于 1987 年颁布的 ISO9000 系列国际标准），经认证机构对企业质量体系和质量保证能力进行综合评定或审核确认，颁发证书，证明企业质量体系和质量保证能力符合标准要求的活动。国家根据国际通用的质量管理标准，推行企业质量体系认证制度。企业根据自愿原则可以向国务院产品质量监督部门认可的或者国务院产品质量监督部门授权的部门认可的认证机构申请企业质量体系认证。经认证合格的，由认证机构颁发企业质量体系认证证书。

3. 产品质量认证制度

产品质量认证，也称合格认证，是指根据产品标准和技术要求，经认证机构对产品质量进行确认并颁发认证证书或认证标志，以证明该产品符合相应标准和相应技术要求的活动。产品质量认证分为安全认证和合格认证。国家参照国际先进的产品标准和技术要求，推行产品质量认证制度。实行安全认证的产品，必须符合《标准化法》有关强制性标准的规定。实行合格认证的产品，必须符合《标准化法》规定的国家标准和行业标准。

企业根据自愿原则可以向国务院产品质量监督部门认可的或者国务院产品质量监督部门授权的部门认可的认证机构申请产品质量认证。经认证合格的，由认证机构颁发产品质量认证证书，准许企业在产品或者其包装上使用产品质量认证标志。

产品质量认证机构应当依照国家规定对准许使用认证标志的产品进行认证后的跟踪检查；对不符合认证标准而使用认证标志的，要求其改正；情节严重的，取消其使用认证标志的资格。

4. 产品质量监督检查制度

国家对产品质量监督检查的主要方式之一是国家监督抽查。国家监督抽查是指由国务院产品质量监督部门依法组织有关省级质量技术监督部门和产品质量检验机构对生产、销售的产品，依据有关规定进行抽样、检验，并对抽样结果依法公布和处理的活动。国家对产品质量实行以抽查为主要方式的监督检查制度，但不是针对所有的产品。抽查的范围是：①对可能危及人体健康和人身、财产安全的产品，如食品、药品；②影响国计民生的重要工业产品，如农药、化肥；③消费者、有关组织反映有质量问题的产品，如假冒伪劣产品。抽查的样品应当在市场上或者企业成品仓库内的待销产品中随机抽取。国家监督抽查分为每季度一次的定期抽查和不定期专项抽查两种。

根据监督抽查的需要，可以对产品进行检验。检验抽取样品的数量不得超过检验的合理需要，并不得向被检查人收取检验费用。监督抽查所需检验费用按照国务院规定列支。抽查的产品质量不合格的，由实施监督抽查的产品质量监督部门责令其生产者、销售者限期改正。逾期不改正的，由省级以上人民政府产品质量监督部门予以公告；公告后经复查仍不合格的，责令停业，限期整顿；整顿期满后经复查产品质量仍不合格的，吊销营业执照。

县级以上产品质量监督部门根据已经取得的违法嫌疑证据或者举报，对涉嫌违反本法规定的行为进行查处时，可以行使下列职权：①对当事人涉嫌从事违反本法的生产、销售活动的场所实施现场检查；②向当事人的法定代表人、主要负责人和其他有关人员调查、了解与涉嫌从事违反本法的生产、销售活动有关的情况；③查阅、复制当事人有关的合同、发票、账簿以及其他有关资料；④对有根据认为不符合保障人体健康和人身、财产安全的国家标准、行业标准的产品或者有其他严重质量问题的产品，以及直接用于生产、销售该项产品的原辅材料、包装物、生产工具，予以查封或者扣押。县级以上工商行政管理部门按照国务院规定的职责范围，对涉嫌违反《产品质量法》规定的行为进行查处时，可以行使上述四项职权。

监督抽查工作由国务院产品质量监督部门规划和组织。县级以上地方产品质量监督部门在本行政区域内也可以组织监督抽查。但禁止重复抽查，即国家监督抽查的产品，地方不得另行重复抽查；上级监督抽查的产品，下级不得另行重复抽查。生产者、销售者对抽查检验的结果有异议的，可以自收到检验结果之日起 15 日内向实施监督抽查的产品质量监督部门或者其上级产品质量监督部门申请复检，由受理复检的产品质量监督部门做出复检结论。

5. 产品质量社会监督制度

产品质量社会监督，主要是消费者、消费者协会等社会团体和大众传播媒体等的监督。《产品质量法》规定，消费者有权就产品质量问题，向产品的生产者、销售者查询；向产品质量监督部门、工商行政管理部门及有关部门申诉，接受申诉的部门应当负责处理。保护消费者权益的社会组织可以就消费者反映的产品质量问题建议有关部门负责处理，支持消费者对因产品质量造成的损害向人民法院起诉。

对于违反《产品质量法》规定的行为，任何单位和个人有权向产品质量监督部门或者其他有关部门检举。产品质量监督部门和有关部门应当为检举人保密，并按照省、自治区、直辖市人民政府的规定给予奖励。

三、生产者、销售者的产品质量责任和义务

（一）生产者产品质量责任与义务

1. 产品内在质量应当符合法定要求

生产者应保证产品内在质量应当符合：①不存在危及人身、财产安全的不合理的危险，有保障人体健康和人身、财产安全的国家标准、行业标准的，应当符合该标准；②具备产品应当具备的使用性能，但是，对产品存在使用性能的瑕疵做出说明的除外；③符合在产品或者其包装上注明采用的产品标准，符合以产品说明、实物样品等方式表明的质量状况。符合上述要求的产品为合格产品。

2. 产品或其包装标识应当符合法定要求

产品或其包装标识是指载于产品或其包装上用于标明产品及其特征、特性的各种文字说明和符号等。生产者提供的产品或者其包装上的标识必须真实，并符合：①有产品质量检验合格证明；②有中文标明的产品名称、生产厂厂名和厂址；③根据产品的特点和使用要求，需要标明产品规格、等级、所含主要成分的名称和含量的，用中文相应予以标明；需要事先让消费者知晓的，应当在外包装上标明，或者预先向消费者提供有关资料；④限期使用的产品，

应当在显著位置清晰地标明生产日期和安全使用期或者失效日期；⑤若使用不当，容易造成产品本身损坏或者可能危及人身、财产安全的产品，应当有警示标志或者中文警示说明。但是，裸装的食品和其他根据产品的特点难以附加标识的裸装产品，可以不附加产品标识。

3. 特殊产品包装应当符合法定要求

对于易碎、易燃、易爆、有毒、有腐蚀性、有放射性等危险物品以及储运中不能倒置和其他有特殊要求的产品，其包装质量必须符合相应要求，依照国家有关规定做出警示标志或者中文警示说明，并标明储运注意事项。

4. 不得违反禁止性规定

生产者不得违反以下四项禁止性规定：①不得生产国家明令淘汰的产品；②不得伪造产地，不得伪造或者冒用他人的厂名、厂址；③不得伪造或者冒用认证标志等质量标志；④生产产品，不得掺杂、掺假，不得以假充真、以次充好，不得以不合格产品冒充合格产品。

（二）销售者产品质量责任与义务

销售者产品质量责任与义务包括：

①建立并执行进货检查验收制度，验明产品合格证明和其他标识；②采取措施，保持销售产品的质量；③不得销售国家明令淘汰并停止销售的产品和失效、变质的产品；④销售的产品的标识应当符合上述"产品或其包装标识应当符合法定要求"的规定；⑤不得伪造产地，不得伪造或者冒用他人的厂名、厂址；⑥不得伪造或者冒用认证标志等质量标志；⑦销售产品，不得掺杂、掺假，不得以假充真、以次充好，不得以不合格产品冒充合格产品。

其中第①项是进货前的义务，第②项销售前的义务，第③~⑦项是销售时的义务，与生产者相应义务基本相同。生产者或销售者不得以协议形式变更或免除上述法定义务。

四、产品质量责任

（一）产品质量责任概述

产品质量责任，是指生产者、经营者以及其他责任者因违反《产品质量法》所应承担的法律责任。它是一种综合性责任，包括民事责任、行政责任和刑事责任。其他责任者包括承运者、仓储者、产品质量检验机构、认证机构等，以及单位直接责任人员。

（二）民事责任

1. 产品（缺陷）责任

产品（缺陷）责任亦即产品责任，是指产品的生产者、销售者因其产品存在缺陷，致使消费者、使用者的人身遭受伤害或财产受到损失而应承担的民事赔偿责任。产品责任的前提是产品存在缺陷。我国《产品质量法》的缺陷概念设定了两大标准：一是指产品存在危及人身、他人财产安全的不合理的缺陷；二是产品虽有保障人体健康和人身、财产安全的国家标准或行业标准，但产品不符合该标准。

早期各国对产品（缺陷）责任案件根据"非责任原则"加以处理，即因产品的缺陷而给消费者造成损害，受害者必须与生产者或者销售者之间存在直接的合同关系，才能提起合同责任性质的赔偿诉讼。随着现代工业生产的发展和科学技术的进步，各种机械、电气、化学等产品大量投放市场，消费者的人身和财产安全也随之面临越来越大损害的危险。同时产品从生产到消费，中间往往经过多个环节，甚至跨越国境。为突破"非责任原则"的羁绊，20世纪初，英、美率先通过司法判例确立了产品责任不仅是一种合同责任，同时也是一种侵权责任的双重责任理论。之后，各国纷纷通过立法或判例，以保护消费者的权益，加重产品生产者、销售者的责任。目前，产品责任法已成为各国普遍实行的一项法律制度，产品责任法的性质从合同责任转变为侵权责任；产品责任的归责原则也从过错责任原则向严格责任原则转化。"买者自慎"的观念被"卖者小心"所取代。为消费者提供越来越充分的法律保护，已成为各国产品责任法的共同特征。

我国《民法通则》和《产品质量法》等现行法律对产品责任归责原则作了原则性规定。《民法通则》第一百二十二条规定，因产品质量不合格造成他人财产、人身损害的，产品制造者、销售者应当依法承担民事责任。运输者、仓储者对此负有责任的，产品制造者、销售者有权要求赔偿损失。最高人民法院《关于贯彻执行〈中华人民共和国民法通则〉若干问题的意见（试行）》第一百五十三条规定，消费者、用户因为使用质量不合格的产品造成本人或者第三人人身伤害、财产损失的，受害人可以向产品制造者或者销售者要求赔偿。因此提起的诉讼，由被告所在地或侵权行为地人民法院管辖。上述规定最先在法律制度上确立我国产品责任归责原则为严格责任原则。《产品质量法》第四十一条进一步明确了生产者对缺陷产品承担严格产品责任，即除存在抗辩情形外，因产品存在缺陷造成人身、缺陷产品以外的其他财产损害的，生产者应当承担赔偿责任。《产品质量法》同时明确规定了销售者承担过错责任和连带责任。《产品质量法》第四十二条规定，由于销售者的过错使产品存在缺陷，造成人身、他人财产损害的，销售者应当承担赔偿责任。《产品质量法》第四十三条规定，因产品存在缺陷造成人身、他人财产损害的，受害人可以向产品的生产者要求赔偿，也可以向产品的销售者要求赔偿。

对于生产者而言，产品责任是一种严格责任，要免除责任，必须具备法定事由。我国《产品质量法》对缺陷产品抗辩的理由作了明确规定：①未将产品投入流通；②产品投放流通时，引起损害的缺陷尚不存在；③将产品投入流通时的科学技术水平尚不能发现缺陷的存在。此外，《民法通则》也对产品责任的免责事由作了规定：如果能够证明损害是由受害人故意造成的，不承担民事责任。

2. 产品瑕疵责任

产品瑕疵责任，是指产品存在违反法定明示或默示品质担保情形所应承担的责任。一般而言，瑕疵产品不具有危及人身、财产安全的不合理危险，这是与缺陷产品的本质区别。产品瑕疵责任是依据合同法原理专为销售者设定的一种产品质量责任，也就是说，销售者作为合同中供方所交付的产品未达到一定的质量标准或技术要求，违反了法定明示或默示品质担保义务，故应承担由此所产生的民事责任。产品瑕疵责任主体仅限于销售者。如果属于生产者的责任或者属于向销售者提供产品的其他销售者（供货者）的责任的，销售者依法承担修理、更换、退货、赔偿损失等民事责任之后，有权向生产者、供货者追偿。

（1）销售者承担直接的产品瑕疵责任。销售者售出的产品有下列情形之一的，应当负责修理、更换、退货，如给购买产品的消费者造成损失的，应当赔偿损失：①不具备产品应当具备的使用性能而事先未作说明的，即违反默示担保；②不符合在产品或者其包装上注明采用的产品标准的；③不符合以产品说明、实物样品等方式表明的质量状况的。

（2）生产者、供应者承担直接的产品瑕疵责任。如果属于生产者的责任或者属于向销售者提供产品的供货者责任的，销售者依法承担修理、更换、退货、赔偿损失等民事责任之后，有权向生产者、供货者追偿。

（3）约定的产品瑕疵责任。生产者之间，销售者之间，生产者与销售者之间订立的买卖合同、承揽合同有不同约定的，合同当事人按照合同约定执行。

（三）行政责任和刑事责任

生产者、销售者承担行政责任的情形有：①生产、销售不符合保障人体健康和人身、财产安全的国家标准、行业标准的产品的；②在产品中掺杂、掺假，以假充真，以次充好，或者以不合格产品冒充合格产品的；③生产国家明令淘汰的产品的，销售国家明令淘汰并停止销售的产品的；④销售失效、变质的产品的；⑤伪造产品产地的，伪造或者冒用他人厂名、厂址的，伪造或者冒用认证标志等质量标志的；⑥产品标识、包装的产品标识不符合《产品质量法》规定的；⑦拒绝接受依法进行的产品质量监督检查的。生产者、销售者承担行政责任的形式有：警告；责令改正；责令停止生产、销售；没收违法生产、销售的产品；罚款或处违法生产、销售产品（包括已售出和未售出的产品）货值金额等值以上若干倍以下的罚款；没收违法所得和吊销营业执照等。生产者、销售者有上述①、②、④行为之一，情节严重，构成犯罪的，依法追究刑事责任。

参考文献

[1] 杨紫烜. 经济法 [M]. 北京：北京大学出版社，2016.

[2] 张守文. 经济法学 [M]. 北京：北京大学出版社，2018.

[3] 刘文华. 中国经济法基础理论 [M]. 北京：法律出版社，2012.

[4] 舒铭. 论经济法与民法的关系 [J]. 品牌，2015，2：57.

[5] 谢志怡. 论经济法的功能 [J]. 法制与社会，2010（24）：15-16.

[6] 杨紫烜. 经济法（第五版）[M]. 高等教育出版社和北京大学出版社，2014.

[7] 刘水林，雷兴虎. 论经济法的社会经济功能 [J]. 法学论，2004（02）：36-42.

[8] 单飞跃，杨朝军. 经济法民族性论纲 [A]. 经济法学家（2005）[C]. 北京大学出版社，
2006.

[9] 哈贝马斯. 在事实与规范之间—关于法律和民主法治国的商谈理论 [M]. 童世骏，
译. 北京：生活·读书·新知三联书店，2003.

[10] 丹尼尔·布罗姆利. 经济利益与经济制度 [M]. 陈郁，等译. 上海人民出版社，
1996.

[11] 柯武刚，史漫飞. 制度经济学 [M]. 韩朝华，译. 商务印书馆，2000.

[12] 刘水林. 经济法基本原则的经济学及法哲学解释 [M]. 法商研究，1998（05）.

[13] 张守文. 经济法原理 [M]. 北京：北京大学出版社，2013.

[14] 李昌麒. 经济法学 [M]. 北京：法律出版社，2016.

[15] 漆多俊. 经济法基础理论 [M]. 北京：法律出版社，2017.

[16] 吕忠梅，刘大洪. 经济法的法学与法经济学分析 [M]. 北京：中国检察员出版社，
1998.

[17] 谭正航. 论经济民主与经济法的关系及实现的经济法进路 [J]. 齐齐哈尔大学学报
（哲学社会科学版），2017（11）：91-94.

[18] 陈宣竹. 论经济法与宪法的协调发展 [J]. 法制博览，2017（30）：193-194.

[19] 王磊. 论经济法与宪法的协调发展 [J]. 法制博览，2017（14）：247.

[20] 赵崇麟. 经济法与宪法的协调发展相关分析 [J]. 法制与社会，2016（31）：73-74.

[21] 胡海涛，赵玄和. 国际经济法"宪法化"的几个向度 [J]. 东南司法评论，2016，9
（00）：193-203.

[22] 孙茂红. 宪法与经济法关系的"经济性"分析 [J]. 现代营销（下旬刊），2016（05）：
197.